公共法律信息服务模式与绩效研究

黄倩　著

中国政法大学出版社

2024・北京

图书在版编目（CIP）数据

公共法律信息服务模式与绩效研究 / 黄倩著. 北京 : 中国政法大学出版社, 2024. 12. -- ISBN 978-7-5764-1837-8

Ⅰ. D92

中国国家版本馆CIP数据核字第2024VD8333号

出 版 者　中国政法大学出版社

地　　址　北京市海淀区西土城路 25 号

邮寄地址　北京 100088 信箱 8034 分箱　邮编 100088

网　　址　http://www.cuplpress.com (网络实名：中国政法大学出版社)

电　　话　010-58908289(编辑部) 58908334(邮购部)

承　　印　保定市中画美凯印刷有限公司

开　　本　880mm×1230mm　1/32

印　　张　11.75

字　　数　290 千字

版　　次　2024 年 12 月第 1 版

印　　次　2024 年 12 月第 1 次印刷

定　　价　59.00 元

序　言

在法律与信息技术融合发展的背景下，信息服务的新理念与新方法不断融入公共法律服务，公共法律信息服务内容与方式发生了极大变化。实现以需求为导向的主动性、精准性、协同性公共法律信息服务，成为中国式现代化法治进程中构建现代公共法律服务体系不可或缺的因素。本书以公共法律信息服务模式与绩效为主题，基于信息生态因子关联作用构建公共法律信息服务模式，基于信息生态因子功能影响构建公共法律信息服务绩效评价体系，对以中国法律服务网（12348 中国法网）为典型代表的线上线下混合式公共法律信息服务绩效进行评价应用，在此基础上基于信息生态视角提出公共法律信息服务优化建议，以期贡献于法治社会建设机制的推进和中国特色社会主义法治体系的完善，助力全面依法治国总目标的实现，筑牢中国式现代化法治保障之基。本书主要研究内容包括：

从信息生态因子类型属性与能动关联的视角阐释公共法律信息服务基本要素与结构。公共法律信息服务基本要素包括公共法律信息服务主体，即主体类型、主体关系、主体属性；公共法律信息服务对象，即对象类型与属性；公共法律信息服务客体，即社会公共法治利益和社会个体法律权益；公共法律信息服务内容，即内容逻辑与内容场景。公共法律信息服务基本结构主要涉及基本结构呈现、关联与配置。基于信息生态视角解析公共法律信息服务基本要素与结构为探讨公共法律信息服务模式与绩效评价体系提供了必要的基础支撑。

从信息生态因子间关联作用的视角构建公共法律信息服务模式。通过对比分析公共法律信息服务现有典型模式特点，从原则、基本框架、内容方面构建以信息人（Information Person）为核心导向、以信息资源服务（Information Resource Service）为特色、以信息技术（Information Technology）为支撑、以信息环境（Information Environment）为保障的生态支配型公共法律信息服务模式（即“Person-Service-Technology-Environment 模式”，简称“PSTE 模式”），基于信息生态视角讨论公共法律信息服务模式的运作机制。该模式以信息生态因子间关联作用为基础，由信息池与信息生态因子两个基本元素构成。其中，信息池是指与信息人主体、信息资源本体、信息服务行为等要素有关的标识其基本属性状态的信息服务资源的集合，包括用户池、资源池、服务池与评价池四个模块。相关信息生态因子相应地嵌入到信息池模块中，在公共法律信息服务过程中相互作用、互相支撑。基于信息生态因子的公共法律信息服务模式通过发挥资源共享交互、服务融合协同与智慧增益功能，有利于提升公共法律信息服务普惠均等性、精准个性化与互动协同性。

从信息生态因子功能影响视角构建公共法律信息服务绩效评价体系。借鉴服务质量差距模型构建公共法律信息服务绩效影响因素模型，运用结构方程模型对理论假设进行实证检验；依据公共法律信息服务绩效影响因素与相关政策文本中涉及公共法律信息服务价值目标，通过问卷调查，结合相关专家的观点建议，运用项目分析和因子分析方法，确定以公共法律信息服务过程、服务结果、持续影响为评价目标层，以信息人、信息服务、信息技术、信息环境生态因子为评价基准层的包括 14 个一级评价指标、

63个二级评价指标的公共法律信息服务绩效评价指标体系，进而运用模糊层次分析法确定各级评价指标权重，构建绩效评价体系；对以中国法律服务网（12348中国法网）为典型代表的线上线下混合式公共法律信息服务绩效进行评价应用，在此基础上基于信息生态视角提出公共法律信息服务优化建议。基于信息生态因子的公共法律信息服务绩效评价体系具备评价的全面性、关联性与动态性，在一定程度上增强了绩效评价的需求导向性与融合精准性。

本书出版受到北方民族大学马克思主义学院重点建设专项平台、宁夏中国特色社会主义理论体系研究中心北方民族大学分基地支持。

目　录

图目录

表目录

导 论

2018 年 5 月，由司法部建设的中国法律服务网（12348 中国法网）正式上线，运用新一代信息技术收集与应用法律信息需求，旨在向社会公众提供法律咨询、法律服务指引、法律法规与案例查询等多种精准、智能的公共法律信息服务。截至 2024 年 5 月，使用该网法律信息咨询达 35 万余人次。2019 年 9 月，司法部印发《公共法律服务事项清单》中多项涉及公共法律信息服务，包括通过公共法律服务中心、中国法律服务网及各省级法律服务网、12348 热线、中国普法网、“两微一端”等方式向社会公众提供法治宣传教育、法律咨询、法律法规查询、司法行政（法律服务）典型案例查询、法律服务机构和人员信息查询、法律服务办事指南服务等。法律与信息技术持续融合发展不断冲击、影响着法律信息需求的表达与法律信息行为的实施，公共法律服务对法律信息服务的依赖性不断增强，实践中形成了以中国法律服务网（12348 中国法网）为中心的线上线下混合式公共法律信息服务格局。

本书从信息生态的视角对公共法律信息服务模式与绩效展开理论研究与实证分析，通过发掘公共法律信息需求，促使法律信息需求的有效表达，对我国公共法律信息服务能力的提升具有一定的促进意义，在一定程度上拓展了情报学学科在国家治理体系和治理能力现代化方面的研究视野，在提升社会法律意识与法律能力，推进法治社会建设机制构建方面具有积极的现实意义。在研究视角上，本书基于信息服务的视角探讨公共法律服务问题，揭示公共法律信息服务与公共法律服务之间的关系，客观上延伸了公共法律服务研究的理论视野；在研究对象上，本书对公共法律信息服务基本要素、基本结构、服务模式及其运行机制、服务绩效影响因素等基本内容进行探讨，提出了基于信息生态因子的公共法律信息服务模式与绩效评价体系；在研究领域上，本书揭示公共法律信息服务过程中相关信息人、信息资源、信息技术、信息环境等要素之间的相互关联，通过开展跨学科交叉研究对国家治理过程中公共信息服务领域的探讨具有一定的学科贡献意义。在此基础上，为我国公共法律服务能力的提升提供有效的助力，从而有利于增强社会法律意识与法律能力，增强社会化解纠纷与矛盾的预警能力，助力中国特色社会主义法治体系的完善与全面依法治国总目标的实现，为夯实中国式现代化建设法治保障提供学理性、实践性决策参考。

一、公共法律信息服务现状

（一）中国法律服务网（12348 中国法网）

中国法律服务网（12348 中国法网）是我国面向社会公众提供公共法律信息服务的统一服务平台。该平台在公共法律信息服务过程中，承担着提供实质性法律信息服务与指引链接性法律信息服务的功能。目前，国内 31 个省级行政区及新疆生产建设兵团（不包括港澳台地区）均以该服务平台为主要模板，在此基础上纷纷构建了各自的公共法律信息服务平台即各省市 12348 法网，通过与中国法律服务网（12348 中国法网）互通链接，形成了整合化的公共法律信息服务平台，如图 1-1 所示：

图 1-1　中国法律服务网（12348 中国法网）

该公共法律信息服务平台基于法律信息资源的整合完成公共法律信息服务资源供给，提供包括法律法规信息、司法行政案例信息、判例信息、法律文书信息以及法治宣传教育类等法律信息资源，建成国家法律法规数据库、司法行政（法律服务）案例库。在整合法律信息资源的基础上，通过设置“问、办、查、学、看、评”等主要模块面向社会公众提供法律信息普及、法律信息教育、法律信息咨询服务。其中，“学、看”主要涉及法律信息普及与法律信息教育服务；“问、办、查”主要是法律信息咨询服务，是该平台提供公共法律信息服务的核心内容；“评”主要是提供与社会公众进行服务效果交流互动反馈渠道，但该满意度评价模块大多没有提供具体的评价指标，而是仅仅让社会公众选择填写“满意或不满意”。

（二）各省市法律服务网（12348 法网）

各省市 12348 法网在法律信息资源整合与法律信息服务提供

方面存在特色，服务能力水平存在差异，见表 1-1 所示。其中，西部地区在提供公共法律信息服务过程中积极结合本地区特色资源创新公共法律信息服务内容，涉及乡村振兴、农牧、“一带一路”、少数民族法规、旅游、双语等特色鲜明的公共法律信息服务。

首先，各省市向社会公众提供法律信息普及与法律信息教育服务的方式大同小异，多为提供相关法治时事新闻资讯，包括法治热点关注、相应政策发布、法治动态等普法信息。其中，青海 12348 法网提供的法律信息普及与教育服务方式极具特色。除了提供相关法治时事新闻资讯信息以外，还提供法律淘宝·法规规章百科、法治微电影、微视频、微动漫、音影资讯等生动活泼、通俗易懂、喜闻乐见的公共法律信息服务；河北 12348 法网在法律信息普及服务中开设了“法治笑话”栏目。以上创新在一定程度上降低了公共法律信息服务对社会公众法律信息素养与法律素养的高要求，通过视听形式增强了社会公众接受法律信息普及与教育服务的舒适体验感。

其次，各省市向社会公众提供法律信息咨询服务的方式较为相似，大多融入现代人工智能信息技术，但具体方式上存在差异。各省市线上向社会公众提供法律信息咨询服务的方式一般包括留言、在线实时、热线以及智能咨询等，部分省市比如北京、广东、浙江、湖北、海南、青海、新疆生产建设兵团还提供了语音咨询和视频一对一实时咨询服务。其中，智能咨询大多以人工智能机器人通过问卷填写或分类提问的方式提供法律信息咨询服务。北京、湖北、上海智能法律咨询模块是按照法律业务体系进行细分，以提供更加精准的法律信息咨询服务。具体细分为基于事项的专业咨询即基于法律知识图谱、自然语言处理和机器学习引擎提供婚姻家庭、侵权纠纷、交通事故、债权债务等民事法律

表 1–1 各省市法律服务网（12348 法网）服务总结

	服务栏目						服务内容				法律信息咨询						服务特色															
																	情境								群体						保障	延伸
	问	办	查	学	看	评	普及	教育	咨询	学术	留言	在线	热线	语音	视频	智能	公共卫生	乡村振兴	农牧	「一带一路」	少数民族法规	旅游	涉台港澳	双语	残障人士	妇女	未成年人	老年人	农民工	退役军人	数据公开	类案分析
北京	√	√	√	√	√	√	√	√	√		√	√	√		√	√	√								√							
天津	√		√		√	√	√	√	√			√	√			√	√															
河北	√	√	√	√	√	√	√	√	√			√																				
山西	√	√	√			√	√	√	√		√	√	√			√									√							
内蒙古	√	√	√			√	√	√	√		√		√					√	√													
辽宁	√	√	√	√	√	√	√	√	√		√	√				√															√	
吉林	√	√	√			√	√	√	√		√	√	√			√	√									√	√	√				
黑龙江	√	√	√		√	√	√	√	√				√			√	√															
上海	√	√	√	√		√	√	√	√		√	√	√			√																
江苏	√	√	√	√		√	√	√	√			√				√											√	√			√	
浙江	√	√	√	√	√	√	√	√	√			√			√	√									√			√			√	
安徽	√	√	√	√	√	√	√	√	√		√		√			√									√							
福建	√	√	√	√	√	√	√	√	√		√	√	√			√							√		√							
江西	√	√	√	√	√		√	√	√		√		√			√	√												√	√	√	

续表

	服务栏目						服务内容				法律信息咨询						服务特色															
																	情境								群体						保障	延伸
	问	办	查	学	看	评	普及	教育	咨询	学术	留言	在线	热线	语音	视频	智能	公共卫生	乡村振兴	农牧	“一带一路”	少数民族法规	旅游	涉台港澳	双语	残障人士	妇女	未成年人	老年人	农民工	退役军人	数据公开	类案分析
山东	√	√	√			√	√	√	√		√					√																
河南	√	√	√			√	√	√	√				√			√									√				√			
湖北	√	√	√	√		√	√	√	√		√				√	√																
湖南	√	√	√	√		√	√	√	√		√	√	√			√																
广东	√	√	√	√	√	√	√	√	√		√	√		√	√	√																
广西	√	√	√		√	√	√	√	√		√	√				√	√												√	√	√	
海南	√	√	√		√	√	√	√	√		√		√		√	√									√							
重庆	√	√	√	√	√	√	√	√	√		√	√	√			√									√							
四川	√	√	√		√	√	√	√	√		√		√			√								√					√			
贵州	√	√	√	√	√	√	√	√	√		√		√				√															
云南	√	√	√	√	√	√	√	√	√		√		√			√		√		√	√	√		√			√		√			
西藏	√	√	√	√	√	√	√	√	√			√	√			√			√										√			
陕西	√	√	√	√	√	√	√	√	√		√	√	√			√	√			√					√				√	√	√	
甘肃	√	√	√	√	√	√	√	√	√		√	√	√			√									√				√	√	√	√

续表

	服务栏目						服务内容				法律信息咨询						服务特色															
																	情境								群体						保障	延伸
	问	办	查	学	看	评	普及	教育	咨询	学术	留言	在线	热线	语音	视频	智能	公共卫生	乡村振兴	农牧	「一带一路」	少数民族法规	旅游	涉台港澳	双语	残障人士	妇女	未成年人	老年人	农民工	退役军人	数据公开	类案分析
青海	√	√	√	√		√	√	√	√	√	√	√	√		√	√	√							√	√				√		√	
宁夏	√	√	√	√	√	√	√	√	√		√	√	√			√	√															
新疆	√	√	√	√	√	√	√	√	√		√		√			√	√															
兵团	√	√	√	√	√	√	√	√	√		√		√		√	√																

类咨询服务；基于业务的专业咨询即运用 LawBrain 法律问答引擎，利用法律知识图谱和深度机器学习技术提供法援、鉴定、公证、律师等业务指引和法律咨询以及其他仅限于普遍性法律问题的智能法律咨询。

最后，部分省市还挖掘了其他特色的公共法律信息服务，主要包括：①基于服务情境的服务特色，主要包括：涉公共卫生法律信息服务，比如北京、天津、吉林、黑龙江、江西、广西、贵州、陕西、青海、宁夏、新疆 12348 法网；涉乡村振兴法律信息服务，比如内蒙古、云南 12348 法网；涉地方特色法律信息服务，比如内蒙古、西藏 12348 法网设置了农牧法律信息服务；云南、陕西作为“一带一路”沿线省份其 12348 法网设置了“一带一路”法律信息服务；云南 12348 法网设置了少数民族法规、旅游法律信息服务；福建 12348 法网设置了涉台港澳地区法律信息服务；四川、云南、青海 12348 法网设置了藏汉双语法律信息服务。②基于服务群体的服务特色主要涉及对相对弱势社会群体的法律信息服务，包括北京、山西、浙江、安徽、福建、河南、海南、重庆、陕西、甘肃、青海 12348 法网面向残障人士提供无障碍阅读模式；吉林、云南、江苏、浙江 12348 法网面向妇女、未成年人、老年人提供专门法律信息服务渠道；江西、河南、广西、四川、云南、西藏、陕西、甘肃、青海 12348 法网面向农民工设置了农民工欠薪法律信息服务通道；江西、广西、陕西、甘肃 12348 法网面向退役军人开设了法律信息服务绿色通道。③基于服务保障的服务特色主要涉及公共法律信息服务相关数据信息公开，比如辽宁、江苏、浙江、江西、广西、陕西、甘肃、青海 12348 法网将公共法律信息服务效果数据进行公开，包括公开服务业务信息、服务评价信息、公共法律服务清单等信息。④基于服务延伸的服务特色主要体现为对发展型公共法律信息服务的提供，比如甘肃 12348 法网提供了类案分析工具；青海 12348 法网提供了法律类电子期刊服务，是诸多省市中为数不多的面向社会公众提供法律学术研究支持服务。

综上可见，我国当前以中国法律服务网（12348 中国法网）为中心的线上线下混合式服务模式在法律信息资源整合方面具有较明显的优势，但在提供公共法律信息服务过程中对用户法律信息需求的精准性定位与用户评价信息的搜集分析方面相对较弱，提供协同性公共法律信息服务的能力还有待提升。在服务方式的创新、服务层次的拓展、服务技术的稳定、服务过程的交互、服务资源的协同以及社会公众法律信息能力的提升等方面，中国法律服务网（12348 中国法网）还存在着进一步优化的空间。这为本书基于信息生态视角构建公共法律信息服务模式提供了目标指引。

二、公共法律信息服务机遇

（一）信息环境的激励性

首先，信息基础设施建设的成熟完善为公共法律信息服务提供了较扎实的硬件环境保障。互联网作为现代公共信息服务的重要载体，其发展状况客观上影响着公共法律信息服务的推进。中国互联网络信息中心（CNNIC）于 2021 年 9 月 15 日公布的第 48 次《中国互联网络发展状况统计报告》显示，截至 2021 年 6 月，我国互联网普及率达 71.6%。其中，农村网民规模占网民整体的 29.4%，城镇网民规模占 70.6%，搜索引擎用户规模占 78.7%，三家基础电信企业应用于智慧公共事业的终端用户占比达 22.6%。数字政府建设不断拓展公共信息服务途径，加强地方政务信息化建设。根据《全国公共法律服务体系建设规划（2021—2025 年）》，截至目前，我国律师事务所、公证处、司法鉴定机构、仲裁机构、人民调解委员会、基层法律服务机构等各类法律服务机构合计达到 76.5 万个，专业法律服务人员 388.5 万人。截至 2020 年底，建成公共法律服务中心（工作站、点）57 万个，60 多万个村（社区）配备法律顾问，公共法律服务热线设置 2000 多个座席。

其次，相关法律、法规、政策的颁行充分体现了信息环境对公共法律信息服务的激励。公共信息服务与公共法律服务等相关法律、法规、政策的颁行客观上对公共法律信息服务产生一定的激励作用。实践中，国家围绕公共资源配置、政务信息公开等主题先后颁行了一系列法律、法规、政策，为公共法律信息服务的不断推进提供了良好的信息环境。国家颁行实施的相关法律、法规、政策，如表 1-2 所示：

表 1-2　涉及公共法律信息服务相关法律法规政策（部分）

法律法规政策名称	施行时间	颁行主体
《关于推进社区公共服务综合信息平台建设的指导意见》	2013.10.31	民政部、国家发展改革委、工业和信息化部、公安部、财政部
《中共中央关于全面推进依法治国若干重大问题的决定》	2014.10.23	中共中央
《关于推进公共资源配置领域政府信息公开的意见》	2017.12.19	国务院办公厅
《关于政法领域全面深化改革的实施意见》	2019.01.23	中央全面深化改革委员会
《关于加快推进公共法律服务体系建设的意见》	2019.07.10	中共中央办公厅、国务院办公厅
《关于新形势下加快建设知识产权信息公共服务体系的若干意见》	2019.08.30	国家知识产权局

续表

法律法规政策名称	施行时间	颁行主体
《公共法律服务事项清单》	2019.09.27	司法部
司法部办公厅《关于印发公共法律服务领域基层政务公开标准指引的通知》	2019.05.20	司法部
《关于同意建立公共法律服务体系建设部际联席会议制度的函》	2020.07.21	国务院办公厅
《关于建立健全政府购买法律服务机制的意见》	2020.10.08	司法部、财政部
《知识产权信息公共服务工作指引》	2020.11.05	国家知识产权局
《公共企事业单位信息公开规定制定办法》	2021.01.01	国务院办公厅
《法治中国建设规划（2020—2025年）》	2021.01.10	中共中央
《关于开展法治宣传教育的第八个五年规划（2021—2025年）》	2021.06.15	中央宣传部、司法部
《法治政府建设实施纲要（2021—2025年）》	2021.08.11	中共中央、国务院
《中华人民共和国法律援助法》	2021.01.01	全国人大常委会
《关于深化公共法律服务专业人员职称制度改革的指导意见》	2021.07.27	人力资源社会保障部、司法部
《全国公共法律服务体系建设规划（2021—2025年）》	2021.12.30	司法部
《“十四五”城乡社区服务体系建设规划》	2021.12.27	国务院办公厅

在公共信息服务领域主要强调了法律信息服务对于城乡社区综合公共服务的支撑与公共资源配置需求下的政务信息公开问题；在公共法律服务领域，主要涉及公共法律服务体系建设的规

划与法律信息公开等问题；相关法律、法规、政策颁行时间节点体现了国家持续关注公共法律信息服务，颁行主体表明公共法律信息服务属于国家战略布局的重要组成部分。

（二）信息技术的支撑性

信息技术为公共法律信息服务向发展型服务拓展提供了有力的技术保障。信息获取技术、信息传递技术、信息存储技术、信息检索技术以及信息加工整合技术等支撑公共法律信息服务的关键技术不断适应公共法律信息服务的特点和需求，增强了发展型公共法律信息服务深度层次的延展性。比如，信息技术促使智慧法院、智慧检务、非接触式调解、区块链+互联网仲裁、在线公证等便捷化、智能化的公共法律服务得以持续完善。各级公共法律信息服务平台纷纷创设了不同程度的智能法律信息咨询方式，旨在面向社会公众提供自助化、个性化、精准化的公共法律信息服务。

（三）法律信息需求的扩展性

法律信息需求的扩展性本质上反映了公共法律信息服务需求侧结构的变化对服务供给侧所产生的积极作用。实践中，社会公众主动使用公共法律信息服务的数量与使用过程中具体法律信息需求表达的内容在一定程度上映射了法律信息需求的扩展性。本书以中国法律服务网（12348 中国法网）为调研对象，对社会公众使用该平台主动进行法律信息咨询的情况作了调研，以分析社会公众法律信息需求的扩展性。具体调研过程为：对中国法律服务网（12348 中国法网）（网址：http://www.12348.gov.cn/#/homepage）“咨询服务”模块下的法律信息咨询数据进行爬取，数据爬取时间段为 2017 年 12 月 20 日至 2021 年 7 月 28 日，总共爬取到数据 202 497 条，经过数据清洗最终得到 202 487 条有效数据。对有效样本进行分析，结果如下：

1. 法律信息咨询数量的变化

社会公众法律信息咨询数量的发展变化，如图 1-2 所示：

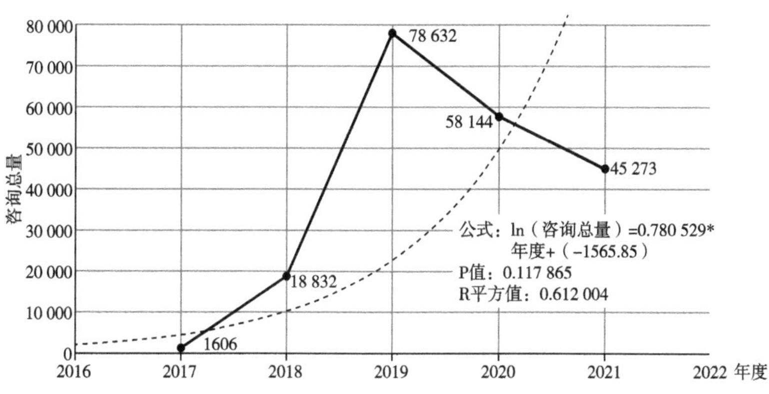

图 1-2　社会公众法律信息咨询数量变化

自中国法律服务网（12348 中国法网）问世以来，社会公众主动使用该平台进行法律信息咨询的数量呈现逐年上升趋势。该趋势线的 R^2 值为 0.612 004，P 值为 0.117 865，表明该趋势线模型拟合度较好，趋势预测可信度较好，社会公众法律信息需求数量上呈扩展性态势，推动了公共法律信息服务的发展。

2. 法律信息咨询内容的变化

社会公众法律信息咨询内容的发展变化，如图 1-3 所示：

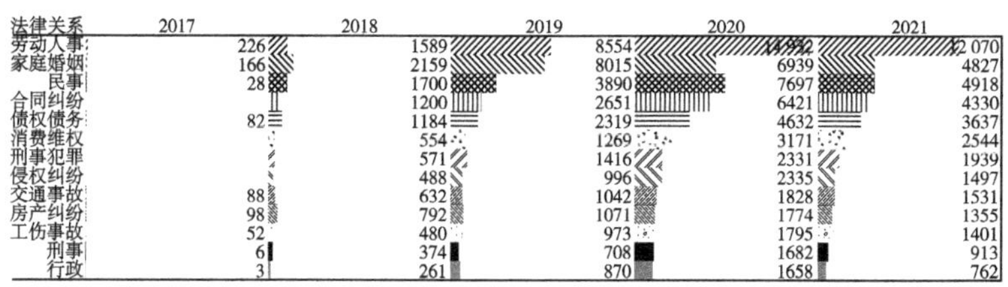

图 1-3　社会公众法律信息咨询内容变化

自2017年至2021年样本数据截止日，社会公众法律信息咨询的具体内容逐年发生了变化，大多集中在与社会生活息息相关的民事领域，包括家庭婚姻关系、债权债务关系、交通事故关系、侵权纠纷关系、劳动人事关系等。法律信息需求的变化较细微，表明社会公众法律信息需求具有相对持续稳定性。

三、公共法律信息服务挑战

（一）服务资源配置有待优化

公共法律信息服务作为国家公共法律服务体系的重要组成部分，为公共法律服务的有效实施提供必要的信息资源保障。由于受到地域差异、经济社会发展差异等客观因素的影响，当前公共法律信息服务资源的分布在一定程度上存在着不均衡、不充分的状态，包括发达地区与西部欠发达地区之间、各省市之间资源配置的不均衡、不充分。

（二）服务方式有待创新

公共法律信息服务作为国家公共信息服务的一种基本形式，关系着国家不断创新治理体系能力的提升。当前公共法律信息服务主要面向社会公众提供法律信息普及、法律信息咨询服务。首先，法律信息普及服务主要是通过罗列、展示、推送相关法律信息资源的方式进行，法律信息资源多为文字性表达；其次，法律信息咨询服务主要是通过留言、在线实时、热线、线下实体、智能机器人等方式进行。其中智能机器人咨询或为提问选择式，或为问卷填写式，智慧化程度还有待提升。

（三）法治意识能力有待提升

公共法律服务体系的完善使得社会公众法治意识不断得以强化，对公共法律信息服务的使用行为也充分表明社会公众法治意识的自我觉醒。但社会公众在接受、使用公共法律信息服务过程中所表现出来的对自我法律信息需求的表达状态也反映出社会公众法治意识能力的不足，具体外化为法律素养与法律信息素养相对欠缺，即法律专业知识与社会生活的关联能力不够，法律信息检索能力相对较弱。

第一章 研究缘起与研究主题

第一节 国内外研究现状

本书基于信息生态视角，以公共法律信息服务为研究对象，探讨公共法律信息服务模式与绩效问题。在公共信息服务领域聚焦于公共法律信息服务模式与绩效，旨在为我国现代公共法律服务体系的完善提供科学、客观的优化建议。本书涉及的信息生态、公共法律信息服务、公共信息服务三要素之间的逻辑关联如图 1-4 所示。其中，信息生态是研究所基于的视角，公共信息服务是研究所嵌入的领域，公共法律信息服务是研究所聚焦的主题。

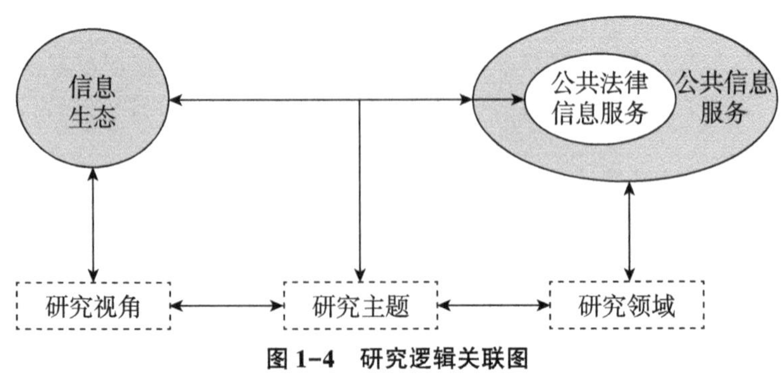

图 1-4 研究逻辑关联图

通过对这三个领域研究成果的文献综述和研究现状的梳理，找出现有研究存在的可拓展空间，一方面为本书的展开奠定相应的理论基础，另一方面也是为进一步深入研究寻找切入点，为拓宽研究思路提供学术给养。本书从公共信息服务模式与绩效、信息生态在公共信息服务领域的应用以及公共法律信息服务三个方面对国内外相关研究进行梳理评述，提出研究思路。

一、公共信息服务模式与绩效

公共信息服务是信息资源管理理论与实践过程中最具时代性的主题之一（周毅等，2018〔1〕）。在国家实施社会管理与服务过程中，其他一些国家很早就意识到公共信息服务的重要意义，纷纷将公共信息服务付诸国家治理实践。比如，在 19 世纪末和 20 世纪初，存在于美国华盛顿的信息服务主要限于协助企业（包括农民）或是在与该机构的使命密切相关时，才向社会公众提供有限的信息。随后在 1920 年，美国效率局组建了一个公共信息服务机构，用来处理广大公众的询问事务，并广泛地提供有关联邦政府的答复。这是美国联邦政府中第一个面向公众提供公共信息服务的机构（Lee，2003〔2〕）。1930 年，富兰克林·罗斯福总统正致力于改善美国联邦政府的工作效能，为总统提供公共信息服务的首席图书馆员克拉拉·M. 埃德蒙兹（Clara M. Edmunds）在此情况下试图通过图书馆服务改变政府文件的管理方式，她开发和管理了一个图书馆，里面收藏了所有与联邦政府相关的文件，并且在必要时每小时更新一次，以适应国会、行政机构和法院的最

〔1〕 周毅、王杰：《公共信息服务社会共治内涵与运行机理分析》，载《情报理论与实践》2018 年第 3 期。

〔2〕 Lee Mordecai, “The First Federal Public Information Service, 1920-1933: at the US Bureau of Efficiency!”, *Public Relations Review*, 29 (2003), pp. 415-425.

新发展（Lee，2007[1]）。英国政府一直致力于以电子方式提供公共信息的尝试，在电子政务服务方面享有欧洲领先的地位，拥有能够创建世界级交互式公共信息服务的专业知识（Owen，1997[2]）。在以电子方式向公众提供公共信息服务的过程中，英国更加强调尊重公众用户的信息需求，以发挥社区功能为手段提供交互式的公共信息服务，通过制定系列政策规范指引、约束公共信息服务行为，并十分重视信息素养教育。

通过梳理我国现行的涉及公共信息服务的系列法律法规与政策，可以看到我国政府致力于不断推进公共服务改革，以提升面向公众的公共信息服务水平。以我国国务院政策文件库为信息源，以“全文=公共信息服务”为检索式进行简单检索，检索时间截至 2021 年 8 月 16 日，共检索到 2062 条有关公共信息服务的政策文本。检索结果分析如图 1-5、图 1-6。

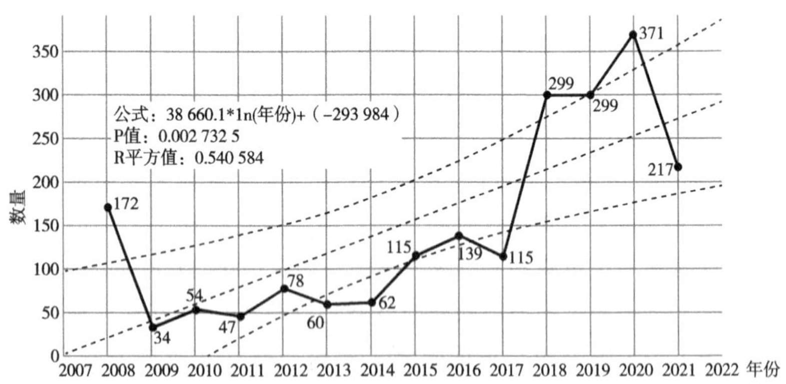

图 1-5　公共信息服务政策文献分布

---

〔1〕 Lee Mordecai, “Clara M. Edmunds and the Library of the United States Information Service, 1934-1948”, *Libraries & the Cultural Record*, 42（2007）, pp. 213-230.

〔2〕 Owen T., “Manifesto for a Wired Society”, *Online Information* 97（*London*, 9-11 *December* 1997）, 1997, pp. 227-233.

图 1-5 表明，我国自 2008 年正式实施《中华人民共和国政府信息公开条例》（以下简称《政府信息公开条例》）以来，每年持续不间断地在公共信息服务方面颁行了一系列相关政策，政策出台趋势呈现出不断上升的态势。我国提出建立完善现代化国家治理体系，建设服务型法治政府的战略目标，这必然会对我国公共服务体系改革提出更高的要求，而图 1-5 中所展示出来的公共信息服务政策发文数量不断增长的趋势，正是对更高要求的积极回应。

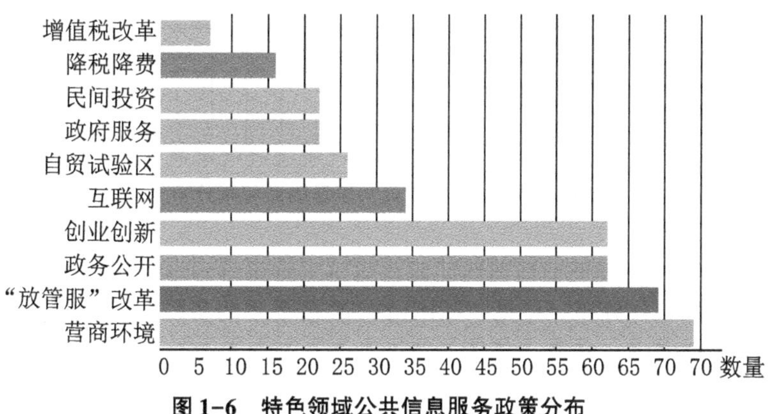

图 1-6　特色领域公共信息服务政策分布

图 1-6 显示了我国在一些特色领域所颁行的公共信息服务政策情况。主要涉及宏观经济领域、政务公开与服务领域以及创新创业领域。这表明我国在不断推动公共信息服务融入社会治理与服务过程中。

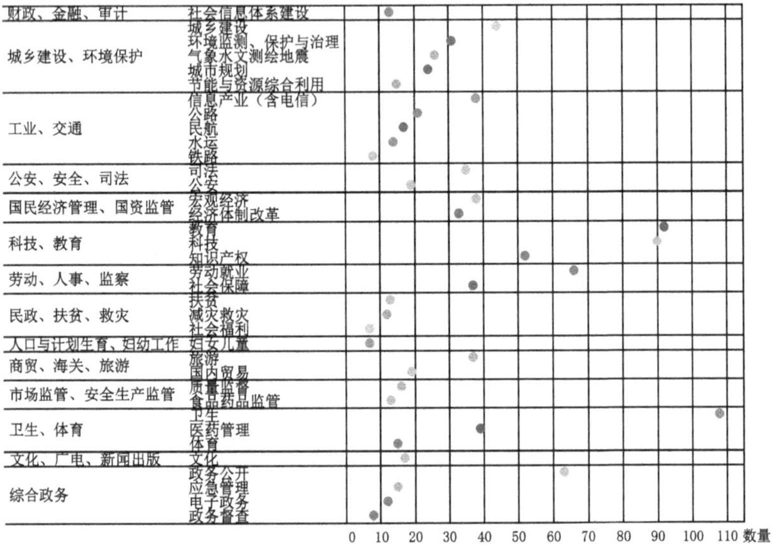

领域	行业
财政、金融、审计	社会信息体系建设
城乡建设、环境保护	城乡建设 环境监测、保护与治理 气象水文测绘地震 城市规划 节能与资源综合利用
工业、交通	信息产业（含电信） 公路 民航 水运 铁路
公安、安全、司法	司法 公安
国民经济管理、国资监管	宏观经济 经济体制改革
科技、教育	教育 科技 知识产权
劳动、人事、监察	劳动就业 社会保障
民政、扶贫、救灾	扶贫 减灾救灾 社会福利
人口与计划生育、妇幼工作	妇女儿童
商贸、海关、旅游	旅游 国内贸易
市场监管、安全生产监管	质量监督 食品药品监管
卫生、体育	卫生 医药管理 体育
文化、广电、新闻出版	文化
综合政务	政务公开 应急管理 电子政务 政务督查

0 10 20 30 40 50 60 70 80 90 100 110 数量

图 1-7　重要行业公共信息服务政策分布

图 1-7 展示了我国在社会各领域中各重要行业的公共信息服务政策颁行分布。可见，我国公共信息服务的实践在国家层面上多关注卫生、教育、科技、劳动就业、政务公开、知识产权、环境保护以及信息产业（含电信）等民生领域。

由此，国内外丰富的公共信息服务实践为学术界围绕公共信息服务展开研究提供了较充分的、客观的素材。

（一）研究趋势

国外学术界在公共信息服务方面的研究相对于我国开始得要更早一些。经过文献调研发现，在 Web of Science（WOS）数据库中关于"公共信息服务"主题出现最早的文献，要追溯到学者 Gettys 于 1918 年发表在杂志 *Journal of Political Economy* 第 2 期第 26 卷上一篇题名为"Bulletin of the Public Affairs Information Service"

的文献[1]。该研究发现了利用政府公报向公众提供公共信息服务的雏形。随后，自20世纪60年代开始，国外学者围绕“公共信息服务”这一主题开展了大量的科学研究，学术成果产出日益增长，研究热情一直持续到现在。研究学者主要集中在美国、英国、韩国、德国与澳大利亚等国家。研究成果主要集中在信息科学与图书馆科学领域，研究方向主要以计算机科学为主。这表明随着理论研究的日趋成熟，更多的研究已经转向方法、技术与应用层面。

国外公共信息服务研究多关注于在医学健康领域的应用、公共图书馆与高校图书馆的公共信息服务、公共信息服务的绩效评价等方面；研究热点随着时间的推移，越来越多地集中在公共信息服务的方法与实现技术方面，特别是云计算环境中的数据挖掘技术方法的运用。

与此同时，利用中国知网进行文献梳理发现，国内学者自20世纪90年代初开始纷纷形成公共信息服务研究成果。我国于2006年开始实施《2006—2020年国家信息化发展战略》，于2008年正式实施《政府信息公开条例》，国务院于2015年和2016年先后印发执行《促进大数据发展行动纲要》与《政务信息资源共享管理暂行办法》，以及先后颁行多项促进公共文化服务、公共法律服务、公共卫生健康服务等涉及具体民生领域的系列政策措施，学者们的研究力度于2008年之后开始呈现出迅速增强的趋势，2016年的研究文献数量尤为突出，见图1-8。

---

〔1〕 C. M. Gettys, “Bulletin of the Public Affairs Information Service”, *Journal of Political Economy*, 26 (1918), p. 214.

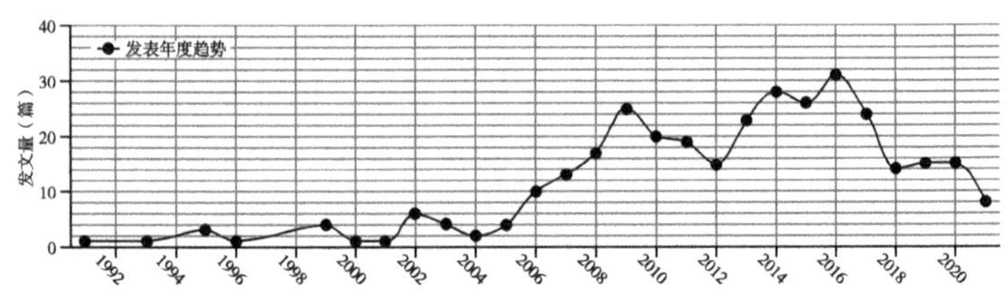

图 1-8　国内公共信息服务研究趋势

利用 Citespace 文献计量软件对相关文献元信息进行分析，可得出国内学者对于公共信息服务的研究主要集中在公共信息服务平台、政府公共信息服务、图书馆公共信息服务、智慧城市公共信息服务、公共信息资源管理以及信息政策等方面

具体的研究点随着社会发展不断发生着改变。20 世纪 90 年代，学者们主要以图书馆和高校为观测对象，探索了信息化发展对于公共信息服务的影响与冲击；21 世纪初以来，学者们主要从信息传播、信息服务系统角度开始研究公共信息服务模式，并开始关注信息法律与信息生态问题；2010 年至今，学者们对于公共信息服务的研究逐渐具体情境化，将公共信息服务问题融入具体的社会情境里，包括大数据技术环境、智慧城市发展、人口老龄化、信息扶贫、乡村振兴、智慧健康养老、公共卫生数字化治理、公共卫生服务等，并且更加注重对公众信息服务需求与服务体验的实证研究。

此外，这些研究成果得到了国家各级各类科研基金的支持，包括国家社科基金、国家自然科学基金以及各省部级科研基金。通过在国家社科基金项目数据库平台检索发现，我国自 2005 年以来针对公共服务的国家社科基金项目立项达 516 项，其中与公共信息服务紧密相关的基金主要涉及城镇化区域性公共信息服务、弱势群体公共信息服务、公共信息服务社会共治及其法治化，以及政府购买公共信息服务绩效评估等研究。

（二）研究内容

国内外学者公共信息服务模式与绩效研究的主要内容可以归纳为四个方面，即研究情境、研究视角、模式研究与绩效研究。

1. 研究情境

首先，国外学者主要集中在医学健康、农业气象地理以及公共交通情境进行公共信息服务模式与绩效研究。

（1）医学健康情境。Sullivan et al.（2010）以公众癌症信息需求样本书体现政府利用公共信息服务减少公众预防癌症负担的重要意义[1]。Tobi et al.（2018）[2]通过构建健康信念模型调查影响国家网络健康信息服务门户网站的用户使用意愿的因素，以有效提升国家公共信息服务的能力。部分学者以新型冠状病毒（COVID-19）大爆发为情境，研究了公共信息服务问题。Vanderpool et al.（2021）使用美国国家癌症研究所癌症信息服务（Cancer Information Service，CIS）的数据，研究不同用户群体在 COVID-19 大流行期间使用该信息资源的需求差异[3]；Larrouquere et al.（2020）分析介绍了 COVID-19 大流行期间，法国药理学和治疗学会通过互联网发布的正确使用药物的全国问答（Q&A）网站的访问使用情况[4]；Giampreti et al.（2020）探讨了在 COVID-19 爆发期间，

---

〔1〕 Sullivan H. W.，Finney Rutten L. J.，Waters E. A.，"Requests for Cancer Prevention Information：The Cancer Information Service（2002-2006）"，*Journal of Cancer Education*，25（2010），pp. 16-22.

〔2〕 Tobi S. N. M.，Masrom M.，Kassim E. S.，et al.，"Psychological Influence Towards Health Consumers Intention to use a Malaysia National Web Based Health Information Service"，*Environment-Behaviour Proceedings Journal*，3（2018），pp. 167-174.

〔3〕 Vanderpool R. C.，Huang G. C.，Mollica M.，et al.，"Cancer Information-Seeking in an Age of COVID-19：Findings from the National Cancer Institute's Cancer Information Service"，*Health Communication*，36（2021），pp. 89-97.

〔4〕 Larrouquere L.，Gabin M.，Poingt E.，et al.，"Genesis of an Emergency Public Drug Information Website by the French Society of Pharmacology and Therapeutics During the COVID-19 Pandemic"，*Fundamental & Clinical Pharmacology*，34（2020），pp. 389-396.

针对特殊群体即孕妇与哺乳期妇女提供药物处方公共信息服务的现状〔1〕。

（2）农业气象地理情境。Minbo et al.（2013）提出了一种基于分布式架构的农业物联网信息系统〔2〕，实时监控农业生产的质量。Lee et al.（2014）〔3〕基于韩国六个最大都市区的调查数据，通过排序 Logit 模型研究花粉预测系统的经济价值及其在公众偏好方面的属性，从而为政府投资公共气象信息服务提供决策参考。Viktorsson et al.（2015）基于旅游的具体场景，调查公共信息服务平台 Hafiken. nu 的历史发展，提出要增强该网站的个性化、响应度与定制化服务能力〔4〕。Dinh et al.（2020）〔5〕运用条件价值法估计政府公共气象信息服务对农业生产者的经济价值。

（3）公共交通情境。Farkas et al.（2014）〔6〕基于 Trafficlrifo 智能手机应用程序，通过地图上的实时更新可视化公共交通车辆的实际位置，收集公共交通数据并共享信息，为公众提供公共交通信息服务，在此过程中强调用户的参与和感知。Yeboah et al.

---

〔1〕 Giampreti A., Eleftheriou G., Gallo M., et al., "Medications Prescriptions in COVID-19 Pregnant and Lactating Women: the Bergamo Teratology Information Service Experience During COVID-19 Outbreak in Italy", *Journal of Perinatal Medicine*, 48 (2020), pp. 1001-1007.

〔2〕 Minbo L., Zhu Z., Guangyu C., "Information service system of agriculture IoT", *Automatika*, 54 (2013), pp. 415-426.

〔3〕 Lee J. W., Jang J., Ko K. K., et al., "Economic Valuation of a New Meteorological Information Service: Conjoint Analysis for a Pollen Forecast System", *Weather, Climate, and Society*, 6 (2014), pp. 495-505.

〔4〕 Cano Viktorsson C., "From Maps to Apps: Tracing the Organizational Responsiveness of an Early Multi-Modal Travel Planning Service", *Journal of Urban Technology*, 22 (2015), pp. 87-101.

〔5〕 Dinh D. T., "Economic Valuation of Agricultural Producers' WTP for the Weather Information Service-A Case Study in Central Vietnam", *EDP Sciences*, 203 (2020), pp. 3-16.

〔6〕 Farkas K., Nagy A. Z., Tomás T., et al., "Participatory Sensing Based Real-time Public Transport Information Service", *IEEE*, 2014, pp. 141-144.

(2019)[1]使用二项逻辑回归模型研究了英国城市环境中影响公共交通乘客出行前信息搜索行为的预测因素。

其次，国内研究情境主要是基于特定地域、基于特定群体、新型城镇化、科技创新、旅游公共服务以及物流公共服务领域。

（1）基于特定地域情境。赵国忠（2015）以甘肃各级政府网站为考察对象进行调研，分析本地区政府网站公共信息服务的基本现状，提出在公共信息服务过程中要充分考虑用户的信息意识与信息能力，以及公共法律信息服务所产生的价值与提供公共法律信息的成本之间的关系[2]。杨诚（2015）[3]等基于西北农村公共信息服务的调查分析农村基本公共信息服务供需状况和城乡差距，提出了农村公共信息服务过程中对农民信息服务需求的忽视问题，构建了多元参与路径以实现农村公共信息资源均等化服务；提出了公共信息服务过程中的地区差异信息鸿沟问题，建议通过培育农民的信息素养与制定农村基本公共信息服务标准，实现农村基本公共信息服务均等化路径。

（2）基于特定群体情境。王少辉（2010）针对失业人员、退休人员、农村劳动者、农民工等群体，从信息供给角度讨论了信息弱势群体公共信息服务，提出应当综合采用网络、移动电话、政府呼叫中心等多元方式，实行公私合作的多元主体公共信息服务模式，以提高信息弱势群体对公共信息服务的获取性[4]。詹

〔1〕 Yeboah G., Cottrill C. D., Nelson J. D., et al., "Understanding Factors Influencing Public Transport Passengers' Pre-travel Information-seeking Behaviour", *Public Transport*, 11 (2019), pp. 135-158.

〔2〕 赵国忠:《甘肃民族地区政府网站公共信息服务发展研究》，载《情报探索》2015年第4期。

〔3〕 杨诚:《农村基本公共信息服务均等化标准化研究》，载《图书馆理论与实践》2015年第9期。

〔4〕 王少辉:《论我国信息弱势群体电子化公共服务供给机制的构建》，载《电子政务》2010年第10期。

晓阳（2010）定义信息弱势群体为在获得和利用信息技术及信息服务方面因主观和客观能力限制而处于劣势的群体和个人〔1〕，创新性地将政府提供公共服务研究延伸到电子化公共信息服务，扩展了政府公共信息服务的范畴。陈婧（2016）认为要依据弱势群体信息服务的具体需求、特点等信息环境，选择不同的公共信息服务方式，以信息援助的方式设计了定点式、流动式、项目式、协作式、呼叫式、远程式、一站式的模式〔2〕，以促进弱势群体公共信息服务水平的提升。经渊等（2017）研究了城镇信息无障碍服务的服务主体、服务对象、服务内容等要素，并基于协同理念提出创新城镇信息无障碍服务模式〔3〕。

（3）新型城镇化情境。刘国斌等（2017）对县域信息化与新型城镇化之间的能动关系进行了论述，认为县域信息化的建设有助于提升新型城镇化的辐射能力，要坚持多主体参与、增强服务对象的信息意识、丰富服务内容、规范服务平台〔4〕，以提高新型城镇化的公共信息服务质量。经渊等（2017）〔5〕总结了我国城市公共信息服务的典型模式，包括部门—居民服务模式、政府部门—企业/第三部门—居民服务模式、企业/第三部门—居民服务模式。

（4）科技创新情境。邓胜利等（2008）构建了协同式公共信

〔1〕 詹晓阳：《基层政府面向信息弱势群体的公共服务研究》，武汉大学 2010 年博士学位论文。

〔2〕 陈婧：《基于信息援助的弱势群体公共信息服务的模式设计》，载《情报资料工作》2016 年第 5 期。

〔3〕 经渊、郑建明：《协同理念下的城镇信息无障碍服务模式研究》，载《图书馆杂志》2017 年第 5 期。

〔4〕 刘国斌、毛晓军：《我国新型城镇化进程中的公共信息服务保障问题研究》，载《情报科学》2017 年第 1 期。

〔5〕 经渊、郑建明：《新型城镇化进程中公共信息一体化服务模式研究》，载《图书馆建设》2017 年第 5 期。

息服务平台与技术实现方式[1]。李巍（2011）从国家区域发展战略出发，发掘创新活动中信息服务需求及其转变[2]，依据创新行为社会化、开放化、协作化发展趋势，构建了嵌入互动型的协同创新的公共信息服务方式。陈世银（2013）构建了产学研协同创新、多层次一体化公共信息服务平台[3]。张发亮等（2016）针对区域科技创新活动信息需求特点，提出了基础性、个性化、一站式和嵌入式相结合的公共信息服务[4]。

（5）旅游公共服务情境。贾鸿雁（2015）根据国内旅游公共信息服务的现状，将大数据智能技术融入旅游公共信息服务中去，提出了向精细化、智能化服务模式转变的必要性[5]。吴艺娟等（2016）[6]、丁利（2018）[7]借鉴扎根理论，构建了基于游客信息需求的旅游公共信息服务理论模型。宫平（2019）以综述的形式，从跨学科视角对我国旅游公共信息服务研究现状进行了梳理，包括旅游学、计算机科学、图书情报学，提出了多学科融合研究智慧旅游公共信息服务的设想[8]。

（6）物流公共服务情境。国内对于物流公共信息服务的研究

---

[1] 张敏、邓胜利：《面向协同创新的公共信息服务平台构建》，载《情报理论与实践》2008 年第 3 期。

[2] 李巍：《城市圈创新发展中的信息保障研究》，武汉大学 2011 年博士学位论文。

[3] 陈世银：《产学研协同创新中的信息保障研究》，武汉大学 2013 年博士学位论文。

[4] 张发亮、胡媛、朱益平：《区域科技创新信息服务平台建设与服务模式研究》，载《图书馆学研究》2016 年第 24 期。

[5] 贾鸿雁：《智慧旅游背景下的公共信息服务战略研究》，载《情报科学》2015 年第 7 期。

[6] 吴艺娟、林美珍：《旅游公共信息服务网站信息服务质量优化研究——基于网络旅游信息需求》，载《现代情报》2016 年第 4 期。

[7] 丁利：《基于需求导向的旅游政务微博公共信息服务质量优化研究——以山东旅游政务微博为例》，载《现代情报》2018 年第 1 期。

[8] 宫平：《我国旅游信息服务研究脉络与热点分析——基于多学科视角的文献计量与可视化》，载《图书馆》2019 年第 9 期。

主要集中在经济管理、计算机软件与应用等领域，图书情报学科对此关注得较少。现有研究主要围绕大数据时代智慧物流公共信息平台标准化体系构建等内容展开。

2. 研究视角

首先，国外研究成果显示，学者们的研究主要聚焦在公共信息服务的服务主体视角与服务环境视角。

（1）服务主体视角。国外研究主要针对公共图书馆、高校以及其他社会组织。早在 1921 年，学者 Walton（1921）从高校利用自身所掌握的信息资源优势这一角度出发，探讨了高校为社会公众推广提供公共信息服务的可行性与重要性〔1〕。1972 年，Haro（1972）讨论了公共图书馆通过馆藏信息资源建设向公众提供公共信息服务的问题〔2〕。此后，Quint（1992）提出在信息时代背景下，公共图书馆功能与角色发生了转变，公共图书馆得以不断参与并融入公共信息服务过程中，在一定程度上拓展了公共信息服务的主体结构〔3〕。Park et al.（2013）研究公共图书馆员通过专业技能的培训与自主学习，能高效地为用户提供公共健康信息服务，并最终产生最佳的服务体验〔4〕。Smith et al.（2014）基于学科服务实现公共健康信息服务个性化〔5〕。Noh

〔1〕 Walton S. Bittner, "Public Discussion and Information Service of University Extension", *Elementary School Journal*, 21（1921）, pp. 398-399.

〔2〕 Robert P. Haro, "Information Service in Public Libraries: Two Studies（Book Review）", *College & Research Libraries*, 33（1972）, pp. 411-412.

〔3〕 Quint B., "The Last Librarians-end of a Millennium", *Canadian Journal of Information Science-Revue Canadienne Des Sciences Del Information*, 17（1992）, pp. 32-40.

〔4〕 Luo L., Park V. T., "Preparing Public Librarians for Consumer Health Information Service: A Nationwide Study", *Library & Information Science Research*, 35（2013）, pp. 310-317.

〔5〕 Smith J. E., Brandenburg M. D., Conte M. L., et al., "Innovative Information Service Development: Meeting the Information Needs of an Interdisciplinary, Cross-sector Research Complex", *Journal of the Medical Library Association: JMLA*, 102（2014）, pp. 8-13.

(2015)[1]、Haruna et al.（2016）对比分析了公共图书馆“健康信息馆员”与医学图书馆“医学馆员”在专业技能、职业习惯、服务意识等方面的差异，提出了“健康信息馆员”在公共健康信息服务过程中的重要作用，建议给予必要的专业培训以提升服务能力[2]。Morgan et al.（2016）[3]通过问卷调查研究宾夕法尼亚大学与费城公共图书馆之间合作开展“健康图书馆计划”的工作效果，发现公共图书馆具备改善人口健康的潜力，尤其能为弱势群体提供公共健康信息服务支持。Muir（2017）采用问卷调查与访谈的研究方法，收集、分析、匹配澳大利亚隐性残障人士公共信息服务需求，讨论针对弱势群体的公共信息服务[4]。Stoppe（2020）讨论了现代信息技术对公共信息服务的影响[5]。

（2）服务环境视角。国外研究主要在于技术环境。技术环境对于公共信息服务的支撑问题一直受到学者们的关注，包括网络技术与通信技术。Huh et al.（1998）分析了通过连接 PSTN 和 PSDN 来支持公共信息服务的通信处理系统（CPS）技术的实现[6]。Mordachev（2007）讨论了蜂窝无线电通信设施的广泛运用对公

---

〔1〕 Noh Y.，“A Study Comparing Public and Medical Librarians’ Perceptions of the Role and Duties of Health Information-providing Librarians”，*Health Information & Libraries Journal*，32（2015），pp. 300-321.

〔2〕 Haruna H.，Mtoroki M.，Gerendasy D. D.，et al.，“Health Libraries and Information Services in Tanzania：A Strategic Assessment”，*Annals of Global Health*，82（2016），pp. 912-921.

〔3〕 Morgan A. U.，Dupuis R.，D’ Alonzo B.，et al.，“Beyond books：Public libraries as partners for population health”，*Health Affairs*，35（2016），pp. 2030-2036.

〔4〕 Muir B.，“‘But What to Change?’：Moving Forward in Public Library Information Service Provision for People with an Invisible Disability”，*Journal of the Australian Library and Information Association*，66（2017），pp. 176-177.

〔5〕 Stoppe，Sebastian，“Streaming for Researchers Desiderata from the Perspective of the Specialised Information Service for Communication，Media and Film Studies”，*Bibliothek Forschung Und Praxis*，44（2020），pp. 460-466.

〔6〕 Huh J. D.，Joo E. K.，“An Analysis of Multiple 28. 8 Kbps call Control in Pstn-Psdn Communication Processing System”，*IEEE*，1998，pp. 535-538.

共信息服务系统产生的影响[1]。

其次，国内研究主要从公共信息服务的主体、对象、价值三个视角进行公共信息服务模式与绩效的探讨。

（1）公共信息服务的主体视角。国内研究主要涉及政府与公共图书馆。戴艳清（2010）指出在信息服务过程中会涉及信息用户、信息服务者、信息服务内容和信息服务策略四个基本要素，并基于不同的服务主体提出了公共信息资源政府主导型服务模式、商业型服务模式、志愿型服务模式[2]。王培三（2013）[3]从政府主体强调公共服务型政府应强化和完善信息资源公益性开发利用工作，积极推进社会信息扶贫和信息援助，加大公共财政对公共信息领域建设的支持和宏观调控力度。严昕等（2017）以南京市江宁区图书馆公共信息服务实践为案例，研究区县图书馆主体[4]。

（2）公共信息服务的对象视角。张建彬（2012）等介绍了美国、新加坡、加拿大等国家在公共信息服务中对用户信息需求的关注经验[5]，强调在对用户需求进行分析的基础上，面向用户提供公共信息集成服务；论述了公共信息服务中用户参与形式的多样性，从公共服务的决策和公共服务的提供两条路径出发，分析了用户参与模式，包括决策型参与、有限吸纳型参与、告知型参与、校正型参与、改善型参与、合作型参与。要根据具体信息

---

[1] Mordachev V.，"Environmental Safety of Cellular Networks Taking into Consideration Electromagnetic Background Produced by Systems of Public Information Service"，*IEEE*，2007，p. 11.

[2] 戴艳清：《基于不同服务主体的公共信息资源服务模式初探》，载《情报资料工作》2010 年第 6 期。

[3] 王培三：《公共信息公平及政府的主要职责》，载《图书馆》2013 年第 1 期。

[4] 严昕、孙红蕾、郑建明：《新型城镇化背景下区县图书馆公共信息服务实践与思考》，载《新世纪图书馆》2017 年第 7 期。

[5] 张建彬：《面向用户的公共信息服务集成研究》，载《图书与情报》2012 年第 1 期。

服务需求选择公共信息服务模式。另外在同等信息化条件下，不同特征用户的信息行为存在着显著性差异，其得以享受信息服务的能力大相径庭，进而提出通过建立公共信息服务补偿机制实现公共信息公平。

(3) 公共信息服务的价值视角。周毅（2014）〔1〕分析了公共信息资源产权的内涵、特点以及公共信息资源的属性，从产权角度论证了公共信息资源政府单一管理的种种弊端，根据公共信息资源的公共产权性质提出了公共信息服务的价值取向。程万高（2010）基于公共物品理论，探讨了公共信息服务的价值取向，提出了公共信息服务应以公共性、公益性为价值指引〔2〕。许淑萍（2013）论述了价值取向对基本公共服务绩效评估体系重要的引导与规范作用，提出均等普惠的价值取向是基本公共服务绩效评估规范化、科学化、系统化、制度化的基础〔3〕。周毅（2016）〔4〕、周毅等（2020）〔5〕、毕德强等（2020）〔6〕从宏观层面论述了公共信息服务的法治化价值取向。相关研究讨论了法治理念强化、法律制度建设、实现机制完善的具体内涵和基本途径。

3. 模式研究

首先，根据国外现有研究成果将公共信息服务模式归纳为四种，即合作模式、集约化模式、关注用户模式、关注过程模式。

---

〔1〕 周毅：《公共信息服务制度的定位及其核心问题分析》，载《情报资料工作》2014 年第 4 期。

〔2〕 程万高：《基于公共物品理论的政府信息资源增值服务供给机制研究》，武汉大学 2010 年博士学位论文。

〔3〕 许淑萍：《论我国基本公共服务绩效评估的价值取向》，载《理论探讨》2013 年第 6 期。

〔4〕 周毅：《论公共信息服务的法治化》，载《中国图书馆学报》2016 年第 4 期。

〔5〕 周毅、袁成成：《论新情境下公共信息服务发展问题的出场及其内在逻辑》，载《情报理论与实践》2020 年第 5 期。

〔6〕 毕德强、吴德志、董颖：《公共信息服务的法治保障》，载《高校图书馆工作》2020 年第 1 期。

（1）合作模式。合作模式主要体现为政府、市场、社会之间建立合作伙伴关系，通过权利义务与责任的合理配置，向公众提供公共信息服务的模式。实践中，有政府、高校图书馆、相关机构三方合作提供公共信息服务（Shuler，2000〔1〕；Gottschalk，2009〔2〕；Liu，2021〔3〕；Riyanto et al.，2018〔4〕）；澳大利亚非营利性组织在 FaceBook 上运行公共问答服务程序，与政府合作为大众提供公共药物信息服务（Benetoli et al.，2015）〔5〕；以 PPP 模式（Public–Private Partnership）即政府和社会资本合作的运作模式改进政府基本公共信息服务（Weseni et al.，2015）〔6〕；以中国台湾地区最大的公共信息服务基础设施项目（DOC）为调研对象，探讨了拼贴式资源共管模式（Chen et al.，2016）〔7〕，通过与地方政府的合作，在地方偏远地区设立数字机会中心（DOC），这种合作模式有利于在资源管理中不断融合新资源、新动能，逐

〔1〕 Shuler J. A.，"Policy Implications of a Model Public Information Service：the DOSFAN Experience"，*Government Information Quarterly*，17（2000），pp. 439–449.

〔2〕 Gottschalk，Petter，ed.，*E–government Interoperability and Information Resource Integration：Frameworks for Aligned Development：Frameworks for Aligned Development*，Princeton：IGI Global Press，2009，pp. 89–128.

〔3〕 Liu Y.，"Research on Community Public Service Information Collaborative Governance Based on Deep Learning Model"，*Journal of Mathematics*，2021（2021），pp. 1–9.

〔4〕 Riyanto D. E.，Wirawan P. W.，Kurniawan K.，"E–Government Interoperability：Architecture Model for Public Information Services of Sub–District Governments"，*EDP Sciences*，218（2018），pp. 3–8.

〔5〕 Benetoli A.，Chen T. F.，Spagnardi S.，et al.，"Provision of a Medicines Information Service to Consumers on Facebook：an Australian Case Study"，*Journal of Medical Internet Research*，17（2015），p. 265.

〔6〕 Weseni T. A.，Watson R. T.，Anteneh S.，"A Review of Soft Factors for Adapting Public–private Partnerships to Deliver Public Information Services in Ethiopia：A Conceptual Framework"，*IEEE*，2015，pp. 1–6.

〔7〕 Chen C. C.，Lee G. G.，Chou T. C.，"A Process Model for Bricolage–based Resource Co–management for a Resource–constrained Government IT Project：Lessons Learned from Taiwan's DOC Project"，*Information Technology & People*，29（2016），pp. 200–220.

步弥合城乡数字鸿沟，共创地方发展价值；基于 PCP 模型开发、创新公共信息服务合作模式（Horjak et al.，2018）[1]；韩国政府在提供公共信息服务过程中，充分利用当地卫生与医疗机构的数据，为公众提供基于公共卫生信息系统的公共健康促进服务（Yoon et al.，2020）[2]。以上列举的模式均是政府与相关机构或组织合作提供公共信息服务的模式。

（2）集约化模式。集约化模式是各主体、各要素相互融入、配合、统一、协调地共同面向社会提供公共信息服务的模式。比如，弗兰德政府融合采用高质量的电话沟通与"弗兰德信息线"相互集约提供公共信息服务的模式（Jampens，2010）[3]；在南非农村创建以用户为中心的数字咨询信息服务[4]，实现了推广代理自动热线与 E-mail 融合集约的可持续公共信息服务（Ortiz et al.，2020）。

（3）关注用户模式。关注用户模式着重强调了在面向社会提供公共信息服务过程中对用户的尊重，包括用户信息需求的分析发掘、用户信任感的培养以及用户参与度的提升等。比如，Poínhos et al.（2017）[5]通过问卷调研，评估用户采纳个性化公共营养信

---

〔1〕 Horjak M.，Kovačič A.，"Pre-Commercial Procurement as a Key Development Source of it Services in the Public Sector-The Case of Slovenia"，*Tehnički Vjesnik*，25（2018），pp. 1370 1377.

〔2〕 Yoon K.，Park S.，Choi S.，et al.，"A Proposal for Public Health Information System-Based Health Promotion Services"，*Processes*，8（2020），p. 338.

〔3〕 T'Jampens B.，"Flemish Multichannel Contact Center：A Success Story for More Than 10 years"，*Proceedings of the 10th European Conference on E-Government*，2010，pp. 391-399.

〔4〕 Ortiz-Crespo B.，Steinke J.，Quirós C. F.，et al.，"User-centred Design of a Digital Advisory Service：Enhancing Public Agricultural Extension for Sustainable Intensification in Tanzania"，*International Journal of Agricultural Sustainability*，2020，pp. 1-17.

〔5〕 Poínhos R.，Oliveira B. M. P. M.，Van Der Lans I. A.，et al.，"Providing Personalised Nutrition：Consumers' Trust and Preferences Regarding Sources of Information，Service Providers and Regulators，and Communication Channels"，*Public Health Genomics*，20（2017），pp. 218-228.

息服务的偏好与信任问题，旨在从关注用户的角度优化现行的公共信息服务模式。Mabon（2020）通过实地访谈调研公共气象信息服务的效果，研究在公共信息服务过程中用户参与度问题〔1〕。

（4）关注过程模式。关注过程模式主要是对公共信息服务过程中信息传递方式的注意。比如，利用电话与互联网这两种信息传递的方式向公众提供公共循证医学保健信息服务（Mol et al.，2007）〔2〕；西亚齐政府公共信息服务部门通过网站与公告板两种方式，采取立即提供或定期发布信息的方式向公众提供公共信息服务（Tjoetra et al.，2016）〔3〕。

其次，根据国内现有研究成果将公共信息服务模式归纳为四种模式，即社会共治模式、合作模式、集约化模式、政府模式。

（1）社会共治模式。以周毅为代表的学者将公共信息服务模式划分为政府模式、市场模式和志愿模式三种类型，运用 SWOT 分析法分析不同模式的特点，发现将三种公共信息服务模式有机结合起来构建社会共治的公共信息服务模式，能够有效提升公共信息服务水平，从而提出了“协同式公共信息服务”的概念，即通过公共信息开放共享、管理资源优化配置、服务行动互补优化、服务目标需求匹配等方法对公共信息、管理资源、服务行动和服务质量进行全面融合（周毅等，2018）〔4〕，建立整体性治理

〔1〕 Mabon L.，“Making Climate Information Services Accessible to Communities：What can we Learn from Environmental Risk Communication Research?”，*Urban climate*，31（2020），p. 537.

〔2〕 Mol M.，De Groot R.，Hoogenhout E.，et al.，“An Evaluation of the use of a Website and Telephonic Information Service as Public Education About Forgetfulness”，*Telemedicine and E-Health*，13（2007），pp. 433-444.

〔3〕 Tjoetra A.，Sudarman M.，“ Increasing Compliance of Public Institutions Within Implementation-the Constituent of Public Information Transparency in West Aceh”，*Atlantis Press*，2016，pp. 13-22.

〔4〕 周毅、王杰：《公共信息服务社会共治内涵与运行机理分析》，载《情报理论与实践》2018 年第 3 期。

机制以减少公共信息服务的碎片化（周毅，2020）[1]。

（2）合作模式。合作模式主要体现为政府、市场、社会之间建立合作伙伴关系，通过权利、义务与责任的合理配置提供公共信息服务的模式。陈雅芝（2009）认为公私合作、民营化、用者付费等公共信息服务模式在政府信息资源开发利用的实践中应用成效较好，基于此对政府信息资源市场化开发利用的必要性进行了论证[2]。王臻等（2014）[3]认为公共信息服务是政府、企业、用户三方主体围绕公共信息的核心相互协调、合作运行的过程，在此基础上提出了以企业为核心的政企合作公共信息服务运营模式，并以北京市“智慧朝阳服务网”的实践为案例进行了实证研究。

（3）集约化模式。集约化模式是各主体、各要素相互融入配合、统一协调地共同提供公共信息服务的模式。冯惠玲等（2010）认为公共信息服务有开放服务与开发服务两个不同层面，构建了一个“五位一体”的集成式公共信息服务模式[4]。赵国忠（2013）从现状、规律、特点出发分析了甘肃公共信息服务问题，构建了适合于本地区的多主体多元化公共信息服务模式[5]，包括政府网络为主体的主导型服务、基础图书馆与农家书屋为主的信息服务、以广电与手机为主的基础型信息服务、以县乡科技

〔1〕周毅：《公共信息服务社会共治的风险及其控制》，载《情报资料工作》2020年第1期。

〔2〕陈雅芝：《政府信息资源市场化开发利用研究》，载《情报资料工作》2009年第3期。

〔3〕王臻、贺小培、张楠：《大数据背景下公共信息服务供给与运营机制的困局与对策——“智慧朝阳服务网”案例分析》，载《电子政务》2014年第2期。

〔4〕冯惠玲、周毅：《论公共信息服务体系的构建》，载《情报理论与实践》2010年第7期。

〔5〕赵国忠：《甘肃民族地区公共信息服务的瓶颈及发展路向》，载《新世纪图书馆》2013年第12期。

农业信息服务人员为主的科技信息服务、以学校为主的辅导型服务模式。陆浩东（2014）[1]认为信息公开的施行、传统媒体的更新、通信能力的提升与用户信息素养的改善等因素极大地影响了公共信息服务的方式，进而提出了传递式、增值式、问题解决式、全媒体服务式的多元融合模式。

（4）政府模式。胡昌平等（2005）以信息需求层次分析的视角，阐述了信息服务中用户潜在信息需求的显化问题，并根据面向用户的主动服务原则提出了基于客户关系的交互式信息服务模式[2]。王印红（2011）认为公共信息服务现有两种供给模式即"广电"模式与"政务网"模式，在此基础上提出了"民情视频在线"形式[3]。颜海等（2014）认为传统的被动服务应转变为回应型、互动型的主动服务，以实现信息需求与公共信息获取之间的平衡，改善数字鸿沟现象，实现公共信息获取公平与信息开放公平[4]。孙红蕾等（2015）[5]基于新型城镇化情境建议在公共信息服务过程中要多元化用户参与路径。

4. 绩效研究

首先，国外研究主要是构建原则、评价指标、影响因素等方面。比如，Jo et al.（2011）基于 e-SERVQUAL 量表开发了一个公共信息服务评价指标工具，运用结构方程模型与问卷调查方

---

[1] 陆浩东：《价值链视域下的公共信息资源服务模式创新路径思考》，载《四川图书馆学报》2014 年第 5 期。

[2] 胡昌平、王宁：《基于客户关系管理的潜在信息需求的显化与互动式信息服务的推进》，载《图书情报工作》2005 年第 12 期。

[3] 王印红：《公共信息服务的创新模式研究》，载《中国管理信息化》2011 年第 1 期。

[4] 颜海、汪婷：《欧美国家公共信息服务均等化的经验及启示》，载《信息资源管理学报》2014 年第 4 期。

[5] 孙红蕾、郑建明：《新市民社区信息服务创新与思考》，载《图书情报知识》2015 年第 5 期。

法，评估用户对公共信息服务质量的感知度与满意度〔1〕。Aryan et al.（2014）以案例研究方法分析了开放政府数据、政府信息公开、公众参与度三者之间的能动关系，讨论了影响公共信息服务绩效的主要因素〔2〕。Wasitarini et al.（2015）〔3〕使用 UTAUT 模型对印度尼西亚国家图书馆的 OPAC 与 INLIS 平台的使用情况进行了评价。Nesheim et al.（2017）基于对印度马哈拉施特拉邦三个村庄的案例研究，发现农业气象信息的有用性取决于信息的可访问性、显著性与可信度〔4〕；Yoon et al.（2020）基于社会服务量化编码结果分析了公共信息服务绩效评价指标的内部一致性和有效性问题〔5〕。研究发现，公共信息服务绩效评价指标体系在构建时需要精简化、标准化、多样化以及差异化。

其次，国内研究主要是用户满意、用户需求、用户信任、动态评价等维度，部分研究涉及信息服务绩效与信息服务价值的关系。

（1）用户满意。现有研究对用户满意度与公共信息服务绩效之间的关系进行了讨论，认为满意度在反映公共服务绩效时存在

〔1〕 Jo H. W., Kim S. W., "A Service Quality Model for the Public Information Service", in Tai-Hoon Kim, et al., *U-and E-Service, Science and Technology*, UNESST, 2011, pp. 332-340.

〔2〕 Aryan P. R., Ekaputra F. J., Sunindyo W. D., et al., "Fostering Government Transparency and Public Participation Through Linked Open Government Data: Case Study: Indonesian Public Information Service", *IEEE*, 2014, pp. 1-6.

〔3〕 Wasitarini D. E., Tritawirasta W., "Assessing Users' Acceptance Toward a Closed Access Library Service System Using the UTAUT Model: A Case Study at the National Library of Indonesia", *IEEE*, 2015, pp. 1-4.

〔4〕 Nesheim I., Barkved L., Bharti N., "What is the Role of Agro-met Information Services in Farmer Decision-Making? Uptake and Decision-Making Context Among Farmers within Three Case Study Villages in Maharashtra, India", *Agriculture*, 7（2017）, p. 70.

〔5〕 Yoon K., Park G., Lee M., "How Should the Social Service Quality Evaluation in South Korea be Verified? Focusing on Community Care Services", *Multidisciplinary Digital Publishing Institute*, 8（2020）, p. 294.

着客观的影响作用。比如，焦玉英等（2008）从用户满意度出发借鉴 e-服务质量评价模型，以信息资源类网站为调研对象，从便捷性、信息内容质量、个性化、站点美学等维度构建了基于用户满意度的网络信息服务质量评价指标体系〔1〕。周伟等（2009）从服务满意度、投入与产出方面构建了政府信息服务绩效评价体系〔2〕，强调利用个人结构理论对定性指标进行定量化处理，并对指标权重进行动态调整。邵艳丽（2014）基于服务质量差距理论对危机情境下的政府公共信息服务质量控制问题进行了探讨〔3〕。

（2）用户需求。周毅（2017）以整体性治理理论为基础，从类型、过程、结果三个方面论述了社会共治模式下公共信息服务绩效评估的具体维度，包括公众信息需求、服务碎片化、业余化与专业化；同时阐述了公共信息服务绩效评估的原则、特点与意义。公共信息服务绩效评价要坚持用户需求中心原则、多元价值原则、整体评估原则〔4〕。白文琳等（2020）认为信息需求包括基础的、显性的信息需求与环境安全等潜在信息需求，通过对数据进行分析和佐证构建了以服务通用标准、服务提供标准、服务保障标准、特色服务标准为主要内容的公共信息服务标准体系框架〔5〕。

（3）用户信任。孙建军（2012）利用结构方程模型，分析验

---

〔1〕 焦玉英、雷雪：《基于用户满意度的网络信息服务质量评价模型及调查分析》，载《图书情报工作》2008 年第 2 期。

〔2〕 周伟、叶常林、韩家勤：《政府信息服务绩效评估指标体系的科学构建》，载《图书情报工作》2009 年第 13 期。

〔3〕 邵艳丽：《危机情境下政府公共信息服务质量控制研究》，南京大学 2014 年博士学位论文。

〔4〕 周毅：《社会共治模式下公共信息服务的绩效评估》，载《情报资料工作》2017 年第 3 期。

〔5〕 白文琳、黄林杰：《我国公共信息服务标准体系框架构建研究》，载《情报科学》2020 年第 12 期。

证了影响网络公共信息资源利用效率的主要因素[1]。周毅（2014）认为在公共信息服务全过程中存在着管理者质量、服务人员实际提供服务质量、公共部门对外宣传服务质量、公众期望服务质量与公众实际感知服务质量[2]。罗博等（2017）基于利益相关者理论阐述了影响公众对网络公共信息服务的信任的因素主要是情感、认知与制度，进而从原始服务提供者信任、合作者信任和传播者信任方面基于人际影响、服务质量与制度保障等维度构建了公共信息服务绩效评价指标[3]。

（4）动态评价。胡昌平等（2001）基于信息服务的技术质量认证及其标准化讨论了以技术质量认证为基础的信息服务技术质量监督体系，提出了进行信息服务技术质量监督的改革模式[4]。李友芝等（2013）提出政府信息服务绩效评估指标体系构建应遵循目标一致性、可测性、科学性、公众至上性、动态发展性原则，在此基础上构建了基于社会公众指标、成本效益指标、部门内部管理指标三个维度的政府信息服务绩效评估指标体系，该体系由3个一级指标、9个二级指标、38个三级指标组成[5]。董宇等（2018）构建了公共信息服务绩效评价可持续性的空间时间维度评价模型（S-PPF模型）[6]。该模型同时解决了评价体系

---

[1] 孙建军：《网络公共信息资源利用效率影响因素实证分析》，载《图书情报工作》2012年第10期。

[2] 周毅：《公共信息服务质量问题研究——基于建立政府与公民信任关系的目标》，载《情报理论与实践》2014年第1期。

[3] 罗博、张晋朝：《网络公共信息服务社会信任的影响因素研究》，载《中国图书馆学报》2017年第5期。

[4] 胡昌平、辛春华、张立：《信息服务的社会监督——信息服务的技术质量监督》，载《情报学报》2001年第1期。

[5] 李友芝、谭貌：《政府信息服务绩效评估指标体系的构建》，载《情报科学》2013年第12期。

[6] 董宇、安小米：《政府信息服务评价体系的可持续性研究》，载《图书情报工作》2018年第20期。

缺乏针对性、关联性和时效性等难题，通过创建评价目标集合与评价指标集合实现不断动态地调整绩效评价指标体系。该研究发现，S-PPF 模型是一种有效实现公共信息服务绩效评价体系可持续性的解决方案。

二、信息生态在公共信息服务领域的应用

（一）研究基础进展

信息生态在公共信息服务领域的应用研究以信息生态相关理论为基础展开。

国外对于信息生态理论的研究相比国内要早些。大部分研究成果可以追溯到 20 世纪 60 年代，研究的学科领域主要涉及传播学、伦理学与社会学等。比如，美国学者 Horton 于 1978 年基于生态视角发现信息在组织内部流动会产生一定的关联[1]。最早正式提出“信息生态”这个术语的是德国学者 Capurro，他在 20 世纪 90 年代初通过所发表论文“Towards Information Ecology”[2]从信息污染与信息鸿沟等角度出发，重点论述了信息生态平衡的重要意义。1997 年，美国管理学家 Davenport 在“*Information Ecology*”一书中对信息生态学的概念给予了规范定义[3]，强调在研究各种信息现象时要注重系统观，为信息管理领域引入了“信息生态”这一新理念与新视角。

国内对于信息生态理论的关注开始于 20 世纪 90 年代，自 2005

---

〔1〕 Horton, F. W., “Information Ecology”, *Journal of Systems Management*, 9 (1978), pp. 32-36.

〔2〕 Capurro, R., “Towards Information Ecology”, *Taylor Graham*, 1990, pp. 122-139.

〔3〕 T. H. Davenport, L. Prusak, *Information Ecology*, Oxtord University Press, 1997, pp. 23-26.

年起逐渐成为研究热点（蒋之义等，2020）[1]。在《90年代生态学的新分支——信息生态学》中，生态学专家张新时首次提出了“信息生态”的概念。随后，以陈曙、靖继鹏、娄策群、张向先、傅荣贤、卢章平、周承聪、邹凯等学者为典型代表的系列研究成果将信息生态理论的相关研究不断推向更广深的领域。比如，陈曙（1996）基于信息生态因子论述了信息生态特点[2]；靖继鹏（2016）与张向先（2017）团队致力于信息流、信息生态群落等方面研究[3]，总结了我国信息生态学的研究进展[4]；傅荣贤（2010）从哲学视角讨论了信息生态学科构建问题，并对信息公平与信息鸿沟问题进行了论述[5]；孙斌等（2020）基于众创空间信息生态系统研究情境构建了相关模型[6]；周承聪等（2016）[7]与向尚等（2017）[8]对智慧城市信息生态系统展开了实证研究。

国内外学者在信息生态理论方面主要围绕信息生态的概念、信息生态因子及其之间的相互关系等具体问题展开研究；在具体应用方面，主要集中在健康医疗信息生态、电子商务信息生态、图书馆信息服务生态以及政务信息生态等领域。现有研究也体现出信息生态因子

---

〔1〕蒋知义等：《信息生态视角下智慧城市公共信息服务质量影响因素识别研究》，载《情报科学》2020年第3期。

〔2〕陈曙：《信息生态研究》，载《图书与情报》1996年第2期。

〔3〕靖继鹏、张向先、王晰巍：《信息生态学的研究进展》，载《情报学进展》2016年第11卷。

〔4〕孙悦、张向先、郭顺利：《基于信息生态链理论的网店信息传递效率评价研究》，载《情报科学》2017年第5期。

〔5〕傅荣贤：《信息生态学研究的两个基本路径及其反思》，载《图书与情报》2010年第4期。

〔6〕孙斌等：《众创空间信息生态系统模型构建研究》，载《图书情报研究》2020年第3期。

〔7〕周承聪、娄策群：《信息服务生态系统中信息流转效率的影响因素及提高措施》，载《情报科学》2016年第2期。

〔8〕向尚等：《智慧城市信息生态链的系统动力学仿真分析》，载《情报杂志》2017年第3期。

理论在公共信息服务领域的研究进展，见图 1-9 与图 1-10。

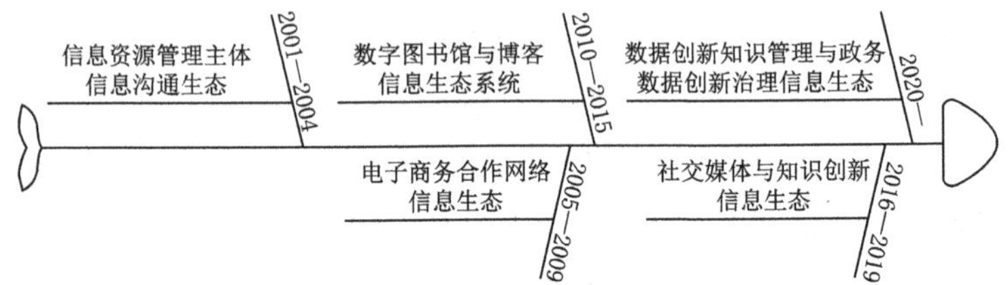

图 1-9　国外信息生态因子公共信息服务研究主题分布变化

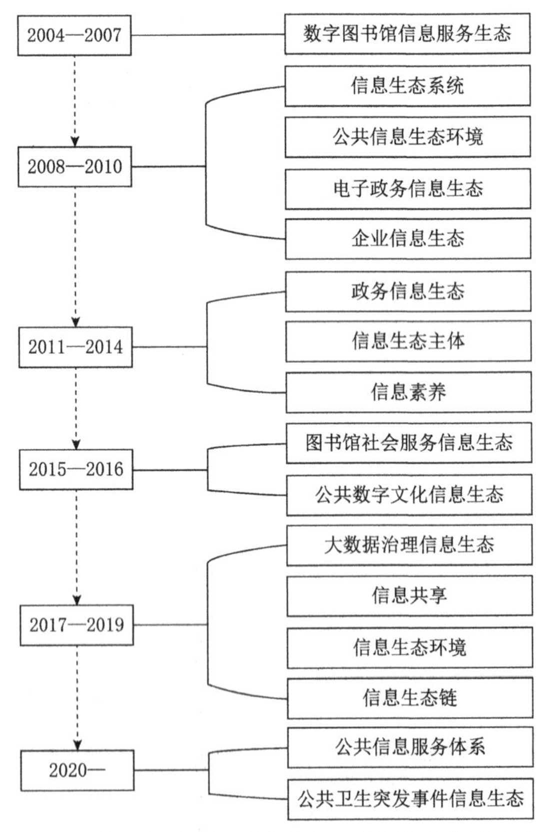

图 1-10　国内信息生态因子公共信息服务研究主题分布变化

由图 1-9 与图 1-10 可见，国外关于信息生态在公共信息服务领域的应用研究经历了从关注信息主体到关注信息生态系统的转变，具体研究的情境与社会实践紧密结合，多集中在创新信息生态的研究。国内关于信息生态在公共信息服务领域的应用研究一直都比较关注信息服务生态的整体性研究，已逐渐向具体的信息生态因子研究转变，比如对信息环境与信息生态链的研究，研究情境主要包括图书馆信息服务、电子政务信息服务、公共数字文化服务、大数据治理以及公共卫生服务等。

（二）研究主题分布

国内外主要集中在图书馆、档案馆、博物馆等公共服务机构信息服务，政务信息服务，公共信息服务，产业创新，信息服务平台等主题。其中，国内研究主题还包括医疗健康信息服务、个人数据保护主题；国外研究还涉及政治、学术科研等主题。

1. 图书馆、档案馆、博物馆等公共服务机构信息服务

Albrechtsen（1997）[1]认为图书馆应该成为知识生产的积极参与者，通过信息生态系统中分类结构支持多样化信息生态的需求，优化图书馆员与用户群体之间的合作互动。Pakalna（2010）[2]基于信息素养、信息环境等信息因子视角，从用户信任与满意度方面对地方社区图书馆信息生态系统的运行情况进行了调研。Garcia（2011）[3]利用信息生态的概念来解决数字图书馆对公共信息服务的影响问题，包括数据管理的普遍性、数字融合技术标准化、

---

〔1〕 Albrechtsen H.，Jacob E. K.，“Classification Systems as Boundary Objects in Diverse Information Ecologies”，*Advances in Classification Research Online*，8（1997），pp. 1–18.

〔2〕 Pakalna D.，*Public Libraries in the Information Ecology System of the Local Community*（*Focus Group Interviews with the Information Ecology Mapping–Approbation of the Method and the First Results*），Theory and Applications，2010，pp. 157–163.

〔3〕 García–Marco F. J.，“Libraries in the Digital Ecology：Reflections and Trends”，*The Electronic Library*，29（2011），pp. 105–120.

国际信息分工加速以及信息服务方式的多元化转变等。Liew（2014）在数字化遗产 2.0 背景下讨论了社会网络和社会技术系统的概念[1]，对档案馆、图书馆、博物馆通过社交媒体提供公共信息服务的信息生态进行了探讨，强调了动态性、互动性、参与性的信息服务。Brito（2020）讨论了博物馆提供公共信息服务的信息生态环境，提出信息生产与组织过程中要加强与信息主体的沟通交流[2]，以使数字信息环境更具有协作性和互动性。

唐义（2014）对公共数字文化信息生态系统中的信息生态因子之间的相互关系进行了论述，提出生态主体与生态环境是相对的概念[3]，二者通过相互联系与作用形成公共数字文化信息生态系统有机体。王磊等（2017）论述了图书馆参考咨询信息服务的信息生态环境[4]。张旭（2019）对高校图书馆智库信息服务生态进行了研究[5]。朱如龙等（2020）从信息生态因子视角构建了图书馆舆情信息服务质量影响因素体系[6]。

可见，国外研究较之国内研究更多关注信息生态因子中的信息人因子，更注重对信息人及其之间相互关系的探讨；而国内研

---

〔1〕 Liew C. L.，"Towards Dynamic and Evolving Digital Libraries"，*The Electronic Library*，32（2014），pp. 2–16.

〔2〕 Brito J. F.，Martinez-Avila D.，Vechiato F. L.，et al.，"The Museum of Sexual Diversity as a Complex Information Ecology：A Study of its Findability and Pervasive Information Architecture"，*Revista Ibero-Americana de Ciência da Informação*，24（2020），pp. 871–853.

〔3〕 唐义：《公共数字文化信息生态系统主体及其因子分析》，载《图书与情报》2014 年第 1 期。

〔4〕 王磊、卢海燕：《新信息生态环境下的图书馆参考咨询服务策略》，载《新世纪图书馆》2017 年第 8 期。

〔5〕 张旭：《高校图书馆智库型服务体系构建及能力评价研究》，吉林大学 2019 年博士学位论文。

〔6〕 朱如龙、沈烈：《信息生态因子视角下图书馆舆情信息服务质量影响因素分析》，载《图书馆工作与研究》2020 年第 6 期。

究更注重信息环境因子的研究。

2. 政务信息服务

McConnell（1996）提出政务信息传播模式由传统的出版模式逐渐转变为基于信息生态系统的电子政务模式，以实现信息的长期可持续性〔1〕。Snijkers（2005）〔2〕、Grafton（2006）〔3〕从公共行政职能的发挥与技术创新的角度讨论了电子政务信息生态。

国内研究主题集中在政务舆论信息、应急情报、个性化服务、政务信息服务功能与机制等方面。比如，杨兰蓉等（2018）〔4〕研究了新浪微博舆情信息生态系统，对系统内的信息主体、信息环境、信息等信息生态因子的演化过程进行了分析。窦悦（2020）讨论了信息生态理论在应急情报体系构建中的应用，以公共卫生突发事件为具体情境分析了信息生态失衡现象，提出了基于信息环境、技术平台与信息决策的动态应急情报体系模型〔5〕。夏立新等（2010）〔6〕提出了面向用户需求的个性化政务信息服务模式，讨论了以“用户为中心”的政务信息服务模式的必要性。部分研究关注到政务信息服务功能与机制。赵云合（2011）从信息生产、传递、利用与监管等方面探讨了政务信息生态系统基本功

〔1〕 McConnell B. W.，“New Wine in Old Wineskins：US Government Information in a Networked World”，*Journal of Government Information*，23（1996），pp. 217-225.

〔2〕 Snijkers，*The Information Ecology of E-government：E-government as Institutional and Technological Innovation in Public Administration*，IOS press，2005，pp. 52-56.

〔3〕 Grafton C.，“Book Review：the Information Ecology of E-Government”，*Social Science Computer Review*，24（2006），pp. 132-134.

〔4〕 杨兰蓉、邓如梦、邰颖颖：《基于信息生态理论的政法事件微博舆情传播规律研究》，载《现代情报》2018年第8期。

〔5〕 窦悦：《信息生态视角下“3×3”应急情报体系构建研究》，载《图书情报工作》2020年第15期。

〔6〕 夏立新、翟姗姗、李冠楠：《面向用户需求的个性化政务信息服务模式》，载《图书情报工作》2010年第8期。

能，以提高社会规范与社会服务性信息〔1〕，发挥沟通协调的功能；张建光（2016）进行了智慧政务信息生态协同演化机制研究〔2〕；朱晓峰等（2019）以“三微一端”为例，探索声誉效应在政务信息服务质量优化中的作用机制〔3〕。

可见，对于政务信息服务主题，国内研究较国外更加发散、具体，研究覆盖了理论与应用层面；国外研究相对聚焦，主要探讨了信息生态理论视野下的电子政务服务模式的创新。

3. 公共信息服务

Straub（2018）通过用户在社交新闻网站上就西雅图当地公共事务所发布的链接的讨论进行内容分析，研究了公共信息服务中的信息生态问题，发现用户更愿意选择政府信息源〔4〕。Pekkarinen et al.（2020）通过访谈法，以数字化背景下社会福利服务为情境，分析了信息生态学的组成要素，包括信息系统、信息多样性、信息共同进化性、技术影响等〔5〕，强调了公共信息服务过程中信息生态系统的开放性、多样性、元素间动态协同性。王雅薇（2017）〔6〕研究了公共信息服务机构信息生态治理、IT应用能力与服务创新绩效之间的能动关系，提出信息生态治理对公

〔1〕 赵云合：《政务信息生态系统理论及其应用研究》，华中师范大学2011年博士学位论文。

〔2〕 张建光：《智慧政务信息生态协同演化机制研究》，中央财经大学2016年博士学位论文。

〔3〕 朱晓峰、叶许婷、张琳：《“三微一端”政务信息服务的动态激励机制研究——基于声誉效应》，载《现代情报》2019年第1期。

〔4〕 Straub-Cook P.,“Source, Please? A Content Analysis of Links Posted in Discussions of Public Affairs on Reddit”, *Digital Journalism*, 6（2018）, pp. 1314-1332.

〔5〕 Pekkarinen S., Hasu M., Melkas H., et al.,“Information Ecology in Digitalising Welfare Services: A Multi-Level Analysis”, *Information Technology & People*, 12（2020）, p. 635.

〔6〕 王雅薇：《公共信息服务机构信息生态治理、IT应用能力与服务创新绩效关系的研究》，吉林大学2017年博士学位论文。

共信息服务机构服务创新绩效和IT应用能力均有显著正向相关关系，IT应用能力在信息生态治理与公共信息服务机构服务创新绩效间关系中具有中介作用。蒋知义等（2020）利用DEMATEL方法，对智慧城市公共信息服务质量的影响因素进行了关联分析[1]。

可见，关于信息生态因子在公共信息服务领域的应用研究，国内外研究所选择的情境均较具体，研究点相对集中。

4. 产业创新

Detlor（1998）分析了企业网络信息服务生态环境的四种模型[2]，即Taylor信息使用环境构造模型、Katzor & Fletcher管理者信息环境模型、Rosenbaum结构化信息增值模型，以及Davenport组织信息生态模型，进而为促进网络环境中的组织信息访问提供了建议。Gracy（2016）[3]讨论了信息人信息素养功能的发挥对于产业创新的意义。Antonczak（2021）[4]运用访谈法，提出将移动信息技术作为协作创新的关键设备与接口，从而使得组织能够发展其信息生态，促进协作创新实践。相关研究发现，现代信息服务产业集群发展中存在信息生态失衡问题，从信息生态系统的视角创新协同运营的机制与模式成为研究热点。刘建准等（2016）[5]比较分析了现代信息服务产业的发展模式，基于信息生态理论构

〔1〕 蒋知义等：《信息生态视角下智慧城市公共信息服务质量影响因素识别研究》，载《情报科学》2020年第3期。

〔2〕 Detlor B.，"Facilitating Organizational Information Access in Global Network Environments: Towards a New Framework for Intranet Design"，*Proceedings of the ASIST Annual Meeting*，35（1998），pp. 190–201.

〔3〕 Gracy II D. B.，"A Cowman's-Eye View of the Information Ecology of the Texas Cattle Industry from the Civil War to World War I"，*Information & Culture*，51（2016），pp. 164–191.

〔4〕 Antonczak L.，Burger-Helmchen T.，"Being Mobile: A Call for Collaborative Innovation Practices?"，*Information and Learning Sciences*，122（2021），pp. 360–382.

〔5〕 刘建准、姜波：《现代信息服务业区域发展集成一体化模式研究——基于信息生态理论视角》，载《现代情报》2016年第12期。

建了现代信息服务产业区域发展集成一体化模式。

可见，对于产业创新主题的研究，国外研究较国内研究更注重具体的信息生态因子视角，国内研究则更加关注信息生态系统的宏观层面。

5. 信息服务平台

Detlor（2000）提出了一个企业门户网站设计框架，强调信息需求沟通。使用相匹配的增值流程，改善组织的信息环境，从而有利于信息的访问与利用〔1〕。McKeon（2009）以维基可视化数据库为例，分析了网络信息生态系统的特点与功能〔2〕。冯秀珍等（2010）探讨了适用于信息服务平台运营管理的信息生态位演化模型〔3〕。张长亮（2019）构建了网络社群用户信息共享机理模型，并基于信息生态理论构建了网络社群用户信息共享效果评价体系〔4〕。

此外，国外较少研究还涉及政治领域和学术科研领域。比如，在国家安全领域中 Keiber（2015）〔5〕研讨了美国国家安全局在国际监视方面构建的一个信息生态系统，分析了该信息生态系

---

〔1〕 Detlor B.,"The Corporate Portal as Information Infrastructure: Towards a Framework for Portal Design", *International Journal of Information Management*, 20（2000）, pp. 91-101.

〔2〕 McKeon M.,"Harnessing the Information Ecosystem With Wiki-Based Visualization Dashboards", *IEEE Transactions on Visualization and Computer Graphics*, 15（2009）, pp. 1081-1088.

〔3〕 冯秀珍、张建坤:《信息服务平台的信息生态位演化机理研究》，载《情报科学》2010 年第 8 期。

〔4〕 张长亮:《信息生态视角下网络社群用户信息共享行为影响因素及效果评价研究》，吉林大学 2019 年博士学位论文。

〔5〕 Keiber J.,"Surveillance Hegemony", *Surveillance & Society*, 13（2015）, pp. 168-181.

统对国际安全的影响。Tverdokhlib（2018）[1]阐述了乌克兰政府在国家信息政策中创新运用信息生态理论方法，论述了信息生态学概念在现代国家信息政策形成与实现过程中的应用，强调了这种应用的重要性与必要性。Hajj（2019）[2]基于阿拉伯地区相关女性从事政治行为的调研数据，论述了互联网信息环境对中东地区女性政治信息生态的影响，发现互联网技术并没有在很大程度上改变女性在从事政治活动中的信息行为。Rattle（2020）[3]以英格兰西北部兰开夏郡的页岩气开发为案例，将后政治分析应用于信息密集型问题中的在线信息服务生态研究，讨论了政府公共信息服务过程中的在线信息鸿沟问题，提出在线信息的三大挑战即信息复杂性、信息过载与信息安全。Katuščáková et al.（2012）[4]将知识管理应用于科学研究合作领域信息服务生态研究。

与此同时，国内针对信息生态在公共信息服务领域的应用研究主题还有一部分研究涉及医疗健康信息服务与个人数据保护问题。比如，韩秋明（2017）[5]从信息环境、信息人维度提出了个人数据保护的宏观机制和微观策略，强调了公共信息服务生态环境对信息隐私的保护。

---

〔1〕 Tverdokhlib O. S., "Information Ecology as one of Priorities in the Modern State Information Policy", *Marketing and Management of Innovations*, 1 (2018), pp. 362-370.

〔2〕 Hajj N., McEwan P. J., Turkington R., "Women, Information Ecology, and Political Protest in the Middle East", *Mediterranean Politics*, 24 (2019), pp. 62-83.

〔3〕 Rattle I., Middlemiss L., Van Alstine J., "Google Fracking: The Online Information Ecology of the English Shale Gas Debate", *Energy Research & Social Science*, 64 (2020), pp. 10-14.

〔4〕 Katuščáková M., Katuščák M., "Recommendations for Scientific Collaboratories: Application of KM Findings to a Scientific Collaboratory", *Proceedings of the European Conference on Knowledge Management*, 1 (2012), p. 576.

〔5〕 韩秋明：《基于信息生态理论的个人数据保护策略研究——由英国下议院〈网络安全：个人在线数据保护〉报告说开去》，载《图书情报知识》2017年第2期。

（三）研究视角选择

国内外信息生态在公共信息服务领域的应用研究视角各不相同，研究点各具特色。

1. 国外研究视角主要聚焦在信息环境、信息主体以及相关理论研究

（1）信息环境视角。Liaw et al.（2010）[1]认为信息系统必须具备利用现代信息技术提高信息使用效率的设施与能力，需建立一个可持续的信息环境包括信息政策、数据质量法规、信息管理制度框架等以应对快速增长的环境变化，提出了基于生命周期评估原则的信息系统框架，概述了可持续的信息环境要素，强调了拥有自我进化能力的信息环境的重要性，并以中国台湾地区环保局为例进行了实证研究。Gvozdev（2019）[2]提出了信息服务是信息生态环境的组成部分，讨论了信息环境的功能与作用，信息环境能够为信息主体的信息需求提供全方位服务。

（2）信息主体视角。Steinerová（2014）[3]对学术环境信息生态进行了探讨，通过访谈对学术环境中相关信息主体的信息需求和信息策略差异进行了调研，描述了不同学科的信息交互模型，识别了数字学术信息交流中的灰色信息对象，针对信息门户设计提出了建议，以提升学术环境为社区提供增值信息服务的能

[1] Chen H. W., Yu R. F., Liaw S. L., et al., "Information Policy and Management Framework for Environmental Protection Organization with Ecosystem Conception", *International Journal of Environmental Science & Technology*, 7 (2010), pp. 313-326.

[2] Gvozdev, V. E., Chemyakhovskaya, L. R., Nasyrova, R. A., "Analysis of the Reliability of Information Services, Taking into Account their Objective Characteristics and Subjective Assessments of Users", *Programmnaya Inzheneriya*, 10 (2019), pp. 377-383.

[3] Steinerová J., Hrčková A., "Information Support of Research Information Interactions of PhD. Students in Slovakia", *Grey Journal (TGJ)*, 10 (2014), pp. 77-83.

力。同时，Steinerová（2010）[1]还研究了信息素养与信息生态学之间的关系，基于社区、工具、价值的三角关系提出了信息素养的生态维度，包括语义相关性、信息视觉性、行为社会性等，推导出信息教育策略对信息素养发展的影响，在信息寻求与相关性评估层面上给出了提升信息主体信息素养的建议。

（3）相关理论研究视角。Ma（2021）[2]从信息哲学和信息伦理学视角，论述了现有的信息生态学概念，拓展了信息生态理论的研究。Wang（2021）[3]提出了信息生态理论发展的方向为数字创新生态系统。

2. 国内的研究视角主要聚焦在基于信息生态理论的公共信息服务模式、公共信息服务绩效评价、信息生态链与信息生态位等方面

（1）公共信息服务模式视角。主要研究了图书馆信息服务生态、电子政务信息服务生态以及基于信息生态理论的大数据治理模式。比如，杨玫（2011）以广州大学图书馆与广州市政务服务中心合作共建的“政务资讯厅”为例，介绍了高校图书馆社会化信息服务合作共建模式。[4]殷伟燕（2013）论述了提供信息资源与信息咨询服务、保存与开发政务信息资源等公共图书馆电子政务信息服务模式。[5]于芳（2017）[6]以信息生态因子间能动关

〔1〕 Steinerová J.，“Ecological Dimensions of Information Literacy”，*Information Research：An International Electronic Journal*，15（2010），p. 719.

〔2〕 Ma Y.，“Understanding Information：Adding a Non-individualistic lens”，*Journal of the Association for Information Science and Technology*，72（2021），pp. 1295-1305.

〔3〕 Wang P.，“Connecting the Parts with the Whole：Toward an Information Ecology Theory of Digital Innovation Ecosystems”，*Mis Quarterly*，45（2021），pp. 397-422.

〔4〕 杨玫：《高校图书馆社会化信息服务模式探索与实践——以广州大学图书馆为例》，载《图书馆杂志》2011年第3期。

〔5〕 殷伟燕：《试论公共图书馆的电子政务信息服务》，载《新世纪图书馆》2013年第9期。

〔6〕 于芳：《信息生态视角下图书馆联盟协同创新模式研究》，载《图书馆研究》2017年第1期。

系优化图书馆信息资源配置，构建一个开放、动态、共享、协同的信息服务生态。董海欣（2008）[1]探讨了电子政务环境下政府信息资源共享模式与运行机制。范晓春（2014）[2]通过调研电子政务门户网站的现状构建电子政务信息生态系统服务模式、互动模式和参与模式。徐晓锋等（2019）[3]针对治理区域所在信息环境等系统内外部耦合作用效果及信息生态因子，基于区域信息生态承载递阶结构理论，结合系统仿真模拟与动力学建模，构建了区域大数据治理的作用模型。

（2）公共信息服务绩效评价视角。在基于信息生态理论的公共信息服务绩效评价方面，主要研究了政务信息服务绩效、图书馆信息服务绩效、公共信息服务绩效以及网络信息服务绩效问题。比如，胡吉明等（2019）[4]、胡漠（2020）[5]对政务信息服务绩效进行了探讨，基于提供服务的视角运用信息生态理论分析了政务信息资源共享的影响因素，从发布平台建设、交互技巧、信息内容、宣传推广、用户期望需求、用户体验、用户满意度、持续使用等维度，构建了基于信息生态理论的政务信息服务绩效评价指标。陶敏等（2020）对公共图书馆信息服务绩效进行了研究，从信息生态因子要素维度构建了图书馆信息服务生态评价

---

〔1〕董海欣：《电子政务环境下政府信息资源共享模式与运行机制研究》，吉林大学2008年博士学位论文。

〔2〕范晓春：《电子政务信息生态系统的构建模式及实证研究》，载《情报科学》2014年第10期。

〔3〕徐晓锋、王娟娟：《基于信息生态理论的大数据治理建模及西部区域治理路径设计》，载《现代情报》2019年第5期。

〔4〕胡吉明、李雨薇、谭必勇：《政务信息发布服务质量评价模型与实证研究》，载《现代情报》2019年第10期。

〔5〕胡漠：《智慧政府信息协同的满意度感知与网络结构模型构建》，吉林大学2020年博士学位论文。

指标体系[1]。蒋知义等（2020）[2]从信息生态视角构建了智慧城市公共信息服务质量评价体系。周昕（2016）[3]对信息生态视角下的网络平台构建机理及运行效率评价进行了研究。

（3）信息生态链视角。在信息生态链方面，主要研究了政府信息服务生态链与图书馆信息服务生态链。比如，王建亚等（2016）[4]分析了我国政务信息生态链的内涵、特点、结构与类型，构建了政务信息服务生态链模型，凝练了政务信息生态链的协同性、权威性、公益性与循环性属性。赵生辉等（2020）[5]对图书馆信息服务生态链的结构、特点与类型进行了论述，提出了图书馆信息服务生态链所具备的多样性、整合性、创新性。

（4）信息生态位视角。在信息生态位方面，现有研究主要关注信息生态位的功能、布局与测度问题。比如，娄策群等（2011）认为合理的信息生态位能够促进信息服务机构的资源优化配置、部门设置、时空布局等[6]。张红芹等（2015）[7]研究了高校图书馆在技术创新信息服务领域的信息生态位。陈文娟

---

〔1〕陶敏等：《公共图书馆健康信息服务质量关键影响因素识别研究》，载《图书馆学研究》2020年第13期。

〔2〕蒋知义等：《信息生态视角下智慧城市公共信息服务质量影响因素识别研究》，载《情报科学》2020年第3期。

〔3〕周昕：《信息生态视角下网络平台构建机理及运行效率评价研究》，吉林大学2016年博士学位论文。

〔4〕王建亚、卢小宾：《政务信息生态链模型构建》，载《情报科学》2016年第3期。

〔5〕赵生辉、胡莹：《多语言数字图书馆信息生态链的结构、类型及启示》，载《图书馆理论与实践》2020年第3期。

〔6〕娄策群、杨瑶：《基于信息生态位理论的信息服务机构组织管理》，载《情报科学》2011年第12期。

〔7〕张红芹、庞文兰：《基于生态位视角的高校图书馆技术创新服务研究》，载《现代情报》2015年第1期。

(2019)[1]阐述了信息生态位宽度特征，并对信息生态位宽度进行了量化。

由前述可见，国内外对于信息生态在公共信息服务领域的应用研究主题既有共同关注点，又各有特色。对于信息生态在公共信息服务的应用研究视角，国外更关注信息生态因子本身，而国内则更注重公共信息服务方面，见表 1-3。鲜有基于信息生态视角对公共法律信息服务领域开展研究，但信息生态应用于公共信息服务领域的研究成果为本书提供了丰富的理论基础与实践经验。

表 1-3　信息生态因子在公共信息服务领域的研究主题与视角

研究主题分布			研究视角选择
国内研究	图书馆、档案馆、博物馆等公共服务机构信息服务、政务信息服务、公共信息服务、产业创新、信息服务平台	医疗健康信息服务、个人数据保护	公共信息服务模式、公共信息服务绩效评价、信息生态链、信息生态位
国外研究		政治、学术科研	信息环境、信息主体以及相关理论

三、公共法律信息服务

（一）公共法律信息服务国外研究

国外学者对于公共法律信息服务的关注始于 20 世纪 80 年代初，研究主要集中在计算机、公共行政管理、信息科学与图书馆科学、政府法律、工程、商业经济以及行为科学等领域，研究方法多采用问卷调查、算法建模等实证分析方法。通过 WOS 数据

[1] 陈文娟：《信息生态位宽度测度模型及实证研究》，载《情报理论与实践》2019 年第 12 期。

库进行文献调研，发现国外公共法律信息服务的研究主题主要包括相关理论研究、法律信息检索、在线法律信息服务、法律信息素养、法律信息传播、公共法律信息服务模式，而对公共法律信息服务绩效评价的研究往往融入用户研究与法律信息系统研究等主题之中进行讨论。

1. 相关理论研究

现有研究对公共法律信息服务相关理论基础的探讨主要在于对法律信息源的归纳和对公共法律信息服务意义的揭示。Carvalho et al.（2017）[1]与Magrath（2019）[2]在研究中总结了法律信息的概念，讨论了法律信息的特征，区分了法律信息源的类型及其相互之间的关系。他们认为立法信息是法律信息的主要基础，因为法院正是通过立法作出决定，形成判例信息，并通过分析形成学说信息，共同构成了主要的法律信息源。同时，研究中还讨论了法律信息源的数字化问题。信息技术的发展促进了法律信息生产、传输和获取方式的深刻变革，法律信息源不断数字化。比如，法律网站迅速出现，提供了涵盖学说、判例、立法、程序监控、司法新闻、电子期刊门户、数字法律期刊等数据库。然而，互联网法律信息不会必然有助于告知用户最优法律信息选择。通过提供公共法律信息服务，以在线法律信息的可用性减少用户利用法律信息的不确定性。那么，公共法律信息服务的意义呼之欲出。公共法律信息服务能够促进法律社会功能的实施（Makarova，2016）[3]，

〔1〕 Carvalho A. C.，Erlano S.，"Sources of Legal Information"，*Encontros Bibli - Revista Eletronica De Biblioteconomia E Ciencia Da Informacao*，22（2017），pp. 76-90.

〔2〕 Magrath P.，"Law Reporting and Public Access in the Courts：Is too much a Good Thing?：Part 1：The English Experience"，*Legal Information Management*，19（2019），pp. 224-229.

〔3〕 Makarova N. A.，"The Essence and Meaning of the Categories 'Law Function Implementation' and 'Forms of Law Function Implementation'"，*Tomsk State University Journal*，413（2016），pp. 187-192.

通过提供可获取的法律信息，使得用户能够根据接收到的法律信息形成最优的行为取向，从而在特定的法律关系中选择与法律价值相符的价值取向，实现法律的社会功能。

2. 法律信息检索

国外学者主要基于本体、语料库与检索技术优化的视角对法律信息检索进行了实证研究。比如，Saias et al.（2005）[1]、Taduri et al.（2011）[2]、Getman et al.（2020）[3]认为本体是描述法律信息的最合适方式，通过自动创建法律本体，使用本体标准探索领域知识来解决法律信息检索过程中术语不一致的问题，同时利用异构法律信息源之间的交互引用与结构依赖性关系增强术语之间的对比，提出相似性分析方法以识别多个信息源中的相关性，运用法律本体建模推理，满足法律信息检索的需求。Van et al.（2017）[4]、Koniaris et al.（2017）[5]、Yoshioka（2017）[6]对法律信息检索过程中的相关性进行了探讨，提出应在法律信息检索时提供基于图、基于摘要等多样化检索技术，以提高检索的相关性，增强用户检索体验。Saveliev（2018）[7]、Koniaris et al.

〔1〕 Saias J., Quaresma P., *A Methodology to Create Legal Ontologies in a Logic Programming Information Retrieval System*, in Benjamins, V. R., et al. eds., *Law and the Semantic Web*, Springer, Berlin, Heidelberg, 2005, pp. 185-200.

〔2〕 Taduri S., Lau G. T., Law K. H., et al., "Retrieval of Patent Documents from Heterogeneous Sources Using Ontologies and Similarity Analysis", *IEEE*, 2011, pp. 538-545.

〔3〕 Getman A., Karasiuk V., Hetman Y., "Ontologies as a Set to Describe Legal Information", *Colins*, 2020, pp. 347-357.

〔4〕 Van Opijnen M., Santos C., "On the Concept of Relevance in Legal Information Retrieval", *Artificial Intelligence and Law*, 25 (2017), pp. 65-87.

〔5〕 Koniaris M., Anagnostopoulos I., Vassiliou Y., "Evaluation of Diversification Techniques for Legal Information Retrieval", *Algorithms*, 10 (2017), p. 22.

〔6〕 Yoshioka M., "Analysis of COLIEE Information Retrieval Task Data", *Springer, Cham*, 2017, pp. 5-19.

〔7〕 Saveliev D. A., "On Creating and Using Text of the Russian Federation Corpus of Legal Acts as an Open Dataset", *Law: J. Higher Sch. Econ.*, 1 (2018), pp. 26-44.

(2018)[1]、Lee（2019）[2]基于法律文本语料库，运用计算机文本分析法描述法律行为的标准，识别并量化法律信息检索的复杂性。此外，部分学者对检索技术进行了不同程度的优化研究。比如，Sladić et al.（2016）提出了一种用于匿名化编辑判断的计算机辅助方法[3]，以提高公众获取司法判决信息的效率。Jung et al.（2017）提出了一种基于文档向量的余弦相似度检索方法，以提升法律信息检索的效率。[4]Pudaruth et al.（2018）基于法律判决文书样本，以K-最近邻分类器对法律案件进行分类[5]，提高检索效率。Kanapala et al.（2019）通过对比各种检索模型，研究了自动文本摘要与信息检索技术的集成。[6]Wiggers et al.（2019）基于引文检索探讨了法律信息检索的优化。[7]Wagh et al.（2020）基于图的方法，提出了基于概念的法律判决相似性估

---

[1] Koniaris M., Anagnostopoulos I., Vassiliou Y., "Network Analysis in the Legal Domain: A Complex Model for European Union Legal Sources", *Journal of Complex Networks*, 6 (2018), pp. 243-268.

[2] Lee H. W., "The Legal Aspect of Supreme Court Cases on the Unlicensed Medical Practice of Korean Medicine", *Journal of Society of Preventive Korean Medicine*, 23 (2019), pp. 15-26.

[3] Sladić G., Gostojić S., Milosavljević B., et al., "Computer Aided Anonymization and Redaction of Judicial Documents", *Computer Science and Information Systems*, 13 (2016), pp. 217-236.

[4] Jung H. M., Lee Y., Kim W., "Legal Information Retrieval System Relevant to R&D Projects Based on Word-embedding of Core Terms", *Proceedings of the International Conference on Electronic Commerce*, 2017, pp. 1-3.

[5] Pudaruth S., Soyjaudah K. M. S., Gunputh R. P., "An Innovative Multi-Segment Strategy for the Classification of Legal Judgments Using the K-Nearest Neighbour Classifier", *Complex & Intelligent Systems*, 4 (2018), pp. 1-10.

[6] Kanapala A., Jannu S., Pamula R., "Passage-Based Text Summarization for Legal Information Retrieval", *Arabian Journal for Science and Engineering*, 44 (2019), pp. 9159-9169.

[7] Wiggers G., Lamers W., "Shepard's Citations Revisited-Citation Metrics for Dutch Legal Information Retrieval", *ISSI*, 2019, pp. 2652-2653.

计方法，采用有序加权平均（OWA）系列聚合运算符对法律信息检索进行优化。[1]Šavelka et al.（2021）设计了基于短文本（句子）检索的模型[2]，以实现法律条款的语义检索。

3. 在线法律信息服务

新的信息环境影响了在线法律信息的呈现方式，主要体现在用户对法律信息来源信任度感知的改变（Berring，2000）[3]，而信任是知识获取不可或缺的一部分（Barolli et al.，2021）[4]。围绕在线法律信息服务，现有研究主要涉及针对不同用户群体提供在线法律信息服务的差异、法律信息系统优化、专题在线法律信息服务。针对不同用户群体提供在线法律信息服务的差异研究，Newman et al.（2008）通过对比分析律师与非律师使用在线法律数据库执行信息检索任务的效果差异，发现非律师的困难度是律师的两倍，他们对于法律信息句法结构的理解问题较多，而对于法律术语的理解问题不大。[5]Bhardwaj（2017）探讨了不同性别的法律专业人士使用在线法律信息资源的意识与行为的差异，发现大部分女性更倾向于使用在线法律信息资源，而对开放获取资源的了解和使用甚少，为解决女性法律专业人士在获取所需法律信息时面临的困境提供了思路。与此同时，Bhardwaj

---

〔1〕 Wagh R. S.，Anand D.，"Legal Document Similarity：A Multi-Criteria Decision-Making Perspective"，*PeerJ Computer Science*，6（2020），p. 262.

〔2〕 Šavelka J.，Ashley K. D.，"Legal Information Retrieval for Understanding Statutory Terms"，*Artificial Intelligence and Law*，2021，pp. 1-45.

〔3〕 Berring R. C.，"Legal Information and the Search for Cognitive Authority"，*Calif. L. Rev.*，88（2000），p. 1673.

〔4〕 Barolli，Leonard，K. F. Li，T. Enokido，et al.，*Advances in Networked-Based Information Systems：The 24rd International Conference on Network-Based Information Systems*（*NBiS*-2021），Princeton：Springer Nature Press，2021，pp. 95-96.

〔5〕 Newman D. R.，Doherty U.，"Making the Law Accessible to Non-Lawyers：Effects of Different Kinds of Expertise on Perceived Usability of Online Legal Information Services"，*Behaviour & Information Technology*，27（2008），pp. 423-437.

（2019）还通过问卷调查，研究了学术律师与执业律师在使用在线法律信息资源过程中的差异，研究发现执业律师相对更关注法律信息的完整性，而学术律师更在意使用的便捷性。[1]与此同时，部分学者还致力于法律信息系统的优化研究，Boella et al.（2016）介绍了 Eunomos 软件，这是一种基于 XML 和本体的高级法律信息管理系统，该系统有助于用户以结构化的方式获取法律信息并提供定题跟踪服务。[2]Bhardwaj et al.（2017）讨论了印度在线法律信息系统的元数据结构，包含 15 种类型的立法、司法信息资源，具有易用性和高采用率，以提供给不同用户使用，提供“最新消息、在线帮助、常见问题解答、查询提交、在线帮助论坛、视频教程”等功能栏目。[3]Greenleaf et al.（2019）概述了澳大利亚法律信息研究所提供的人工智能服务工具“DataLex 平台”，认为人工智能有助于改善和扩大免费获得法律信息服务的机会，能够为用户提供可持续性的、免费的公共法律信息服务。[4]此外，Kim（2020）以诽谤案件为案例，研究了法律文本挖掘技术在法律信息系统中的应用[5]；Cifuentes et al.（2019）基于语义网络技

---

〔1〕 Bhardwaj R. K.，“Gender Perception in the Development of Online Legal Information System for the Indian Environment”，*The Bottom Line*，30（2017），pp. 90-119. Bhardwaj R. K.，“Development of Online Legal Information System：Lawyers' Perceptions”，*Desidoc Journal of Library & Information Technology*，39（2019），pp. 131-139.

〔2〕 Boella G.，Di Caro L.，Humphreys L.，et al.，“Eunomos，A Legal Document and Knowledge Management System for the Web to Provide Relevant，Reliable and Up-to-date Information on the Law”，*Artificial Intelligence and Law*，24（2016），pp. 245-283.

〔3〕 Bhardwaj R. K.，Margam M.，“Metadata Framework for Online Legal Information System in Indian Environment”，*Library Review*，66（2017），pp. 49-68.

〔4〕 Greenleaf G.，Mowbray A.，Chung P.，“Legal Information Institutes and AI：Free Access Legal Expertise”，*Front. Artif. Intell. Appl*，317（2019），pp. 199-211.

〔5〕 Kim Y. H.，“Application of Text Mining for Legal Information System：Focusing on Defamation Precedent”，*Journal of the Korean Society for Library and Information Science*，54（2020），pp. 387-409.

术对立法法律信息内容提取进行了探讨[1]；Kim et al.（2015）利用卷积神经网络技术优化了法律信息问答系统的性能[2]。另外，部分研究还聚焦到了在线专题法律信息服务，主要包括电子政务法律信息服务、司法系统公共法律信息服务以及民生领域的公共法律信息服务。比如，相关学者对婚姻家庭方面的公共法律信息服务展开了系统研究。Pickens（2018）[3]以涉及婚姻家庭关系的公共法律信息服务为切入点，强调了整合法律信息资源在公共法律信息服务过程中的重要性。Crowe（2019）[4]讨论了如何有效地获取涉及婚姻家庭方面的法律信息资源的问题。

可见，在线法律信息服务中涉及的关键问题是用户对信息源的信任与有效获取信息资源的问题。

4. 法律信息素养

关于法律信息素养的研究，国外学者主要讨论了法律信息意识培养与法律信息素养教育。在法律信息意识培养方面，研究通常聚焦到具体的情境中。比如，学者 Rejekiningsih（2015）[5]以土地权利社会化功能的强化为情境，讨论了公共法律信息服务过程中对于法律信息意识的培养。学者 Parmar et al.（2016）调查了与

---

〔1〕 Cifuentes-Silva F.，Gayo J. E. L.，"Legislative Document Content Extraction Based on Semantic Web Technologies"，*Springer*，*Cham*，2019，pp. 558-573.

〔2〕 Kim M. Y.，Xu Y.，Goebel R.，"Applying a Convolutional Neural Network to Legal Question Answering"，*Springer*，*Cham*，2015，pp. 282-294.

〔3〕 Pickens J.，Gricks T. C.，Bye A.，"Break up the Family：Protocols for Efficient Recall-Oriented Retrieval Under Legally-Necessitated Dual Constraints"，*IEEE*，2018，pp. 3302-3309.

〔4〕 Crowe J.，Field R.，Toohey L.，et al.，"'I' ll just Google that！' Online Searches and the Post-Separation Family Law Information Experience"，*Alternative Law Journal*，44（2019），pp. 108-113.

〔5〕 Rejekiningsih T.，"Law Awareness Forming Strategies to Reinforce the Principles of Social Function of Land Rights Within the Moral Dimension of Citizenship"，*Procedia-Social and Behavioral Sciences*，211（2015），pp. 69-74.

IT（信息技术）领域相关的专业人员的网络法律信息意识〔1〕；学者 Farrugia et al.（2018）〔2〕以毒品教育领域为情境，研究了大学生的法律信息意识；学者 Andreeva et al.（2019）〔3〕讨论了法律文化与世界观对于法律信息意识的影响；Metallidou et al.（2020）〔4〕以希腊理工学院学生的专利信息意识为情境，分析了法律信息意识对提升专利能力的促进作用。在法律信息素养教育方面主要关注了教育方式的创新，比如 Corrall et al.（2011）〔5〕通过调查英国律师事务所图书馆信息工作发现大多数法律专业人士比较喜欢正式与非正式相结合的法律信息素养学习方式；Davies（2017）〔6〕讨论了伦敦大学高级法律研究所图书馆员针对研究生提供在线学习教程，包括小组培训与一对一参考建议，以提高其法律信息素养的创新培训；Kuhmonen et al.（2019）〔7〕选择棋盘游戏作为法律信息素养教育的方式，构建了包含通俗语言、视觉构图、互动工

---

〔1〕 Parmar A., Patel K., "Critical Study and Analysis of Cyber Law Awareness Among the Netizens", *Springer, Singapore*, 409 (2016), pp. 325-334.

〔2〕 Farrugia A., Seear K., Fraser S., "Authentic Advice for Authentic Problems? Legal Information in Australian Classroom Drug Education", *Addiction Research & Theory*, 26 (2018), pp. 193-204.

〔3〕 Andreeva O. A., Mordovtsev A. Y., Shtompel O. M., et al., "Legal Culture, Legal Worldview, and Legal Awareness of Subjects in Philosophical and Culturological Discourse", *Journal of Politics and Law*, 12 (2019), pp. 129-134.

〔4〕 Metallidou C. K., Psannis K. E., Alexandropoulou-Egyptiadou E., "Survey on the Patent Law Awareness and the Entrepreneurial Trend of Greece's Graduates of Technology Institutes", *IEEE Access*, 8 (2020), pp. 98057-98072.

〔5〕 Corrall S., O'Brien J., "Developing the Legal Information Professional: A Study of Competency, Education and Training Needs", *Aslib Proceedings*, 63 (2011), pp. 295-320.

〔6〕 Davies L., "Law PORT: An Online Training Initiative to Improve the Legal Information Skills of Postgraduate Researchers", *Legal Information Management*, 17 (2017), pp. 162-170.

〔7〕 Kuhmonen A., Seppälä H., Anttila A., et al., "Motivating Students to Learn Law Through Co-Creation and Participation in Game Designing and Gameplay", *Academic Conferences and Publishing International Limited*, 2019, pp. 423-431.

具在内的激励性学习环境，使学习者在边玩边学过程中内化知识，以便观察游戏中学生对相关法律知识的理解的潜力，这是将游戏与法律信息素养教育相融合的新尝试；Zirkel（2020）〔1〕针对残障人士特殊群体教育过程中的法律信息素养问题进行了讨论，提供了一个二维网络工具用以评估特殊教育出版物中法律信息的准确性，以唤起特殊教育专业人士和监护人对法律信息素养的重视；Milkaite et al.（2020）〔2〕讨论了儿童类特殊群体法律信息素养教育。研究发现，国外十分注重强调法律信息素养教育的可持续性。

5. 法律信息传播

在法律信息传播方面，国外研究突出了法律信息传播的个性化特征、可理解性与一致性。比如，Janecek（2019）认为我们对法律的了解往往取决于法律信息的传播方式。通过梳理法律信息出版史，提出了法律信息传播的个性化驱动，个性化的法律信息传播有利于提高法律信息服务的整体效率与持续性〔3〕。Osiejewicz（2020）〔4〕从应用语言学角度，研究了跨国法律信息传播，提出法律信息传播要以可被理解的方式传达给特定群体，要尊重法律信息的可理解性和一致性。

6. 公共法律信息服务模式

国外对于公共法律信息服务模式的研究，主要探讨了基于不同信息服务主体提供服务的模式与提供信息服务的具体方法手段。

---

〔1〕 Zirkel P. A.，“Legal Information in Special Education：Accuracy with Transparency”，*Exceptionality*，28（2020），pp. 312-315.

〔2〕 Milkaite I.，Lievens E.，“Child-Friendly Transparency of Data Processing in the EU：From Legal Requirements to Platform Policies”，*Journal of Children and Media*，14（2020），pp. 5-21.

〔3〕 Janecek V.，“Personalised Dissemination of Legal Information”，*Knowledge of the Law in the Big Data Age*，317（2019），pp. 91-100.

〔4〕 Osiejewicz J.，“Transnational Legal Communication：Towards Comprehensible and Consistent Law”，*Foundations of Science*，25（2020），pp. 441-475.

首先，基于不同信息服务主体提供服务模式的选择实质上是对公共法律信息服务过程中各方主体之间法律信息服务资源优化配置的结果。实践中，基于不同信息服务主体提供服务模式主要包括政府主导模式、合作模式等。①在政府主导模式下，主要是通过公共图书馆或者社区等政府组织机构提供法律信息服务。公共图书馆历来一直被视为向社会提供各种公共信息服务的首席。早在 1988 年，学者 Dewoney et al.（1988）就对加拿大安大略省公共图书馆的法律信息服务进行了探讨〔1〕；当代在 COVID-19 大流行期间，Cross（2020）〔2〕与 Peruginelli et al.（2021）〔3〕调查了公共突发卫生紧急情况下公共图书馆提供法律信息服务的格局变化，分析了图书馆提供信息服务的类型、目标与受众，给出了在信息服务过程中加强与用户之间交流互动的建议。此外，Kwask（2018）〔4〕、Holborn（2019）〔5〕、Wiggins（2019）〔6〕、Geraldo（2019）〔7〕等学者围绕公共图书馆提供法律信息服务的过

〔1〕 Dewdney P., Coghlan S., Sue-Chan C., et al., "Legal Information Services in Ontario Public Libraries", *Canadian Library Journal*, 45（1988）, pp. 365-371.

〔2〕 Cross F., "Covid-19 and a Change in the Legal Information Landscape", *Legal Information Management*, 20（2020）, pp. 137-140.

〔3〕 Peruginelli G., Conti S., Fioravanti C., "COVID-19 and Digital Library Services: an Overview on Legal Information", Digital *Library Perspectives*, 37（2021）, pp. 65-76.

〔4〕 Kwak S. J., Noh Y., "A Study on User Needs for Public Access to the Supreme Court Library of Korea", *Journal of the Korean Society for Library and Information Science*, 52（2018）, pp. 215-246.

〔5〕 Holborn G., "The Emergence of Professional Law Librarianship and the Professional Law Librarian: The History of BIALL in Context", *Legal Information Management*, 19（2019）, pp. 80-87.

〔6〕 Wiggins S., "Reflections on Current Trends and Predictions for Commercial Law Libraries", *Legal Information Management*, 19（2019）, pp. 94-97.

〔7〕 Geraldo G., Pinto M. D. S., "Estudo de usuários de informação jurídica: bibliotecário e critérios de qualidade da informação", *Perspectivas em Ciência da Informação*, 24（2019）, pp. 39-60.

程、馆员素养等问题开展了广泛研究。②社区作为提供公共法律信息服务的重要主体，受到了越来越多的关注。比如，学者 Passamano 团队（2020）[1]进行了一系列研究，探讨基于社区提供法律信息服务的模式，认为这种模式能够动态地提供相对可靠的法律信息资源。在合作模式下，主要是政府、企业、公益性社会组织之间通过合理配置权利义务与责任，共同面向社会提供法律信息服务。Mowbrav et al. （2020）[2]讨论了在人工智能技术的影响下，如何改善与扩大用户免费获得法律信息服务的机会，从法律援助的视角讨论了诸如澳大利亚法律信息研究所（AustLIL）这类社会组织提供公共法律信息服务的合作模式。

其次，公共法律信息服务方式在实践中比较灵活多样，包括咨询方式、移动服务方式、电话通信方式等。比如，在 20 世纪 90 年代，美国出现了通过汽车车载电话向用户提供公共法律信息服务的移动型服务方式（Anonymous，1993）[3]；21 世纪初兴起了通过在线法律咨询提供公共法律信息服务的咨询类方式（Sims et al.，2012[4] Green，2017[5]；Mack，2018[6]），学者 Kirwan

---

〔1〕 Passamano J. A. , Sufian B. , Sopchak A. L. , "CF Legal Information Hotline: Continuing the CF Community's Access to Reliable Legal Information", *NJ USA: Wiley*, 55 (2020), pp. 282-283.

〔2〕 Mowbray A. , Chung P. , Greenleaf G. , "Utilising AI in the Legal Assistance Sector—Testing a Role for Legal Information Institutes", *Computer Law & Security Review*, 38 (2020), pp. 105-107.

〔3〕 Anonymous, "Lawyers to Go-Cellular one Introduces Legal Information-Service by Car Phone-Coverage of Biotechnology Law not Known", *Biotechnology Law Report*, 12 (1993), p. 389.

〔4〕 Sims R. L. , Munoz R. , "The Long Tail of Legal Information: Legal Reference Service in the Age of the Content Farm", *Law Libr. J.* , 104 (2012), pp. 411-425.

〔5〕 Green D. A. , "Brexit and Access to Legal Information", *Legal Information Management*, 17 (2017), pp. 210-212.

〔6〕 Mack C. , "Legal Knowledge and Information at the Foreign and Commonwealth Office", *Legal Information Management*, 18 (2018), pp. 161-166.

(2016)[1]调查了法律信息在提供咨询服务者不同情形动态中被解读的不同方式，对在线法律咨询服务过程中服务主体间关系进行了探讨。近年来，实践中热衷于采用热线电话的方式向用户提供法律信息服务。学者 Crowe et al. (2018)[2]通过对澳大利亚联邦政府家庭关系咨询热线使用情况进行调研，分析用户在家庭法背景下获取法律信息服务的现状，发现用户信息服务体验的复杂性，其难以评估信息来源的可信度与可靠性。当用户获取、运用法律信息有困难时，其更多倾向于使用更通俗易懂的语言而不是法律专业术语。因此，需要考虑用户因素以不断进行服务方式的改进。

7. 公共法律信息服务绩效评价

国外对公共法律信息服务绩效评价的研究往往融入用户研究与法律信息系统研究等主题之中讨论。

首先，从用户视角进行公共法律信息服务绩效评价是学术与实践一直以来的关注点。早在 1984 年，学者 Bing (1984)[3]就提出了从用户角度订阅和使用法律信息服务，论述了基于用户构建的法律信息系统的特征与属性，强调了公共法律信息服务的个性化评价指标，学者 Aman (2019)[4]的相关研究也支持了这个

---

〔1〕 Kirwan S., "The UK Citizens Advice Service and the Plurality of Actors and Practices that Shape 'Legal Consciousness' ", *The Journal of Legal Pluralism and Unofficial Law*, 48 (2016), pp. 461-475.

〔2〕 Crowe J., Field R. M., Toohey L., et al., "Understanding the Legal Information Experience of Non-Lawyers: Lessons from the Family Law Context", *Journal of Judicial Administration*, 27 (2018), pp. 137-147.

〔3〕 Bing J., "User-Constructed Legal Information Systems: Subscription to and Use of Legal Information Services from the Perspective of the End User", *Social Science Information Studies*, 4 (1984), pp. 241-259.

〔4〕 Aman H., "The Legal Information Landscape: Change is the New Normal", *Legal Information Management*, 19 (2019), pp. 98-101.

观点。同时，学者 Geraldo et al.（2019）[1]提出了基于信息质量与用户满意度的绩效评价指标，包括信息精确度、信息准确性、信息可靠性、信息权威性、信息一致性、信息专业性。

其次，围绕法律信息系统探讨公共法律信息服务绩效。比如，Nykolaychuk et al.（2006）对法律信息系统的资源子系统和功能子系统进行了分类，根据法律信息的特征构建了信息服务绩效评价指标[2]，包括信息的转化性、信息的规律性、信息的时效性、信息数据的稳定性、信息的真实性、信息的开放性。其提出在公共法律信息服务过程中，法律信息资源能够被永久或者有条件永久获取，法律信息资源要客观可靠、完整及时，要具备整体可访问性与信息安全性。Noh et al.（2018）[3]探讨了法院图书馆提供公共法律信息服务绩效评价指标，主要涉及服务的专业性、普遍性、合作性与创新性。Seizov et al.（2021）[4]在此指标体系基础上还提出了公共法律信息服务的透明度问题，增加了透明性这个绩效评价指标。

可见，现有绩效评价研究主要关注评价指标的选择，涉及用户的体验与信息资源本身的质量，如表 1-4 所示：

---

〔1〕 Geraldo G., Pinto M. D. S., "Study of Users of Legal Information: Librarian and Quality Criteria for Information", *Perspectivas em Ciência da Informação*, 24 (2019), pp. 39-60.

〔2〕 Nykolaychuk L., Chehodar O., "Problems in Creation of Information Systems of Legal Knowledge and Estimation of Entropy of Legal Information", *IEEE*, 2006, pp. 444-445.

〔3〕 Noh Y., Ahn I. J., Choi M. H., et al., "A Study on the Inducing the Core Values of the Constitutional Court Library for the Public Service", *Journal of the Korean Society for Library and Information Science*, 52 (2018), pp. 111-135.

〔4〕 Seizov O., Wulf A. J., "Communicating Legal Information to Online Customers Transparently: A Multidisciplinary Multistakeholderist Perspective", *Journal of International Consumer Marketing*, 33 (2021), pp. 159-177.

表 1-4　国外公共法律信息服务绩效评价指标（部分）

评价维度	评价指标
用户体验	个性化程度 用户满意度 对服务者的专业性感知 对服务透明度的感知
法律信息资源	信息的精确度 信息的准确性 信息的可靠性 信息的权威性 信息的一致性 信息的转化性 信息的规律性 信息的时效性 信息数据的稳定性（能够被永久或者有条件永久获取） 信息的真实性（客观可靠、完整及时） 信息的开放性（整体可访问性、信息安全性）

由前述可知，国外在公共法律信息服务模式与绩效方面的研究主要集中在用户与信息资源这两个因素上。

（二）公共法律信息服务国内研究

20 世纪 80 年代末，我国学者开始基于信息资源检索的视角对公共法律信息服务进行研究。此后，随着社会对公共法律服务问题的关注，尤其是 2008 年《政府信息公开条例》、2009 年最高人民法院《关于进一步加强司法便民工作的若干意见》、2019 年中共中央办公厅、国务院办公厅《关于加快推进公共法律服务体系建设的意见》、2021 年中共中央、国务院《法治政府建设实施纲要（2021—2025 年）》等系列文件的颁行促进了公共法律服务体系建设，公共法律信息服务成为持续性增长的研究热点。国内研究大多集中在公共法律服务框架内展开公共法律信息服务研究，探讨公共法律信息服务的功能、意义、内容与方法等问题，形成了一些理论性和实践性的研究成果，主要分布在法学、信息资源管理、新闻与传媒、出版以及计算机软件应用等学科领域。现有研究主要以质性研究为主，多采用案例分析、对比分析、网络调查、问卷调研等方法；研究主题集中在法律信息公开、法律信息传播、法律信息素养、图书馆法律信息服务、法律信息资源建设，对公共法律信息服务模式与绩效的研究较分散，多融入法律信息检索、公共法律信息服务模式与绩效评价等研究中。

1. 法律信息公开

法律信息公开是公共法律信息服务得以顺利开展的基本前提，是法律信息能够得以自由开放存取的保障。现有研究主要针对法律信息公开的原则、标准、方式进行探讨，部分研究分析了法律信息公开对公共法律信息服务社会信任的影响。黄仕红(2005)〔1〕以WTO透明度原则为视角对我国法律信息公开进行了思考，认为法律、行政法规、地方性法规、部门规章、地方政府规章和其他规范性文件以及司法判决等法律信息都应当依法公开，建立统一的法律信息公开制度。袁晔（2011）〔2〕对中美原始法律文献公开获取进行了比较研究，美国法律信息资源公开获取的保障主要依赖于完备的信息公开体系与制度，技术进步推动法律信息传播，学术研究助推法律信息自由获取，进而从信息公开视角讨论公共法律信息服务，强调了法律信息资源的公开获取，提出构建统一的法律信息公开标准，并充分发挥图书馆的法律知识传播功能。蔡金燕（2013）〔3〕对美国法律资源开放存取进行了

〔1〕 黄仕红：《关于法律信息公开的思考》，载《成都行政学院学报（哲学社会科学）》2005年第5期。

〔2〕 袁晔：《中美原始法律文献公开获取比较研究》，载《图书馆建设》2011年第11期。

〔3〕 蔡金燕：《对美国法律资源开放存取的调查及分析》，载《图书馆建设》2013年第5期。

调查与分析，美国拥有完善的法律资源开放存取体系，政府、民间机构、学术团体、商业机构等均可提供法律信息资源的开放存取，保障法律信息公开化。同时强调了图书馆应该通过开放存取途径维护网络法律信息资源的版权。赵小海等（2013）[1]讨论了通过相关法律网站促进法律信息公开。肖卫兵（2016）[2]从信息流通视角讨论了政府信息公开政策。

2. 法律信息传播

现有研究主要运用文献研究法、案例分析法、比较分析法等方法，侧重于从信息不对称的视角分析法律信息传播过程中的信息鸿沟问题，包括弱势群体法律信息传播、信息技术不同程度支撑下法律信息传播、主体或地区差异性法律信息传播等，重点探讨了法律信息传播的主体、客体、内容、方式、环境与效果等，强调了建立法律信息传播规范化机制的实践意义。在公共法律信息服务过程中，实现法律信息的平等是构建与完善均等普惠的公共法律服务体系的重要保障。比如，李缨（2009）[3]论述了法律传播视角下的法律救济问题，认为法律援助作为一项基本的法律传播行为，是法律信息交流的过程。韩宏伟（2016）[4]研究了法律传播中的“知沟”现象，通过科学有效的路径来缩小法律“知沟”，具体措施包括对弱者的法律援助、健全和完善法律信息公开制度、强化法律语言传播的易读性等。庹继光（2020）[5]讨论

[1] 赵小海、何远琼、郭叶：《论法律信息公开与法律网站》，载《法律文献信息与研究》2013 年第 1 期。

[2] 肖卫兵：《从信息流角度审视重点领域信息公开对促进政府依法行政的作用》，载《中国行政管理》2016 年第 4 期。

[3] 李缨：《法律援助：从“可见”的制度到“可靠”的救济——法律传播视野下的一种解读》，载《西南民族大学学报（人文社科版）》2009 年第 2 期。

[4] 韩宏伟：《法律传播中的“知沟”现象研究》，南京大学 2016 年博士学位论文。

[5] 庹继光：《人工智能传播法律调控创新探析》，载《新媒体与社会》2020 年第 1 期。

了人工智能对法律信息传播的正面影响。

3. 法律信息素养

法律信息素养问题旨在缩小用户对获取公共法律信息服务的距离感，也是提升公共法律信息服务效果的路径。现有研究多将法律信息普及服务与法律信息素养教育相结合进行探讨，集中研究了图书馆这一社会公共服务主体如何进行法律信息素养教育的问题，包括法律信息素养的内涵、特征以及法律信息素养教育的方式等。刘冰雪（2014）〔1〕认为随着信息技术对公共信息服务的融入以及社会法律信息需求的增长，法律信息服务成为社会公共服务的重要内容。江友霞等（2014）〔2〕阐述了法律信息服务对于高校图书馆服务核心功能拓展的重要意义，提出了法律信息服务路径选择的三个标准即有效性、便捷性、常态化。法律信息素养教育是全方位法律信息服务体系的重要服务层次之一，从主体、内容、环境等方面提出了优化高校图书馆开展法律信息素养教育的建议。此外，部分学者介绍了国外法律信息素养教育经验。美国法学教育全球领先地位的确立很大程度上得益于成熟的法律信息素养教育。相对于我国法律信息素养教育，美国的法律信息素养教育始终注重信息素养与法学学科的融合，注重将法律信息素养方法论与法律学科的特点相结合。李燕燕等（2020）〔3〕基于华盛顿大学法律图书馆员教育项目，采用网络调查与案例分析方法，对法律信息素养教育课程的内容设置进行了调研。研究发现，美国法律信息素养教育十分注重法律信息检索技能的培养，

〔1〕 刘冰雪：《法律信息视域下的图书馆员素质培养研究》，载《大学图书情报学刊》2014 年第 5 期。

〔2〕 江友霞、赵文升、涂晓静：《高校图书馆关于开展法律信息服务的探索研究》，载《四川图书馆学报》2014 年第 5 期。

〔3〕 李燕燕、洪秋兰：《美国法律图书馆员教育项目研究》，载《图书馆学研究》2020 年第 8 期。

强调法律信息检索对法律专业知识学习的融入与创新支持。

4. 图书馆法律信息服务

图书馆提供公共法律信息服务主要涉及公共图书馆、法律专业图书馆、高校图书馆社会服务功能的延伸。学者们主要探讨了图书馆参与提供公共法律信息服务的依据、意义和方式。首先，公共图书馆作为提供公共信息服务的国家机构，应该是公共法律信息服务的基本主体之一；其次，法律专业图书馆和高校图书馆具备法律信息资源建设、整合、配置的资源优势，应当成为提供公共法律信息服务的主体。

在公共图书馆法律信息服务方面，2016 年颁行的《中华人民共和国公共文化服务保障法》为公共图书馆开展法律信息服务提供了法律依据，赋予公共图书馆履行公共法律信息服务的义务与行使相关的权利。学者们据此围绕公共图书馆法律信息服务的功能与内容展开讨论。比如，李秀超（1996）〔1〕探讨了法律信息服务的需求主体，认为城区公共图书馆法律信息服务应具备专业性、信息性、服务性、教育性。吴丽娟（2013）〔2〕讨论了公共图书馆法律信息服务的定位、对象、普法功能，认为公共图书馆法律信息服务的对象是大众的，服务内容是综合的。宋民萍（2015）〔3〕认为公共图书馆主要提供法律信息宣传、法律信息咨询服务。贺延辉（2018）〔4〕以俄罗斯国家图书馆法律信息服务的经验启示探讨了公共图书馆法律信息资源建设、法律信息服务内容与方式，

〔1〕 李秀超：《城区公共图书馆法律文献信息服务》，载《图书馆工作与研究》1996 年第 2 期。

〔2〕 吴丽娟：《公共图书馆的法律文献信息服务——以深圳图书馆为例》，载《农业图书情报学刊》2013 年第 9 期。

〔3〕 宋民萍：《关于建立公共法律图书馆的思考》，载《图书馆工作与研究》2015 年第 6 期。

〔4〕 贺延辉：《图书馆特色服务可持续发展——俄罗斯国家图书馆法律信息服务的经验与启示》，载《图书馆理论与实践》2018 年第 5 期。

包括法律数据库检索、用户法律信息素养教育、法律信息咨询、法律信息宣传等，提出了开展用户研究工作以完善和创新公共法律信息服务可持续发展。王丽华等（2019）〔1〕探讨了法律信息需求引导下公共图书馆法律信息服务能力的拓展问题。

在法律专业图书馆与高校图书馆法律信息服务方面，现有研究主要探究了公共法律信息服务的原则与方式。吴志鸿（2010）〔2〕建议完善政府信息服务体系，制定完备的政府信息资源管理政策与体制，提升法律信息资源的集藏整合能力、专业知识服务能力。祝玲（2019）〔3〕介绍了美国法律图书馆的发展及演变，提出公共法律信息服务的普适性原则即获得法律信息是关键，讨论了法律信息咨询服务方式。赵庆菊（2010）〔4〕认为法律院校图书馆应该提供法律信息服务支持地方法制建设，讨论了法律院校图书馆信息服务功能的拓展。鲍传丽等（2011）〔5〕从高校图书馆视角讨论公共法律信息服务的形式，包括法律信息素养教育、法律信息资源检索等。

可见，图书馆视角的公共法律信息服务着重服务的均等普惠性；服务内容综合了法律信息资源建设与法律信息教育、咨询、普及服务等方面，强调了法律信息的可及性，尝试提供个性化、多元化的法律知识服务。

---

〔1〕王丽华、刘圣婴：《法律规约下的公共图书馆转型与服务——美国纳什维尔公共图书馆的启示》，载《图书馆论坛》2019年第5期。

〔2〕吴志鸿：《关于我国法律图书馆核心竞争力问题的思考》，载《图书情报工作》2010年第S2期。

〔3〕祝玲：《美国法律图书馆的发展及演变述略》，载《晋图学刊》2019年第5期。

〔4〕赵庆菊：《法律院校图书馆信息服务功能拓展研究——以西北政法大学图书馆为例》，载《农业图书情报学刊》2010年第1期。

〔5〕鲍传丽、薛竑：《美国知名大学法律图书馆的使命》，载《四川图书馆学报》2011年第5期。

5. 法律信息资源建设

随着信息技术对社会公共信息服务领域的不断融入，法律信息资源建设对现代信息技术的依赖性日益增强。在法律信息资源建设过程中，法律信息资源检索的优化问题始终是备受关注的主题。越来越多的研究将本体方法、区块链技术等现代信息科技运用到法律信息资源建设中进行探索，以促进法律信息资源的最大化共享与融合，实现个性化、智慧化的法律信息服务。

首先，部分学者以法律信息资源整合与增值利用为视角探讨了法律信息资源建设。比如，唐伟明（2003）[1]等对获取法律信息资源的网络信息源进行了整合统计，网络法律信息源主要包括搜索引擎类资源、政府法律网站或官方网站资源、法学专业网站资源、法学数据库资源等。于丽英等（2004）[2]、程雪艳（2008）[3]分别针对具体的网络法律信息源进行了调研，包括清华大学法学院法律电子信息平台、北大法宝（中国法律检索系统）、北大法意（中国法律资源库），结合其法律信息资源类型整合、内容结构化处理以及检索功能的优化给出了优化建议。陈传夫等（2010）[4]讨论了法律信息增值利用的内涵、形式、原因、意义、技术和制度需求，认为通过法律信息增值能够消除信息的不确定性。

其次，现有研究中部分学者持续关注了法律信息资源检索方面的主题。比如，沙振江（2005）[5]等讨论了网络环境下法律信

〔1〕 唐伟明：《网上法律信息的获取与利用策略》，载《现代情报》2003年第4期。

〔2〕 于丽英、官海彪：《法律信息资源的建设与整合》，载《图书馆建设》2004年第6期。

〔3〕 程雪艳：《两大法律数据库专业文献内容与检索方式的比较》，载《情报探索》2008年第5期。

〔4〕 陈传夫、冉从敬：《法律信息增值利用的制度需求与对策建议》，载《图书与情报》2010年第6期。

〔5〕 沙振江：《试述网络法律信息的检索》，载《现代情报》2005年第5期。

息资源检索策略的优化。涂文波（2007）[1]对比分析了英美法系与大陆法系下法律信息资源的属性，梳理了国外法律信息资源检索的步骤，总结了法律信息检索的原则即系统性、准确性、便捷性与权威性，强调了对检索结果的评价标准应遵循正确性、全面性、有效性与支持性。吴志鸿（2009）[2]从法学期刊、法律网站以及法律文献的获取等方面介绍了美国法律信息检索与利用，强调法律信息资源检索过程对用户需求的关注和支持。魏蕊等（2020）[3]从智库建设的角度研究美国国会图书馆立法决策服务，以公共法律信息服务提供立法决策服务的视角讨论了法律信息资源检索的优化策略。吴杰（2020）[4]讨论了信息技术融入下智慧司法对法律信息资源建设的影响，认为法律文书的生成和检索自动化有利于提高法律信息资源的规范化与整合度，促进智慧司法的实现。

最后，现代信息技术融入法律信息资源建设的研究日益成为个性化、智慧化公共法律信息服务的前沿热点。现有研究主要集中在本体方法和区块链技术对法律信息资源的融合。比如，卢明纯（2010）[5]结合我国法律法规构建了基于 OWL 本体的法律知识库原型系统。赵忠君（2011）[6]对土地法律本体构建及其

---

〔1〕 涂文波：《国外法律信息资源检索策略的制定方法》，载《图书馆学研究》2007 年第 1 期。

〔2〕 吴志鸿：《美国法律信息资源发展现状与启示》，载《现代情报》2009 年第 9 期。

〔3〕 魏蕊、孙一钢、刘云漫：《美国国会图书馆立法决策智库服务策略及启示研究》，载《图书馆杂志》2020 年第 12 期。

〔4〕 吴杰：《智慧司法背景下的法律文书制度改革》，载《南海法学》2020 年第 3 期。

〔5〕 卢明纯：《基于 OWL 本体的法律知识库原型系统的设计和实现》，载《现代情报》2010 年第 7 期。

〔6〕 赵忠君：《土地法律本体构建及其推理机制研究》，武汉大学 2011 年博士学位论文。

推理机制进行了系统研究。张妮等（2015）[1]采用中科院的ICTCLAS汉语语义识别系统，以医疗纠纷精神损害赔偿为例建立了法律本体检索模型，提出了基于法律规范与案例能动关联作用的法律本体检索方案。邢启迪等（2017）[2]以我国法律信息的制定、修改和发布实践为基础，通过对法律信息资源进行分层描述，依据法律信息结构细化关联资源粒度，进而设计 URL 规范和描述本体，实现了 FRBR 模型在法律信息上的具体应用；利用区块链信息技术进行法律信息资源的融合，提高司法智能化水平。

6. 公共法律信息服务模式

国内学术界对于公共法律信息服务模式的研究主要融入于公共法律服务模式的探索中，通常基于信息技术的视角讨论公共法律信息服务模式，部分研究对特定情境下的服务模式进行了分析。现有研究表明，公共法律信息服务模式的发展日益注重对法律信息需求的关注，对智慧化、发展型法律知识服务模式的建构。

在公共法律服务框架下，现有研究主要围绕基层公共法律服务、公共法律服务供给、公共法律服务平台等方面探讨了公共法律信息服务模式，论述了公共法律信息服务多元协作化、均等普惠化、规范智慧化的公益性服务模式。刘兵等（2020）[3]探讨了政府、市场、社会主体多元合作供给的公共法律信息服务模式，提

---

〔1〕 张妮、杨遂全、蒲亦非：《我国法律本体检索模型的研究》，载《法律方法》2015 年第 2 期。

〔2〕 邢启迪等：《法律文献资源关联模型设计与应用研究》，载《图书情报工作》2017 年第 10 期。

〔3〕 刘兵、曾星月：《基层公共法律服务多元合作制度的张力及其完善》，载《昆明理工大学学报（社会科学版）》2020 年第 6 期。

出了公共法律信息服务社区模式的优化建议。高学敏（2014）〔1〕揭示了普法供给与法律信息需求之间的错位现象，基于供求均衡视角探讨了普法供给模式，强调了普法主体的多元性、普法定位的服务性、普法目标的价值性以及普法模式的互动性。李霞（2018）〔2〕立足于均等化的可持续发展目标探讨了提供精准普惠的公共法律信息服务模式。徐娟（2020）〔3〕对构建共享型公共法律信息服务平台的实践进行了探索，分析了普惠型、智慧型的公共法律信息服务模式。丁国锋（2021）〔4〕认为法律信息服务要不断与产业互联网进行融合，以信息服务支撑产业科技发展，提出了智慧型法律信息服务生态圈模式。

在基于信息技术的视角讨论公共法律信息服务模式方面，现有研究强调对法律信息需求的挖掘分析以及运用信息技术创新公共法律信息服务的方式。崔伟等（2017）〔5〕对比分析了互联网环境下国内外法律图书馆信息服务的特点及差异，提出了基于用户需求的法律图书馆移动信息服务模式。李菲（2020）〔6〕运用法律本体理论探讨了公共法律信息资源服务的供给模式，强调了法律信息需求的重要指引作用，提出了基于法律知识图谱的公

---

〔1〕 高学敏：《中国公民普法教育演进研究》，复旦大学 2014 年博士学位论文。

〔2〕 李霞：《北方民族地区加快公共法律服务体系建设的当代阐释》，载《黑龙江民族丛刊》2018 年第 5 期。

〔3〕 徐娟：《数据化时代构建共享型公共法律服务平台的实践与探索——以四川为实证样本》，载《中国司法》2020 年第 10 期。

〔4〕 丁国锋、罗莎莎：《南京探索构建智慧法律服务生态圈》，载《法治日报》2021 年 7 月 8 日，第 6 版。

〔5〕 崔伟、徐恺英、盛盼盼：《我国图书馆移动信息服务模式构建研究——以法律图书馆为例》，载《情报科学》2017 年第 1 期。

〔6〕 李菲：《法律人工智能的接近正义面向——以本体方法智能化法律信息供给》，载《理论与现代化》2020 年第 1 期。

共法律信息服务模式。罗震宇（2019）[1]分析了数据信息案例库构建的流程与方法，提出了公共法律信息服务数据库“共融”模式。

部分学者强调了协同性、智慧化图书馆公共法律信息服务。张婕（2015）[2]将有法律信息需求的用户按照知识需求层次分为专业与非专业服务对象群，基于分众模式构建公共图书馆法律信息服务模式。黄梦萦（2020）[3]讨论了大学生创业情境下高校图书馆法律信息服务策略，提出了一站式、个性化、标准化、透明化、便捷化、智慧化的法律信息服务模式。

7. 公共法律信息服务绩效评价

国内学者对公共法律信息服务绩效评价的研究多分散于公共法律服务评价体系与网络法律信息资源评价研究中。首先，公共法律信息服务绩效评价强调在均等普惠的价值取向下，构建动态的法律信息服务评价机制，注重评价指标之间的交互性与专业性。针对普法宣传教育、行为矫正、帮教扶助等公共法律服务过程中的法律信息服务，应该建立基于法律信息需求导向的、动态的、合理的评价机制。其次，网络法律信息资源评价主要是针对网络法律信息源质量的评价。沙振江等（2005）[4]认为基于互联网属性与信息需求的评价指标包括法律信息资源知识性、内容独特新颖性、布局科学美观性、可获取性、交互性、导航性、被链

---

〔1〕 罗震宇：《公共法律服务数据信息案例库构建的探索与实践》，载《中国司法》2019 年第 6 期。

〔2〕 张婕：《基于分众模式的公共图书馆法律文献信息服务》，载《图书馆学刊》2015 年第 10 期。

〔3〕 黄梦萦：《面向大学生创业的高校图书馆法律信息服务策略研究》，载《创新创业理论研究与实践》2020 年第 15 期。

〔4〕 沙振江、柳翔：《网络法律信息资源评价指标体系的研究》，载《情报杂志》2005 年第 3 期。

接量以及咨询功能等具体评价指标。谢德智等（2015）[1]认为评价指标包括信息来源的权威性、可获取性、规范性、准确性、整合性、关联性、即时性、个性化、针对性等。

可见，公共法律信息服务价值取向与法律信息源属性两个维度支撑了公共法律信息服务绩效评价体系，如表1–5所示：

表1–5　国内公共法律信息服务绩效评价指标（部分）

评价维度	评价指标
价值取向	普惠性 均等性 持续性 公共性（公共利益、以人为本）
法律信息资源	可获取性（信息自由开放） 知识性（信息功能性） 即时性（信息新颖性） 交互性（信息共享性） 易用性 权威性 规范性 准确性 关联性（信息整合性） 针对性（信息个性化）

四、研究问题的提出

国内外相关研究成果客观上为本书基于信息生态视角在公共信息服务领域里探讨公共法律信息服务问题提供了拓展空间与研究基础，同时国内外相关主题研究的差异也对本书寻找切入点提

[1] 谢德智、陈淼欲：《我国法律法规信息服务系统建设的研究与实践》，载《硅谷》2015年第2期。

供了启发。

首先，在研究视角方面，国外研究以信息生态系统为主，聚焦在信息环境、信息主体以及相关理论的研究，更关注信息生态因子本身；国内研究则以信息服务生态整体性研究为主，聚焦在基于信息生态理论的公共信息服务模式、绩效评价、信息生态链与信息生态位等方面，逐渐向具体的信息生态因子研究转变，更注重公共信息服务。由此本书在视角选取上兼顾公共法律信息服务整体性与其中各信息生态因子的研究。

其次，在研究领域方面，国外研究主要聚焦在公共信息服务的主体视角与环境视角，将公共信息服务模式归纳为合作模式、集约模式、关注用户模式、关注过程模式，多从评价原则、评价指标、绩效影响因素等方面讨论公共信息服务绩效；而国内研究则主要涉及公共信息服务主体、对象、价值三个维度，将公共信息服务模式归纳为社会共治模式、合作模式、集约模式、政府模式，多从用户满意度、用户信息需求、动态评价等具体维度研究公共信息服务绩效。因此本书旨在探索公共法律信息服务模式与绩效过程中对相关服务模式和绩效评价指标进行科学的整合。

最后，在研究主题方面，国内外都关注到了法律信息素养与法律信息传播。对于法律信息素养问题，国外研究致力于探讨法律信息素养教育方式与手段的创新，而国内研究则多关注于法律信息素养意识的培养与功能意义的阐释；对于法律信息传播问题，国外研究强调了法律信息个性化、可理解性、一致性传播，而国内研究侧重解决法律信息传播中的信息不对称问题。此外，国外研究还涉及法律信息检索、法律信息系统，总结了基于不同信息服务主体的公共法律信息服务模式以及提供法律信息服务的具体方式，对公共法律信息服务绩效评价指标的考虑主要包括用户体验与法律信息源特征这两个因素，研究方法主要是问卷调查和算法建模等实证研究；而国内研究主要涉及法律信息公开、图书馆法律信息服务、法律信息资源建设，对公共法律信息服务模式与绩效的研究多融入公共法律服务框架中，多关注基于信息技术的公共法律信息服务模式，对于公共法律信息服务绩效评价指标的确定主要基于公共法律信息服务的价值取向与法律信息源的属性两个维度，研究方法主要包括案例分析、对比分析、网络调查、问卷调研等质性研究。鉴于此，本书在探讨公共法律信息服务模式和绩效时基于信息生态理论充分考虑各信息生态因子，发掘公共法律信息服务过程中各信息生态因子之间的能动关联。

现有研究多侧重法律信息服务实践问题的探讨，关注法律信息资源的应用，鲜有基于信息生态视角的研究。然而信息生态在公共信息服务领域的应用成果为本书提供了丰富的理论基础与实践经验，使得本书的论述具备学术可行性。本书围绕公共法律信息服务主题，基于信息生态视角，运用理论与实证相结合的方法，从公共法律信息服务基本要素与结构、公共法律信息服务模式及其运作机制与功能、公共法律信息服务绩效影响因素与评价体系等方面进行探讨，是将信息生态理论融入公共法律信息服务研究中的新尝试。

第二节　研究主题

一、研究思路

本书遵循“理论分析—提出问题—分析与解决—总结与应用”的研究思路，具体研究技术路线如图 1-11 所示：

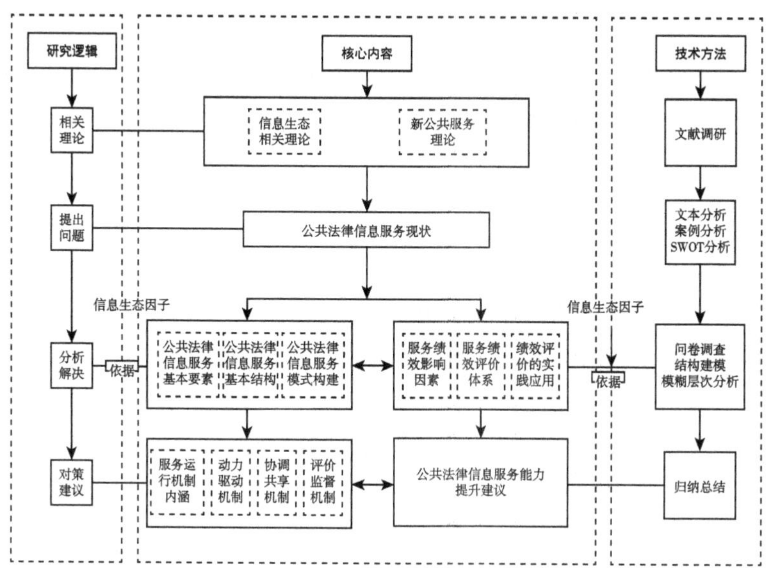

图 1-11　研究技术路线图

由图 1-11 可知本书的逻辑关系为：

问题聚焦：以公共法律信息服务模式与绩效评价为目标，梳理公共法律信息服务现状，为本书提供真实且有价值的研究问题。

逻辑起点：以信息服务为逻辑起点，新公共服务为逻辑过程，厘清公共法律信息服务基本要素与结构；以信息生态因子为支点构建公共法律信息服务模式与绩效评价体系。

理论框架：梳理、归纳和阐述基于信息生态视角的公共法律信息服务的理论基础，对公共法律信息服务的基本概念、基本要素与结构等方面进行研究。

模式研究：在已有研究基础之上，根据相应的逻辑关系，基于公共法律信息服务基本要素与结构，在信息生态视角下构建公共法律信息服务模式。

绩效研究：通过采用主客观相结合的研究方法，分析基于信息生态视角的公共法律信息服务绩效影响因素，构建公共法律信息服务绩效评价指标体系，选择相应对象进行评价应用，提出公共法律信息服务能力提升的建议。

二、研究方法

本书拟采用定性分析与定量分析、主客观分析相结合的研究方法。

（1）文本分析法。文本分析法是从文本中抽取出相关字段内容进行量化表示文本信息的研究方法，是对无结构的原始文本进行结构化研究的过程。本书主要用于分析我国公共法律信息服务政策规划现状以及公共法律信息服务的社会需求现状。

（2）案例分析法。用于结合 SWOT 分析模型对比梳理介绍公共法律信息服务现状，发现公共法律信息服务现状的特点。

（3）问卷调查法。用于调查用户视角下公共法律信息服务绩效影响因素，基于调查结果修正信息生态视角下公共法律信息服务模式与绩效评价指标。

（4）结构建模方法。用于根据相关调查问卷数据验证各信息生态因子对公共法律信息服务绩效的影响作用，支持公共法律信息服务绩效评价体系研究。

（5）模糊层次分析法。用于确定基于信息生态视角的公共法律信息服务绩效评价指标的权重分布，构建公共法律信息服务绩效评价体系。

三、研究框架与内容

（一）研究框架

本书以公共法律信息服务模式与绩效为目标，基于信息生态视角对公共法律信息服务模式与绩效展开理论与实证研究，具体研究框架结构如图 1-12 所示：

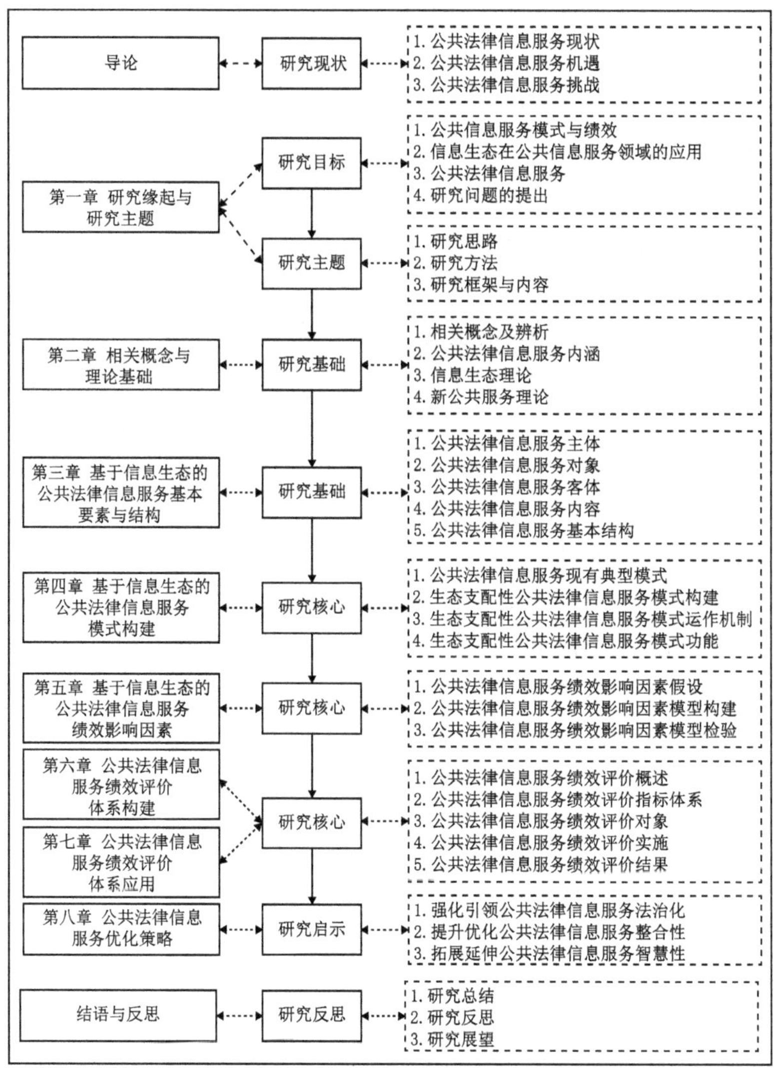

图 1-12　研究框架图

（二）研究内容

本书目标是基于信息生态视角讨论公共法律信息服务模式与

绩效，以期为提升公共法律信息服务能力提供科学决策参考，旨在解决以下问题，即公共法律信息服务基本要素的界定与基本结构的解析、公共法律信息服务模式的构建、公共法律信息服务绩效评价体系的构建与应用。

1. 公共法律信息服务基本要素与结构

对公共法律信息服务基本要素进行凝练，包括公共法律信息服务主体、对象、客体、内容；对公共法律信息服务基本结构进行解析，包括基本结构的呈现、关联、配置。

2. 基于信息生态的公共法律信息服务模式

阐释公共法律信息服务过程中的信息生态因子及各信息生态因子之间的能动关系，总结现有公共法律信息服务典型模式的类型与特点，构建基于信息生态的公共法律信息服务模式，并对其运行机制与功能进行分析。

3. 基于信息生态的公共法律信息服务绩效评价体系

在信息生态视角下，分析论证公共法律信息服务绩效影响因素，确立公共法律信息服务绩效评价指标，形成基于信息生态因子的公共法律信息服务绩效评价体系；选择相应对象进行公共法律信息服务绩效评价体系应用，基于评价结果提出优化公共法律信息服务能力的建议。

第二章 相关概念与理论基础

基于信息生态视角探讨公共法律信息服务模式与绩效问题，是以梳理公共法律信息服务相关概念为前提，融合信息生态理论、新公共服务理论展开交叉研究的过程。

第一节 相关概念及辨析

公共法律信息服务概念的阐释主要涉及法律信息、公共法律服务、公共信息服务、公共法律信息服务等基本概念之间的关系。

一、法律信息

法律信息是最具社会需求性的信息资源之一，是公共开放的社会财产，属于独立的信息资源类型。法律信息是指在立法、司法、执法等活动中所产生的有关法律的消息、情报、知识的总和。它通常以法律、法令、条例、决议、指示等规范性文件和国家认定的判例、习惯等形式表现出来。狭义上的法律信息指法治运行过程中产生的法律专业信息，包括人民法院、人民检察院、律师事务所等法律部门产生的案件信息、流程信息等。广义上的法律信息指与法有关的知识和信息的总和，除了案件信息、流程信息外，还包含立法动态、法治时事、中外法学文献、法律法规等信息资源，即包括法律法规信息、法律实践应用信息、法治观念信息、法律知识等，本书采用此广义上的法律信息概念。

法律信息的来源主要包括立法信息、法律学说、司法行政案例信息、判例信息以及互联网上的法律信息资源。法律信息具有显著的多样性、时效性、准确性、可靠性、公共性特点。

二、公共法律服务

公共法律服务是指国家为了保障与维护公民的基本权利与合法权益，实现社会公平公正，由政府主导、司法行政部门统筹协调向社会公众提供的法律服务。公共法律服务的目标是满足人民多样化、个性化的法律服务需求，实现人们对美好生活的向往，是不断推进国家治理体系和治理能力现代化的必然要求，是实现法治国家、法治政府、法治社会的现实需求。公共法律服务的价值目标取向是“覆盖城乡、便捷高效、均等普惠”。

三、公共信息服务

公共信息服务是在社会公共领域里获取、交流、利用由政府和公共信息机构提供和管理的信息产品与信息服务的各种信息行为，是一种公共品或公共服务。公共信息服务具有显著的公共性，主要体现为不可分割效用性、非竞争消费性、非排他受益性。公共信息服务面向社会公众平等开放，共同利用，社会公众可以在法律允许的范围内自由使用。公共信息服务的终极价值在于保障公众最基本的生活、生存和发展需求，强调服务的公平、均等、高效。

四、公共法律信息服务

公共法律信息服务是在政府主导下，社会与市场主体共同参与，以实现法律信息需求为目标，面向社会公众提供的涉及法律问题的信息服务，为公共法律服务提供充分、有效的法律信息资源保障。公共法律信息服务的意义主要在于促进法律功能的实施，向社会公众提供可允许和可实施行为样本的法律信息资源，促使社会公众根据收到的法律信息资源形成特定的动机、价值观与合法的行为取向，或者在特定的法律关系中利用法律信息资源实现自我行为的增值、获益，实现法律信息对社会行为的规范、评价与引导。

五、概念辨析

公共法律信息服务是公共信息服务的重要组成部分，是公共信息服务在法律服务领域的具体表现形式；公共信息服务是公共服务的重要构成要素，为公共服务提供基础信息资源保障；公共法律信息服务是公共法律服务的重要组成部分，是公共法律服务体系中不可或缺的构成要素，为公共法律服务提供基础法律信息资源保障。相关概念间的逻辑关联如图 2-1 所示：

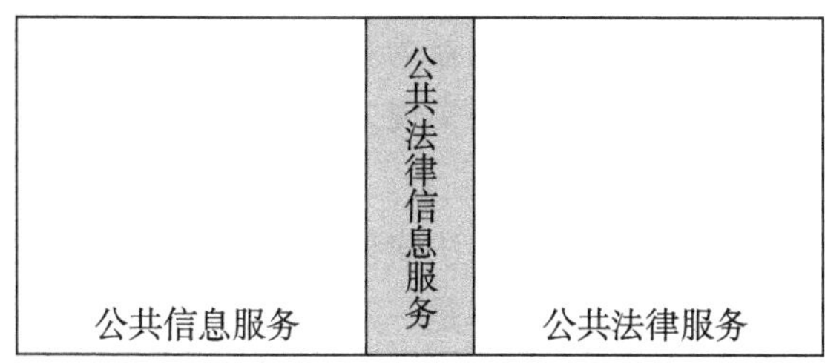

图 2-1　相关概念逻辑关联

第二节　公共法律信息服务内涵

以下从公共法律信息服务特点与种类两方面阐述公共法律信息服务的内涵。

一、公共法律信息服务特点

（一）公益性

法律信息资源的公共物品属性决定了公共法律信息服务的公益性，主要体现为公共法律信息服务的政府主导性、共享性以及价值取向公共利益性。其中，政府主导性表现在政府需要最大限度地促进法律信息资源的社会化，为社会公众提供普通的、基础的、非营利的公共法律信息服务，使社会公众能够普遍享有与受益，为社会公众平等享有法律信息服务提供充分的保障，主要包括政策层面的扶持、法律信息公开的保障、社会和市场主体的引导等。共享性主要表现在公共法律信息服务资源配置的均衡性、公平性、有效性。公共法律信息服务资源配置在不同地区之间、社会群体之间具有均衡性与公平性，社会公众能够平等、有效地获取公共法律信息服务资源。价值取向公共利益性是公共法律信息服务公益性的重要保障。公共法律信息服务以有效满足社会公共法治利益和社会个体法律权益为基本目标，旨在实现社会公共利益最大化，兼顾效率与公平实现。

（二）时效性

法律信息资源的时效性与法律信息需求的即时性决定了公共法律信息服务的时效性。法律是一定社会环境中的产物，是一定社会意识形态的体现。法律信息资源是特定社会条件下法律现象、法律观念和法律意识的总和。在利用法律信息资源时，如果离开了特定社会条件的分析，就不能正确地揭示法律信息的实质内容。新的法律法规的颁行与法律信息资源的溯及力均体现了公共法律信息服务的时效性。法律信息需求客观上反映了社会法律关系的呈现状态，而社会法律关系随着权利人主体实施具体社会行为而发生变化，即法律信息需求具有即时性特点。公共法律信息服务的基本目标是有效满足社会公众或服务对象（用户）的法律信息需求，那么法律信息需求的即时性必然需要公共法律信息服务具备时效性，即在提供公共法律信息服务时必须及时、有效，符合法律信息资源的时效与法律信息需求的时效要求。

（三）权威性

公共法律信息服务的权威性主要体现在法律信息资源的权威性与公共法律信息服务的公信力。在现行法治体系下，法律信息资源主要产生于国家立法、司法、执法和法学研究等领域中，通常以法律、法令、条例、决议、指示等规范性文献信息、案例信息以及国家认定的判例信息等形式表现出来。由此，法律信息资源的内容具有显著的权威性。公共法律信息服务的供给主体以政府为主导，具有显著的公权力性质。公共法律信息服务的目标是保障与实现社会公共法治利益与社会个体法律权益，体现了对法律的尊重与信任，具有显著的公信权威性。

二、公共法律信息服务种类

根据不同标准，公共法律信息服务种类有所不同。依据公共法律信息服务的深度与层次划分，公共法律信息服务主要包括基本型与发展型；依据公共法律信息服务的具体内容划分，公共法律信息服务主要包括法律信息普及、法律信息教育、法律信息咨询、学术研究支持服务。

（一）公共法律信息服务深度与层次种类

1. 基本型公共法律信息服务

基本型公共法律信息服务旨在充分保障社会公众的法律信息知情权，是面向社会公众提供原始法律信息资源以满足社会公众基本法律信息需求的公共法律信息服务，主要包括法律信息公开、法律信息资源开放获取。基本型公共法律信息服务是现代公共服务过程中政府等公共部门依法应当承担的公共信息服务职能，强调服务的即时性、常态性、开放性、权威性、实用性与影响力。

2. 发展型公共法律信息服务

发展型公共法律信息服务旨在满足社会公众个性化的法律信息需求，是在对法律信息资源进行价值挖掘的基础上提供法律信息服务以支撑相关决策参考的公共法律信息服务，主要体现为定制类法律信息服务、整合分析类法律信息服务以及专业咨询类法律信息服务等形式，关注服务的安全性、专业性、标准性、经济性、增益性、个性化以及智慧性。相对于基本型公共法律信息服务，发展型公共法律信息服务更强调对不特定的社会公众或特定服务对象（用户）法律信息需求的获取、挖掘与满足。

（二）公共法律信息服务具体内容种类

1. 法律信息普及服务

法律信息普及服务主要是面向不特定的社会公众提供法律信息资源宣传、学习等服务的公共法律信息服务。法律信息普及服务的目标是有效满足社会公共法治利益，强调服务的均等普惠性、即时性、常态性、创新性与影响力。服务内容主要涉及宣传与学习以宪法为基础的国家基本法律制度、与经济社会发展相关的法律法规、与生产生活密切相关的法律法规以及与维护社会和谐稳定、促进社会公平正义相关的法律法规等法律信息资源。实践中，提供法律信息普及服务的方式多为主动触发面向社会公众提供服务，比如法律信息资源陈列展示、基本讲解、自主学习等方式。法律信息普及服务是公共法律信息服务的基本保障形式，多体现为基本型公共法律信息服务。

2. 法律信息教育服务

法律信息教育服务主要是面向不特定的社会公众或特定的服务对象（用户）提供法律信息素养教育与法律信息资源教育服务的公共法律信息服务。法律信息教育服务的目标是有效满足社会公共法治利益，提升社会公众法律信息能力，强调服务的常态性、互动性、开放性、科学性与创新性。服务内容主要涉及法律信息素养教育与法律信息资源教育。法律信息素养教育主要包括通过法律信息教育服务培养与提升社会公众的法律信息意识和法律信息能力，使得社会公众在使用公共法律信息服务时有较强的信息感受力，能够明确自己法律信息需求的内容与范围，并具备充分获取法律信息、客观评价法律信息、有效利用法律信息解决问题的信息能力；法律信息资源教育主要是通过法律信息教育服务培养与提升社会公众的法律素养，使得社会公众在使用公共法律信息服务时能够更加清晰地、准确地、专业地表达法律信息需求，从而提升公共法律信息服务的效果。实践中，提供法律信息教育服务的方式多为主动触发地提供服务，比如讲座、培训、慕课、微课、场景学习等方式。法律信息教育服务是公共法律信息服务的重要保障形式，多体现为基本型与发展型公共法律信息服务的结合。

3. 法律信息咨询服务

法律信息咨询服务主要是指面向特定的服务对象（用户）提供有关具体法律事务问题的解释、说明、建议或解决方案的公共法律信息服务。法律信息咨询服务的目标是有效维护社会个体法律权益，满足服务对象（用户）具体法律信息需求，为决策提供参考建议支持，强调服务的安全性、互动性、专业性与智慧性。

服务内容主要是针对服务对象（用户）具体的法律信息需求展开，涉及具体的法律关系与法律问题的梳理、解答与建议。实践中，法律信息咨询的方式较多样化，通常包括留言咨询、实时在线咨询、热线咨询、一对一语音咨询、一对一视频咨询、智能机器人咨询以及线下面对面咨询等方式。法律信息咨询服务是公共法律信息服务的重要拓展形式，多体现为发展型公共法律信息服务。

4. 学术研究支持服务

学术研究支持服务主要是指面向不特定社会公众或特定服务对象（用户）提供法律信息资源服务以支持学术研究的服务。学术研究支持服务目标是为法学研究提供充分法律信息资源保障，有效满足服务对象（用户）科研需求，强调服务开放性与个性化。服务内容涉及各类法律信息资源检索、传递、利用等。实践中，学术研究支持服务供给主体包括各类图书馆、社会公共服务机构、法律数据库等，提供学术研究支持服务方式多为馆藏法律信息资源利用、相关数据库开发与利用等。学术研究支持服务是公共法律信息服务重要延伸形式，多体现为基本型与发展型公共法律信息服务的结合。

第三节　信息生态理论

信息管理领域对生态理论的研究融合了信息科学与生态学知识，利用生态学的观点和方法研究信息系统的内在机理。信息生态理论是信息生态学理论体系的重要组成部分，是信息管理领域的重要理论之一[1]。信息生态因子是构成信息生态系统的基本要素，各信息生态因子之间相互联系、相互作用，构成信息生态链与信息生态位，形成具有信息流动、信息转化和信息共享等功

〔1〕 靖继鹏、张向先主编：《信息生态理论与应用》，科学出版社 2017 年版，第 19 页。

能的有机整体。

一、信息生态因子

（一）信息生态因子内涵

信息生态因子是客观存在于特定信息时空中，对该信息领域里各信息主体、信息资源分布、信息资源发展以及信息行为实施等要素产生直接或间接影响作用的各种主客观性质的环境因素。信息生态因子功能属性的变化在一定程度上影响着其所属信息生态的稳定性与效率性，制约着该信息生态中相关信息资源与信息服务功能的呈现与作用，其内涵主要体现为信息生态因子的综合性、动态性以及功能性。

1. 信息生态因子的综合性

信息生态本身的复杂综合性质造就了其影响因素的多样化与复杂化，客观上使得信息生态因子呈现综合性特点，主要表现在信息生态因子性质上兼具主观与客观性，涵盖了对信息生态中相关信息人主体、信息资源、信息行为等基本要素的影响。同时，信息生态因子内容全面性涉及对信息生态中相关技术、制度、伦理、文化、社会、政治、法律、经济、科技、历史等整体要素的影响。

2. 信息生态因子的动态性

信息生态因子的动态性取决于所属信息生态的发展变化性。信息生态中存在的各种信息要素相互作用、相互关联，共同维系着信息生态的稳定与发展。信息生态因子的动态性主要表现在各信息生态因子本身的发展变化性以及各信息生态因子之间的能动关联性。各信息生态因子本身的发展集中于信息生态中相关信息人主体、信息资源、信息行为以及其他信息影响社会要素自身的调整与变化；各信息生态因子之间的能动关联性在于信息生态中各种影响要素之间持续性的相互制约、相互促进。

3. 信息生态因子的功能性

信息生态因子的功能性是信息生态得以维系、发展的重要基础保障。信息生态因子的功能性主要表现为信息生态因子各自功能属性的发挥对信息生态中存在的相关组织或者个人的信息行为、信息资源分布、运动、发展、进化等活动要素功能作用的发挥所产生的直接或间接的驱动作用。各信息生态因子在所属信息生态中通过相互之间的信息交换发生能动关联，信息人主体之间对信息资源进行生产、消化、吸收后将信息返回到信息生态里，不断发生着信息流的交换和转移，各信息生态因子要素之间相互作用、相互介入，共同发挥着信息生态的功能。

（二）信息生态因子种类

根据现有研究结论，信息生态因子种类主要包括信息资源、信息人、信息技术与信息环境。其中，信息技术本身属于信息环境的一部分，但考虑到当前随着信息技术的不断创新与突破，其对信息环境、信息服务以及信息资源的作用力日益凸显，成为信息环境中的关键因素，故将信息技术从信息环境中脱离出来，作为单独的信息生态因子予以阐释分析。

1. 信息资源

信息资源（Information Resource）是信息活动的核心与前提，是信息生态存在、维系、发展的必要基础因素，具有显著的资源性与价值性。信息资源包括信息内容与信息载体，是信息人生产、组织、传递以及利用的对象。信息资源在信息主体之间的相互作用中承担着交流交互的中介作用，是信息人主体与信息环境之间实现有效沟通的重要纽带，是信息生态不可或缺的重要因素。随着信息时代的不断发展，信息资源的收集、开发、传播和利用不断融入社会生活之中，信息资源服务在国家公共服务过程中发挥着越来越重要的作用。

2. 信息人

信息人（Information Person）是具有信息需求而参与到信息活动中的个人或组织，是信息生态的核心，具有显著的主观能动性。基于信息人在信息生态中所发挥的不同功能作用，信息人具体细化为信息生产者、信息组织者、信息传播者、信息监管者、信息消费者。不同信息人主体之间既有明确的职责界限，又存在着相互作用、相互转化的特点，在不同的信息阶段可以实现动态性的功能转换。

（1）信息生产者。信息生产者主要是指零次信息以及带有创新性质的一次信息、二次信息的生产者。信息生产者是信息流动的起点，承担着向信息生态不断注入信息资源的职能，是信息生态中向其他相关信息人主体提供信息资源的供给主体。信息资源的生产是信息生态循环的前提基础保障。

（2）信息组织者。信息组织者是通过一定信息组织方法使信息资源序化，以便于相关信息人主体检索与利用的信息人主体，具有显著的专业性。信息组织者在信息生态中承担着收集、整合、存储、序化、加工、挖掘、开发信息资源的重要职能。信息资源的组织是信息生态循环的关键基础保障。

（3）信息传播者。信息传播者是通过相应信息渠道和媒介实现信息资源传播的各种信息人主体，具有显著中介性与技术性。信息传播者主要承担着快捷、安全、可靠、真实、即时地传递信息资源的职能。信息资源的传播是信息生态循环的持续动力保障。

（4）信息监管者。信息监管者是对信息资源的组织、传递过程与效果进行监督与优化处理的信息人主体。信息监管者主要承担着对过时的、错误的、虚假的、不健康的、不安全的信息及时予以删除处理，保障信息资源的真实性与可靠性，为信息资源的进一步挖掘利用提供充分基础保障的职能。信息资源的监管是信息生态循环的必要互动保障。

（5）信息消费者。信息消费者是指在具体信息需求驱动下消费信息资源的信息人主体。信息消费者消费信息资源的行为主要表现为对有序化的信息资源进行检索获取与分析利用，及时获得信息资源的隐性价值，从而利用该价值规律进行具体的决策参考。信息资源的生产、组织、传递、监管是为了实现信息资源的有效消费，实现信息资源效益的最大化。信息消费者是信息生态循环的重要目标保障。

3. 信息技术

信息技术（Information Technology）是开发利用信息资源的重要手段，具有显著的专业性与支撑性。信息技术主要包括信息的生产、收集、传递、表示、存储、处理等基础性技术以及信息的转化、识别、提取、控制、挖掘和利用等拓展性技术。信息技术是信息环境的关键要素，与信息环境之间形成了相互作用、相互影响的能动关系。社会公众通过运用信息技术获取信息资源，同时信息技术的不断更新进步在一定程度上提高了社会公众获取、利用、管理信息资源的能力，包括信息检索能力、信息传递能力、信息挖掘利用能力等，在一定程度上促进了信息环境的改善，使得信息环境的数字化与智慧化趋势更加凸显，同时有效推动了信息服务方式的创新与优化。

4. 信息环境

信息环境（Information Environment）通常是指信息生态中信息的生长、传播、利用等信息环节的相互关系的表现形式或协调状态，是一切信息交流要素的总和，是各信息生态因子发挥功能属性作用的平台环境。由于信息环境对信息生态发生影响作用的程度不同，信息环境可细分为内部微观信息环境与外部宏观信息环境。其中，内部微观信息环境包括信息基础设施、信息法规政策、信息制度、监督保障机制等组织运行环境；外部宏观信息环境包括影响社会对信息服务的接受程度、影响信息服务因素的政治、经济、法律、科技、文化、历史等社会环境。通常不和谐的信息环境主要表现为信息孤岛、信息鸿沟、信息垄断、信息污染、信息超载、信息冗余、信息主体性缺失、资源分布失衡、信息政策与立法滞后以及人才与教育落后等。因此，在信息服务过程中需要关注信息环境的管理与净化。

二、信息生态链

（一）信息生态链内涵

信息生态链是信息资源通过加工、传递、利用等信息行为在信息生态环境中传递，各信息主体按照信息流转顺序排列而形成的链状关联结构，是基于信息源的多样性与相互依赖关系，通过信息流动形成的网式链条体系，体现了相关信息人之间信息流转的链式依存关联。信息生态链反映了不同信息主体之间相互依存、相互作用的多元复合关系，包含信息资源、信息人、信息技术、信息环境等基本信息生态因子要素之间的能动关联。其中，信息人主体是信息生态链的中心要素，信息人的价值取向制约着信息生态链的发展方向；信息资源是信息生态链的各个环节相互发生联系的基本形式，是信息生态链的关键因素；信息技术与信息环境是信息生态链存在的支撑条件，为信息生态链中信息的流动交互提供了时空因素。

通常情况下，信息生态链由主干链与支撑链构成。其中，主干链是信息人基于信息流动形成的作用关系；支撑链本质上是信息环境，支撑着主干链的运行。信息生态链的内部结构由节点与节点间关系组成。信息生态链的节点是信息人，节点间关系则是信息人因信息流动形成的各种链接关系。信息生态链节点间关系被抽象地表示为各节点间的连线，主要分为有向关系与无向关系、直接关系与间接关系、强关系与弱关系。其中，有向关系即单向信息流动关系，无向关系即双向信息互动关系；强关系表示节点间关系的强度与频率高或相互满意度高，强关系更有利于信息传播与共享的深度，但也可能造成信息冗余，使得信息交互较封闭，有效信息量较少。与此相反，弱关系表示节点间关系较松散，呈现中介沟通的特点，更加有利于信息传播与共享的广度，信息交互相对较开放，有利于降低社会结构的限制以增加有效信息量。

（二）信息生态链类型

根据相关信息生态理论，信息生态链的类型主要包括线性结构、星型结构、树形结构以及网状结构，如图 2-2 所示。不同类型的信息生态链客观上会导致信息生态功能的差异性，影响信息服务的效果。

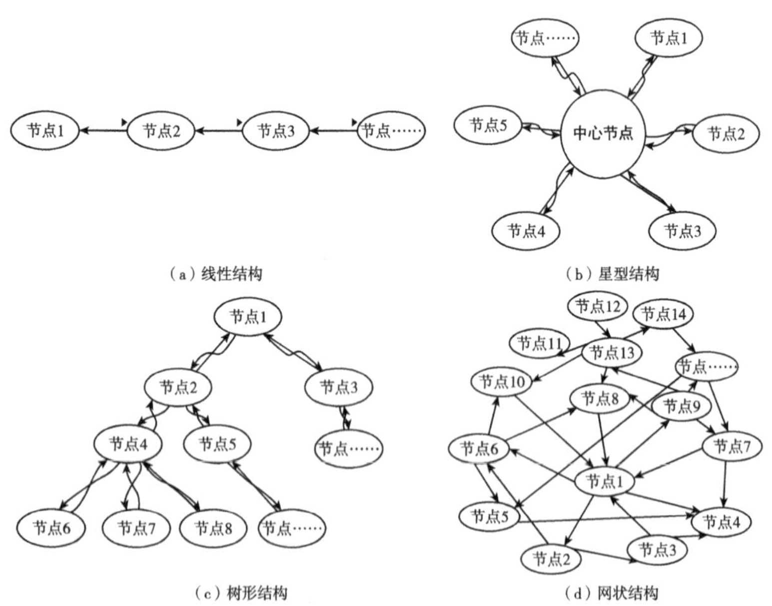

图 2-2　信息生态链类型示意图

1. 线性结构

在此结构中，节点之间只有单一的信息流，比如前后的或者上下的信息流。信息在节点之间依次传递，呈现层级排列状态。线性结构的信息生态链功能的发挥受制于每个节点的信息能力，节点间存在较强的依赖关系，容易导致信息堵塞、信息失真等问题。

2. 星型结构

在此结构中，存在着一个关键的中心主体主持提供信息活动，完成信息的生产、组织、传播等信息行为，体现为中心发散式或中心汇聚式。星型结构的信息生态链主要依赖于中心主体功能的发挥。

3. 树形结构

在此结构中，信息的传递具有自上而下发布或从下向上汇总的层级特点，是线性结构和星型结构的复合衍生。树形结构的信息生态链有利于信息交流快速向外扩散，但也会导致信息失真的问题，信息生态内部缺乏相互的横向交流，信息沟通效果较低，从而引发信息孤岛现象。

4. 网状结构

在此结构中，节点之间存在较多直接关联链路，信息流动速度较快，从而有利于提高信息真实性和时效性，降低信息虚假和信息不对称的风险，提升信息服务的效率。同时，由于节点间较多的直接关联可能引起信息重复，进而导致出现信息过载的问题。

三、信息生态位

信息生态位主要探讨的是信息人生态因子在信息生态环境中，相对于其他信息生态因子而言所处的位置特征。信息生态位的形成是信息环境状态、信息人属性以及信息环境与信息人相互作用的结果，其代表着信息人在信息生态中占据时空、占有与利用资源、充当角色和发挥功能的状况。

（一）信息生态位类型

信息生态位主要包括信息功能生态位、信息资源生态位以及信息时空生态位。

首先，信息功能生态位是指信息人主体在特定时空与特定信息环境中所充当的信息生产者、信息组织者、信息传播者、信息监管者、信息消费者角色及其所承担的信息行为职能，包括信息生产功能生态位即承担信息资源的生产、供给职能；信息组织功能生态位即承担信息资源的收集、整合、存储、加工、序化等职能；信息传播功能生态位即承担信息资源的传递、交互职能；信息监管功能生态位即承担信息需求分析反馈、信息活动监督管理职能；信息消费功能生态位即承担信息资源使用、转化与应用等职能。

其次，信息资源生态位是指信息人在信息活动中占有、利用信息资源的状态，主要由信息人信息需求与信息能力所决定。

最后，信息时空生态位是指信息人的信息活动占用的时间段与空间位置，主要取决于信息人的信息活动性质和信息能力，又反作用于信息人信息行为的效率与效益。

（二）信息生态位属性

信息生态位属性是指信息生态中相关信息人信息生态位的特征，主要表现为信息功能生态位宽度、信息功能生态位重叠度、信息生态位适宜度。

1. 信息功能生态位宽度

信息功能生态位宽度反映了公共法律信息服务信息生态环境中，各信息生态因子要素在信息生态链上充当信息角色的类型，以及其承担信息职能的数量，这在一定程度上体现了信息人对信息资源、信息服务等信息生态因子的利用与发挥能力。

信息功能生态位宽度常用生态位宽度值来表示。借鉴 Shannon-Wiener 指数公式〔1〕，仅考虑信息人这个公共法律信息服务信息生态中的核心因素，信息功能生态位宽度可以表示为公式 2-1：

$$IFB_i = -\sum_{j=1}^{R} P_{ij} lg\, P_{ij} \qquad \text{（公式 2-1）}$$

其中，IFB_i 为信息人 i 的信息功能生态位宽度；$P_{ij} = N_{ij}/Y_i$，为第 i 个信息人承担信息职能功能状态 j 的值占该要素各项功能状态总值的比例。在信息人 i 充当的每种信息角色其信息职能的功能状态值都相等时，IFB 达到最大值，说明信息人拥有较宽的信息功能生态位，表示信息人 i 在信息活动中承担的信息职能越丰富，那么其在信息生态中占据较为重要的位置，对信息环境的适应力较强。

由此可见，信息人信息生态位宽度主要表现为其在信息活动中所充当的信息角色类型与所承担的信息职能数量两个因素之间的关系，如图 2-3 所示：

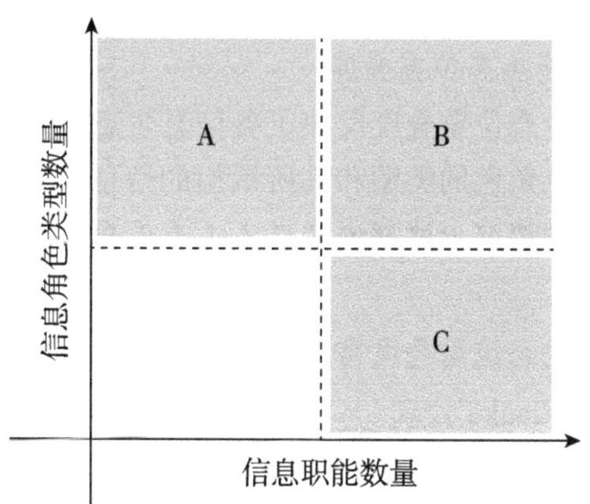

图 2-3　信息功能生态位宽度示意图

〔1〕 靖继鹏、张向先主编：《信息生态理论与应用》，科学出版社 2017 年版，第 53 页。

图 2-3 中的 A，B，C 阴影区域表示信息人的信息生态位较宽，即该信息人在信息活动中充当的信息角色类型和承担的信息职能均较多，或者其中任意一个因素较多。

信息人的信息生态位宽度具有动态变化性，受到信息环境生态因子与信息人自身属性状态的影响，信息功能生态位宽度关系着信息人之间的竞争机会和竞争能力。在竞争机会方面，当信息功能生态位较宽时，说明信息人占据的信息功能较广，信息人所面临的竞争会较多；当信息生态位较窄时，信息人占据的信息功能与法律信息资源较少，其所面临的竞争也相对较少。在竞争能力方面，拥有较宽信息功能生态位的信息人一方面由于所拥有的信息功能与信息资源优势而具备较强的竞争力，但另一方面也可能因此导致缺乏独特的竞争优势而减弱竞争力；相反拥有较窄信息功能生态位的信息人一方面由于拥有较少的信息功能和信息资源而缺乏竞争力，另一方面该信息人可能因此更专注于某类信息功能的发挥和对某类法律信息资源的充分利用，形成某个方面的特有的竞争优势，从而具备较强的竞争力。

2. 信息功能生态位重叠度

信息功能生态位重叠度反映了各信息生态因子要素在信息生态链上充当信息角色的类型和其所承担的信息职能全部相同或部分相同，在一定程度上体现出信息人占有信息生态因子的多样化程度。

信息功能生态位重叠度常用生态位重叠指数来表示。借鉴对称 α 法，运用 Pianka 公式[1]，信息功能生态位重叠度可以表示为公式 2-2：

---

〔1〕 靖继鹏、张向先主编：《信息生态理论与应用》，科学出版社 2017 年版，第 56 页。

$$IFO_{ik}=\sum_{j=1}^{r}P_{ij}P_{kj}/\sqrt{\sum_{j=1}^{r}P_{ij}^{2}\sum_{j=1}^{r}P_{kj}^{2}} \qquad \text{（公式 2-2）}$$

其中，IFO_{ik} 为信息人 i 的功能曲线与信息人 k 的功能曲线的重叠指数；$P_{ij}=N_{ij}/Y_i$，为第 i 个信息人所承担的信息职能功能状态 j 的值占该要素各项功能状态总值的比例；$P_{kj}=N_{kj}/Y_j$，为第 k 个信息人所承担的信息职能功能状态 j 的值占该要素各项功能状态总值的比例。

据此，假设两个信息人 a，b，那么他们两者之间信息生态位重叠可能会出现以下四种状态，如图 2-4 所示：

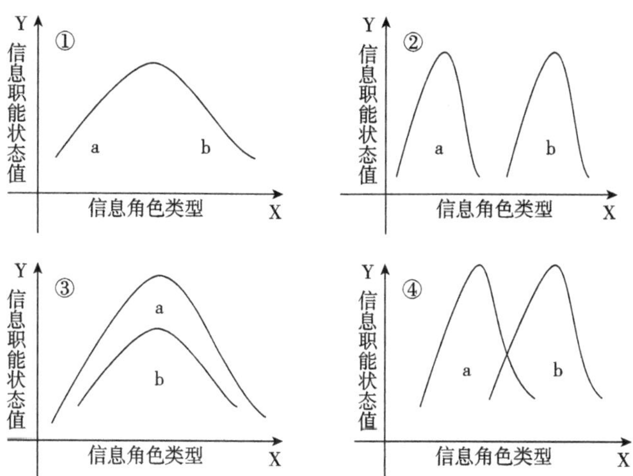

图 2-4　信息功能生态位重叠示意图

如图 2-4 所示，信息人之间信息生态位重叠的状态主要表现为四种情况，分别是：

（1）完全重叠。即当 $X_a=X_b$ 且 $Y_a=Y_b$，那么信息人 a 与信息人 b 的信息生态位完全重叠。

（2）分离。当 $X_a\neq X_b$ 且 $Y_a=Y_b$，那么信息人 a 与信息人 b

的信息生态位分离。

(3) 包含重叠。当 $X_a>X_b$ 且 $Y_a>Y_b$，或者 $X_a=X_b$ 且 $Y_a>Y_b$，那么信息人 a 与信息人 b 的信息生态位包含重叠，信息人 a 的信息生态位相对较宽，信息人 b 的信息生态位包含于信息人 a 内。

(4) 交叉重叠。当 $X_a \cap X_b$ 且 $Y_a \cap Y_b$，那么信息人 a 与信息人 b 的信息生态位交叉重叠。

同样，相关信息人信息生态位的重叠可能会导致信息生态中相关信息人之间的竞争。一般来说，信息人信息功能生态位重叠度正向影响着信息人之间的竞争程度。信息功能生态位重叠度越高，信息人之间的竞争越激烈。竞争的存在在一定程度上也促进了信息生态对信息资源的开发利用，不同信息人基于不同的信息需求与信息职能，不断挖掘信息资源的价值。但当信息功能生态位过度重叠时，不同的信息人在同种信息资源的利用层次上区别不大，在一定程度上限制了信息资源的利用深度；同时，共同对同种信息资源的过度需求可能会导致其他信息资源的闲置，从而影响整个信息生态的失衡，不利于信息服务的开展。

3. 信息生态位适宜度

生态学意义上的生态适宜度描述了物种生存活动中对环境的需求与环境能够提供的供给之间的适宜程度。借鉴这个概念描述，公共法律信息服务信息生态位适宜度主要体现为公共法律信息服务所需要的信息环境的理想应然状态与公共法律信息服务实际所处的信息环境的现实实然状态之间的适应匹配关系。

信息生态位适宜度常用生态位适宜度模型来计算。信息生态位适宜度可以表示为公式 2-3〔1〕：

〔1〕 靖继鹏、张向先主编：《信息生态理论与应用》，科学出版社 2017 年版，第 59 页。

$$F_i = \frac{1}{n}\sum_{j=1}^{n}\frac{min\{|x'_{ij} - x'_{\alpha j}|\} + \alpha max\{|x'_{ij} - x'_{\alpha j}|\}}{|x'_{ij} - x'_{\alpha j}| + \alpha max\{|x'_{ij} - x'_{\alpha j}|\}}(i = 1, 2, \cdots, m)$$

（公式 2-3）

其中，F_i 表示第 i 种实验条件下信息生态位适宜度；α 为模型参数（$0 \leqslant \alpha \leqslant 1$）。$x'_{ij}$ 与 $x'_{\alpha j}$ 分别表示第 j 个信息生态因子的实测值和最适值。信息生态位适宜度在（0，1）的区间，其值越大，表明各信息生态因子越能适应信息生态发展的环境需求，信息环境的理想应然状态与现实实然状态之间的适配性越好。

四、信息生态理论研究适用性

信息生态因子是信息生态的基本要素。信息生态是一个由信息人、信息、信息环境所构成的相互联系、相互作用的有机整体，着重对信息环境的观察和描述，焦点是信息行为和行为主体，强调系统与外界信息的交换以及系统中各部分之间的关系和相互影响的作用机制，它是信息生态因子之间关系的总和。信息生态理论着重强调事物之间的相互关系以及事物与环境之间的相互关系。

公共法律信息服务以均等普惠为目标，旨在更好地满足社会法律信息服务需求。公共法律信息服务的价值取向明显地体现“以人为本”的服务理念，这与信息生态系统所要构建的“以人为本”的系统架构是一致的。同时鉴于我国现行法治体系，在提供公共法律信息服务的过程中必然会涉及信息服务主客观等诸多方面的因素，包括立法、司法、执法、普法、守法等环节中的信息行为、国家政策导向、社会信息环境等。这些要素具备了信息生态因子的特征，可以看作信息空间里对信息活动产生直接或间接影响的各种环境因素，包括内环境即法律信息资源、信息技术、信息制度、信息伦理与信息文化等因素，以及外环境即政治、法律、经济、科技、社会、文化、历史等各种影响驱动因素。由此，信息生态理论对公共法律信息服务研究的适用性主要体现在：

首先，信息生态理论的功能意义符合公共法律信息服务的价值取向。信息生态理论功能作用的发挥，蕴含了平衡和谐、整体共享、动态优化与竞争开放的价值理念，这些理念体现在应用领域，则表现出非竞争性与非排他性的属性，符合公共法律信息服务的公共利益价值取向。同时，公共法律信息资源在生产、传播、共享、利用的过程中，要求实现高效的信息协同，这与信息生态理论的价值功能是一致的。

其次，信息生态系统的构成要素符合公共法律信息服务体系的建构需求。信息生态系统是基于信息人、信息资源、信息环境等信息生态因子形成的有机体。公共法律信息服务体系的建构要素包含了用户、法律信息资源、法律信息服务环境。在此体系中，法律信息服务主体通过利用现代信息技术对法律信息资源进行整理加工、传播利用。可见，信息生态系统的构成要素与公共法律信息服务体系的建构要素是一致的。

最后，信息生态系统的运行机制符合公共法律信息服务的过程属性。信息生态系统的运行依赖于信息生态因子相互之间作用，形成信息生态链并对信息人、信息资源与信息系统之间的关系进行经常动态调整，使得各信息生态因子能够占据合理的信息生态位，从而实现信息在信息生态链上的生产、传播与利用。公共法律信息服务过程具备交互稳定性、系统协调性、循环修复性的属性，信息生态系统的运行机制显然符合公共法律信息服务的过程属性。将信息生态因子融入公共法律信息服务中，促进公共法律信息服务与信息环境的契合，优化公共法律信息服务资源配置，实现公共法律信息服务价值追求。

第四节 新公共服务理论

20世纪七八十年代，西方国家普遍经历了由信息技术革命所带来的社会发展的变革时期。政府在公共服务过程中所面临的现实问题与行政环境，较之以前都发生了较大的变化，突出的一个表现在于社会公众在国家公共管理过程中的角色定位在不断转变。政府的行政管理职能也正在经历着新的时代挑战与机遇，使得各国纷纷致力于开展政府形象重塑行动，以提高政府面向社会公众提供公共服务的能力。在此背景下，以登哈特[1]为代表的学者们基于新公共服务理论从市场与经济学视角提出要重塑政府行政的理念与价值，从而建立了一整套全新的公共服务理论体系。随之，新公共服务理论日益成为公共管理改革的主导理论基础。

一、新公共服务内涵

新公共服务是对新公共管理的补充与完善。新公共服务主要起源于民主社会的公民权理论以及社区和市民社会理论。亚里士多德在《政治学》中首先提出了公民权；学者卢梭把公民界定为把社区利益放在心上的人；学者桑德尔认为政府的存在就是要通过一定的程序使公民能够根据自身利益做出选择；学者金和斯迪沃斯主张公共管理者应当寻求更有效的回应以相应地提高公民的信任度等。以上这些观点为新公共服务提供了理论基础溯源。由此可见，新公共服务强调政府在提供公共服务过程中对于人的价值的尊重，公共服务要以社会公众的需求为指引，以满足社会公

〔1〕［美］珍妮特·V. 登哈特、罗伯特·B. 登哈特：《新公共服务：服务，而不是掌舵》，丁煌译，中国人民大学出版社2014年版，第40~41页。

众对公共服务的特定需求为目标，社会公众应当是现代公共服务的主导核心。因此，新公共服务在内涵上高度关注社会公共利益与公民权利，强调政府行为的公共服务性质，注重政府公共服务对公平与效率的兼顾性质。

二、新公共服务特点

（一）新公共服务对社会公共利益的关注

新公共服务的核心价值理念是追求社会公共利益的最大化。社会公共利益是一种共同的价值目标事业，源于社会公众对共同价值准则的对话协商，关键在于充分保障实现所有公民的参与权。只有当公民参与到政府公共服务过程之中，其对社会公共利益的关注程度才可能会超过对自身利益的关注。通过公共服务不断引导社会公众能够根据社会公共利益去行动，激发社会的公共利益，最终实现每位公民的正当个体利益。

（二）新公共服务对公民权利的关注

新公共服务将社会公众放在公共服务的首位，强调对公民的服务，并将相关权利授予公民。政府在面向社会公众提供公共服务时，要充分尊重与理解公民的现实需求，针对公民的需求与利益积极做出回应。同时，政府在面向社会公众提供公共服务的过程中，要充分保障社会公众的参与性，注重给予社会公众对公共服务的评价与监督以进行积极的互动反馈。

（三）新公共服务对政府行为公共服务性质的强调

新公共服务强调政府在面向社会公众提供公共服务的过程中注重发挥服务功能。政府在提供公共服务时的首要任务应当是帮助社会公众明确表达并实现他们的公共利益与个体权益，而不是去强制性控制与管理。政府在公共服务的过程中应当更多承担服务职能，切实做到“放管服”，以构建一个具有完整性与回应性的公共服务模式。

（四）新公共服务对公平与效率兼顾的注重

新公共服务更多强调关注政府与社会公众之间、社会公众与社会公众之间的信任与合作关系。政府在面向社会公众提供公共服务时，不仅要关注有明确需求的服务对象，还要关注没有明确需求但可能有需要服务的对象，要更多地考虑公平、平等问题。同时，政府在提供公共服务时不仅要注重法定的社会公众利益需求的满足，还要积极回应更加广泛意义上的社会公众利益需求，包括当下的与未来的、显性的与隐性的利益需求，从而注重公共服务对公平与效率的兼顾。

三、新公共服务理论研究适用性

（一）价值目标相似性

新公共服务理论追求的价值目标是公共利益基础上的公平与平等，公共法律信息服务的价值取向在于覆盖城乡、便捷高效、均等普惠。二者在价值目标方面具有显著的相似性，均强调通过公共服务实现社会公平、公正、民主、平等的价值准则，以充分保障与维护社会公众的公共利益。

（二）行为内容相关性

新公共服务理论强调公民对政府公共服务的参与性，公共法律信息服务注重社会公众在公共法律信息服务过程中的互动性。二者在行为内容方面具有显著的相关性。新公共服务理论认为符合公共需要的政策和计划，只有通过集体努力和协作的过程，才能够最有效地、最负责任地得到贯彻执行。为了实现集体的远景目标，在具体的计划实施过程中，需要公民的积极参与以使各方的力量集中到执行过程中去，从而迈向预期的理想目标。在公共法律信息服务过程中，社会公众作为具体的服务对象必然需要参与到公共法律信息服务之中，履行着表达法律信息需求、使用法律信息服务、评价法律信息服务过程与效果的互动职能，其中法律信息服务的过程与效果均强调社会公众在公共服务过程中的主观能动性。

（三）动力驱动一致性

新公共服务理论强调政府在面向社会公众提供公共服务过程中的首要任务是尊重与理解公民对公共服务的现实需求，并积极对公民的需求给予回应。公共法律信息服务同样强调面向社会公众提供公共法律信息服务的前提是充分获取、分析、挖掘服务对象的法律信息需求，并以是否有效满足社会公众的法律信息需求作为衡量、评价公共法律信息服务绩效的重要指标之一。二者在动力驱动方面具有显著的一致性。引发二者的驱动因素均是社会公共利益需求与社会个体利益需求，即社会公众的需求是二者的重要驱动力。

第三章 基于信息生态的公共法律信息服务基本要素与结构

公共法律信息服务的本质是通过公共法律信息服务行为完成法律信息资源在相关信息人之间的流转传递，以满足相关信息人的法律信息需求，实现公共法律信息服务资源的优化配置。这个过程中存在着的相关信息生态因子实际上蕴含着公共法律信息服务的基本要素，即公共法律信息服务主体、对象、客体、内容。其中，属于信息人范畴的包括公共法律信息服务主体与对象，属于信息本体范畴的主要是公共法律信息服务客体，公共法律信息服务内容主要涉及信息本体、信息技术与信息环境等信息生态因子。基本要素之间能动关系的呈现状态构成了公共法律信息服务基本结构。基本结构关联是公共法律信息服务的基本动力，基本结构配置有助于优化公共法律信息服务模式，提升服务绩效。

第一节　公共法律信息服务主体

公共法律信息服务主体属于公共法律信息服务活动中信息人这一信息生态因子，是信息人的基本构成要素之一。公共法律信息服务主体是指在公共法律信息服务过程中提供公共法律信息服务的信息人主体，即公共法律信息服务供给主体。公共法律信息服务的有效供给是公共法律信息服务得以持续展开的前提条件。

从信息人维度来看，公共法律信息服务主体的服务能力与服务意愿，以及服务主体之间权利义务关系的合理配置客观上影响着公共法律信息服务有效供给的实现。

一、公共法律信息服务主体类型

公共法律信息服务供给贯穿于法律信息资源的生产、传播、管理、监督等不同的信息行为之中。按照公共法律信息服务中对信息服务供给行为功能的不同解构，公共法律信息服务主体主要包括信息生产主体、信息组织主体、信息传播主体、信息监管主体。

（一）信息生产主体

公共法律信息服务中的信息生产主体主要是指生产、提供公共法律信息服务所必需的法律信息资源的信息供给主体，包括生产、提供零次法律信息或者具有创新特征的一次、二次法律信息资源。在现有国家法治体系下，法律是由立法机关行使国家立法权，依照法定程序制定、修改并颁布，并由国家强制力保证实施的行为规范体系。因此，公共法律信息服务中的信息生产主体是依法履行国家治理职责的政府机构，主要包括国家立法机关与司法机关，比如全国人大及其常委会、人民法院、人民检察院等相关主体。在公共法律信息服务过程中，法律信息资源的生产是整个信息服务生态循环的基础。信息生产主体影响着公共法律信息服务行为的起点，发挥着向公共法律信息服务不断输入法律信息资源的基本功能，具有显著的公权力性质，从而保证了公共法律信息服务的公益性属性。

（二）信息组织主体

公共法律信息服务中的信息组织主体主要是指运用现代信息技术收集、加工、聚合、保存法律信息资源，实现法律信息资源的有序化，并及时、动态地筛选、删除失去时效的、错误的、虚假的、不安全的信息资源，以便于社会公众或者服务对象（用户）获取与利用的专业机构或专业人员。在我国现代公共法律服务体系下，随着公共法律信息服务朝着社会化、专业化、市场化方向发展，公共法律信息服务信息组织主体越来越多元化，包括政府机关、市场机构以及社会组织在内的有能力、有意愿参与提供公共法律信息服务的主体。比如，政府及公检法机关、法律服务商业数据库、社会法律服务机构、公共图书馆、高校图书馆以及法律图书馆等专业机构。在公共法律信息服务过程中，法律信息资源的组织发挥着不可或缺的保障功能，承担着将丰富无序的法律信息资源进行载体转换、结构变换、浓缩综合以实现有序化管理的职责。公共法律信息服务信息组织主体是公共法律信息服务行为的必要支撑点，发挥着不断提供有序化法律信息资源的基本功能，具有显著的多元化性质。

（三）信息传播主体

公共法律信息服务中的信息传播主体主要是指运用一定信息通道载体实现法律信息资源传播的各种媒介及信息技术人员。随着信息时代的飞速发展，法律信息资源日益呈现多元化态势，法律信息传播的载体相应也越来越多样化，除了传统的电视、广播、报纸等传播载体之外，互联网等新媒体成为现代法律信息传播的重要介质。同时，社会公众对法律信息资源的需求层次不断提升，这对法律信息的传播提出了更高的要求。法律应当尽可能地融入公众的现实生活中去，因此公共法律信息服务信息传播主体在传播法律信息资源时，应当遵循平等友好的传播原则，在平等语境下顺应社会公众偏好进行法律信息传播，增强法律语言的易读性，促使社会公众在接近法律信息的基础上自觉学习法律、遵守法律。同时，法律信息传播应当逐渐由义务本位向权利本位转变，以平等沟通和交流的互动方式实现法律信息的自由传播，不断促使法律信息传播所凸显出的价值取向与人们的生活理念相一致，从而发挥公共法律信息服务对人们社会行为潜移默化的教化功能。公共法律信息服务信息传播主体是公共法律信息服务行为的关键联结点，其依赖于法律信息公开保障着公共法律信息服务过程中法律信息资源的真实性、可靠性、准确性、安全性和时效性等属性。

（四）信息监管主体

公共法律信息服务中的信息监管主体主要是指以保障公共法律信息服务活动规范、有序地运行为目的，对公共法律信息服务行为履行相应的质量控制、过程管理、评价监督职能的机构、组织或个人。公共法律信息服务信息监管主体及其权利义务在相应的公共法律信息服务内外部信息环境中生成。比如，订立相应的信息法律法规政策、实施信息行为管理的相关国家机关及其工作人员；进行公共法律信息服务绩效评价的相关国家机关、社会机构及其工作人员等。同时，根据不同的公共法律信息服务模式，信息监管主体会有所不同，也可以包含社会公众或服务对象（用户）对公共法律信息服务满意度的评价。信息监管主体主要承担着对公共法律信息服务的过程与结果进行动态监督、客观评价、即时反馈的监管职能，是公共法律信息服务行为的必需辅助点，其依赖于公共法律信息服务所处的信息环境，保障着公共法律信息服务过程与结果的有效性，是促进公共法律信息服务不断改进、优化的持续性内外部拉动力。

二、公共法律信息服务主体关系

在公共法律信息服务过程中，信息生产主体、信息组织主体、信息传播主体以及信息监管主体通过释放、发挥各自在公共法律信息服务供给行为中的功能与作用，相互支持、配合、制约、影响，共同履行着公共法律信息服务供给的使命。在供给公共法律信息服务的活动中，各种不同类型的信息服务供给主体之间基于公共法律信息服务供给行为形成了多元合作供给服务的关系，这种多元合作供给服务关系有利于合理优化配置各信息服务供给主体之间的权利义务关系，从而保障公共法律信息服务的有效供给能力。

公共法律信息服务作为公共法律服务体系的重要组成部分，是国家和社会治理过程中的重要运行方式与手段。在国家社会治理领域里，随着新公共服务理论的不断普及引入，现代公共服务理念发生了重要转变。新公共服务理论提出只有通过集体努力和协作才能有效执行符合公共需求的政策或计划，强调了公民的参与性，建立了一种更加关注民主价值与公共利益的公共服务理论。在此理论影响下，政府在公共服务过程中的作用逐渐由管理内生性职能向服务内生性职能转变，越来越强调公共服务对社会公共利益与个体利益的兼顾性，注重公共服务过程中结果公平与效率的结合性，关注公共服务公共性与营利性属性的协调性。而公共法律信息服务属于现代基本公共服务的范畴，在融入社会共治活动的过程中也随之呈现出社会化、专业化、市场化的发展趋势，越来越多的政府机关、社会组织、市场机构等信息服务主体积极参与到公共法律信息服务中。作为公共法律信息服务活动中的利益相关者，各信息服务供给主体相互配合、互相促进，形成了政府、市场、社会多元合作的公共法律信息服务供给关系，详见图 3-1：

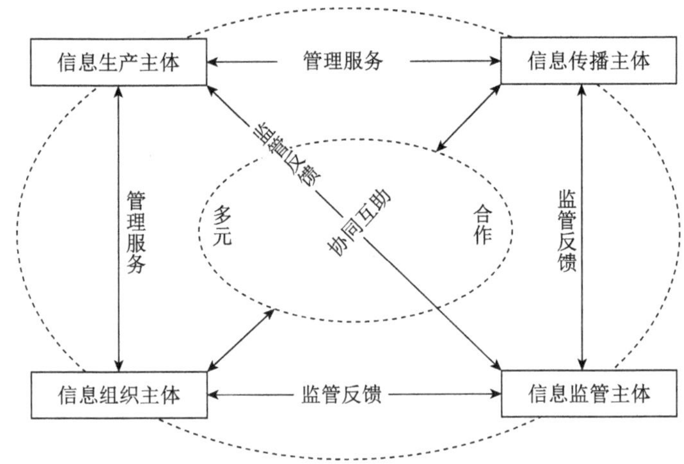

图 3-1　公共法律信息服务主体关系

由图 3-1 主体关系模型可见，基于利益相关者的视角，四种类型的公共法律信息服务主体两两之间对应存在着六个多元合作的供给服务关系，具体归纳表现为三种信息服务主体关系，即在公共法律信息服务过程中信息生产主体与信息组织主体、信息传播主体之间的管理服务关系，信息组织主体与信息传播主体之间的协同互助关系，信息监管主体与信息生产主体、信息组织主体、信息传播主体之间的监管反馈关系。

（一）管理服务关系

在公共法律信息服务供给过程中，信息生产主体与信息组织主体、信息生产主体与信息传播主体之间形成了互为管理与被管理、服务与被服务的关系。由于公共法律信息服务的公共属性，信息生产主体是依法履行国家治理职责的政府机构即国家立法机关与司法机关，这类信息服务主体在关系中处于提供管理与服务的位置，通过充分保障法律信息公开以实现公共法律信息资源的共享，从而给信息组织主体与信息传播主体提供准确、丰富的法律信息资源；信息组织主体与信息传播主体对应地在关系中处于被管理、接受信息供给服务与提供信息组织、传播服务的位置，这类信息服务主体往往具有较强的信息组织开发、传播利用等信息加工、处理能力，具备更为专业化的公共信息服务能力，拥有先进的信息技术以完成法律信息资源的有序化整合，从而能够有力地保障公共法律信息服务的专业性。实践中，信息生产主体与信息组织主体、信息生产主体与信息传播主体之间的管理与服务关系往往体现为政府与相关市场机构、社会组织之间的委托、购买服务，比如政府委托或购买法律商业数据库商或者公共图书馆、法律图书馆、高校图书馆等社会公益性法律服务机构组织向社会公众或者特定服务对象（用户）提供公共法律信息服务。公共法律信息服务主体之间管理与服务关系的实现在一定程度上有效保障了公共法律信息服务的公共性与专业性。

（二）协同互助关系

在公共法律信息服务供给过程中，信息组织主体与信息传播主体之间形成了相互协调、互助互促的关系。德国科学家哈肯在1971 年发表了统一的系统协同学观点，提出人类社会各种事物之间普遍存在着有序与无序的状态，这种有序与无序状态在一定条件作用下会相互转化的普遍规律。信息服务主体间协同互助的关系实际上反映了法律信息资源开发利用的行为规律，即法律信息资源的有效传播与收集、加工、聚合、保存、序化行为之间能动关联的规律。具体表现在为了实现公共法律信息服务有效供给的同一目标，法律信息传播与法律信息组织行为之间协同互助的过程与能力。法律信息资源组织是法律信息资源有效传播的前提和基础保障，法律信息资源有效传播是法律信息资源组织的目标与状态展现。这种协同互助过程与能力的实现很大程度上依赖于现代科学信息技术的支撑。在公共法律信息服务过程中，法律信息资源传播与法律信息资源组织通过法律信息技术的贯穿、融入极大地增强了相互之间协调、协作、促进的能力与效果，从而形成了公共法律信息服务有效供给的协同拉动力。在不断优化法律信息传播、法律信息组织效果的同时，也整体上增进了公共法律信息服务的有效供给力。同时，信息服务主体间协同互助关系的实现离不开信息环境里相关信息服务规范、标准的统一性。科学、合理的公共法律信息服务规范与标准能够让信息组织主体和信息传播主体的行为协同有章可循，实现法律信息组织与传播的规范化、标准化、协同化。公共法律信息服务主体之间协同与互助关系的实现在一定程度上有效保障了公共法律信息服务的稳定性与融合性。

（三）监管反馈关系

在公共法律信息服务供给过程中，信息监管主体与信息生产主体、信息组织主体、信息传播主体之间形成了监督管理、评价反馈的相互关系。其中，信息监管主体在监管反馈关系中占据监管与反馈的位置，依据相关法律法规政策或合同规范对公共法律信息服务的过程与结果履行监督、管理、评价与反馈的职能；而在这个监督反馈关系中的信息生产主体、信息组织主体和信息传播主体则相对应地位于被监管与反馈的位置，即这三类信息服务主体的信息服务行为依法、依规、依约受到信息监管主体的监督、管理、评价，并对评价结果与建议积极给予反馈回应。信息服务主体间监管反馈关系的实现主要依赖于公共法律信息服务信息环境的滋养，包括公共法律信息服务的内部信息环境与外部信息环境的状态。其中，公共法律信息服务内部信息环境对信息服务主体间监管反馈关系的支持主要是通过建立、健全相关公共法律信息服务体制机制实现的；公共法律信息服务外部信息环境对信息服务主体间监管反馈关系的支持主要是通过颁行、实施相关公共法律信息服务法律法规政策完成的。信息服务主体间监管反馈关系的关键在于明确相关主体监管、评价的权利义务，防止监管反馈流于形式。可以说，信息服务主体间监管反馈关系客观上影响着公共法律信息服务的绩效，在一定程度上反映了社会公众或者特定服务对象（用户）对于公共法律信息服务效果的体验性与满意度，体现了社会公众在公共法律信息服务过程中的参与性和互动性，符合社会共治理念的需求，是公共法律信息服务循环链的重要节点，发挥着承上启下的联结作用。公共法律信息服务主体之间监管与反馈关系的实现在一定程度上有效保障了公共法律信息服务的持续性与效率性。

三、公共法律信息服务主体属性

公共法律信息服务主体属性是指在公共法律信息服务过程中，各信息服务主体自身所具备能力与行为的性质特征，主要表现为公共法律信息服务主体的服务能力水平与服务意愿态度。从信息人生态因子的功能角度看，公共法律信息服务主体属性在一定程度上正向影响着公共法律信息服务供给的有效性，即公共法律信息服务主体的服务能力水平越高，服务意愿越强烈，服务态度越好，那么公共法律信息服务供给的有效性就越好。

第一，公共法律信息服务主体的服务能力水平主要体现在信息服务主体的专业技术知识、业务协调技能以及服务认知程度等方面。首先，公共法律信息服务主体具备提供公共法律信息服务所必需的系统、深厚的专业知识与娴熟、规范的技术能力，服务行为符合专业标准与技术规范要求。其次，公共法律信息服务主体在提供服务过程中能够有效协调各服务平台资源，善于综合运用各种法律信息资源，具备良好的服务协同能力。最后，公共法律信息服务主体经过有效沟通，能够对服务对象（用户）的法律信息需求、偏好进行客观的分析与熟练的把握。

第二，公共法律信息服务主体的服务意愿态度集中表现为信息服务主体的服务主观能动性、服务理念以及服务信用度等维度。首先，公共法律信息服务主体具有强烈的服务意愿，能够发挥公共信息服务主观能动性，积极、主动、热情、耐心地提供法律信息服务，同时具备强烈的责任意识，切实做到“首问负责”。其次，公共法律信息服务主体在提供服务时能够体现“以人为本”的服务理念，不断创新服务方式与手段，致力于提升服务过程的体验舒适度。最后，公共法律信息服务主体在提供服务时能够做到诚实守信，切实履行服务合同，服务中无不诚信、恶意损害他人合法信息权利与社会公共利益的行为记录，能够始终遵守信息管理相关的法律法规，尊重信息伦理规范，工作业绩评价上所体现的服务信誉良好，具有较好的信息服务公信力。

由上述分析可见，信息人生态因子功能视角下公共法律信息服务主体属性的呈现状态本质上反映了公共法律信息服务的专业化程度，体现了公共法律信息服务的价值取向即提供“以用户为中心”的公共法律信息服务。

第二节　公共法律信息服务对象

公共法律信息服务对象是公共法律信息服务活动中信息消费者这一信息生态因子，主要是指在公共法律信息服务过程中接受、使用公共法律信息服务的信息人主体，即公共法律信息服务供给对象。公共法律信息服务对象通过对序化的法律信息资源进行分析利用，挖掘法律知识，实现法律信息资源效益的最大化。实践中，公共法律信息服务对象包括不特定的社会公众与特定的服务对象（用户）。从信息人维度来看，公共法律信息服务对象的法律信息素养、法律信息需求以及对公共法律信息服务的信任客观上影响着公共法律信息服务的效果。

一、公共法律信息服务对象类型

根据公共法律信息服务实践中存在的相关公共法律信息服务对象的不同特征，公共法律信息服务对象主要包括不特定的社会公众、特定的服务对象（用户）两种基本类型。

（一）不特定的社会公众

不特定的社会公众是公共法律信息服务最广泛、最基础的服务对象，在公共法律信息服务中具备典型的不特定性、多样性。这类服务对象主要集中在基本型公共法律信息服务活动中，比如法律信息普及服务、法律信息教育服务、法律信息咨询服务以及学术研究支持服务中所涉及的基本型公共法律信息服务对象群体。同时，不特定的社会公众这一公共法律信息服务对象还包括了一些服务的特殊群体，主要是相对弱势社会群体对象。一般情况下，不特定的社会公众往往表现为被动地接受公共法律信息服务，比如普法宣传与教育活动。由此，不特定的社会公众作为公共法律信息服务的基础服务对象，本质上反映了公共法律信息服务对人民群众日益增长的法律服务需求的积极回应，体现了我国公共法律信息服务的均等普惠性价值。

（二）特定的服务对象（用户）

特定的服务对象（用户）是公共法律信息服务针对性的服务对象，在公共法律信息服务中具备典型的特定性、精准性。这类服务对象主要是发展型公共法律信息服务的使用者与接受者，尤其是法律信息咨询服务、学术研究支持服务、法律信息普及服务以及法律信息教育服务中所涉及的发展型公共法律信息服务对象群体。实践中，公共法律信息服务的特定的服务对象（用户）主要包括：①需要使用公共法律信息服务以满足司法、行政工作需求的相关国家机关工作人员。比如，人民法院与人民检察院等司法工作人员；政府、公安机关、行政执法局等行政工作人员。②需要使用公共法律信息服务以满足商业服务、学习工作事务需求的相关企事业单位工作人员。比如，公司、企业法务人员、律师等。③需要使用公共法律信息服务以满足学习、科研需求的相关研究人员、教师与学生群体。④需要使用公共法律信息服务以满足个人生活、工作法律信息需求的社会个体。特定的服务对象（用户）作为公共法律信息服务的精准服务对象，客观上强调了公共法律信息服务的个性化与智慧化发展趋势，体现了我国公共法律信息服务的高效精准性价值。

二、公共法律信息服务对象属性

公共法律信息服务对象属性是指在公共法律信息服务过程中，各信息服务对象自身所具备能力与行为的性质特征，主要表现为公共法律信息服务对象的法律信息素养、法律信息需求以及对公共法律信息服务的信任。从信息人生态因子功能视角看，公共法律信息服务对象属性在一定程度上正向影响着公共法律信息服务的绩效，即公共法律信息服务对象的法律信息素养越好，法律信息需求表达越清晰、对公共法律信息服务的信任度越高，那么公共法律信息服务的绩效就会越好。

第一，公共法律信息服务对象的法律信息素养主要表现为信息服务对象的法律信息意识与法律信息能力等方面。首先，公共法律信息服务对象自身具备较好的法律信息意识，有较强的法律信息感受力，明确自己法律信息需求的内容与范围。其次，公共法律信息服务对象自身具有较强的法律信息能力，熟练使用相关信息技术和信息工具，能够有效检索法律信息、甄别法律信息、利用法律信息，对检索到的法律信息资源进行分类、表达和分析，同时能够将所需要的法律信息与需要解决的问题相结合关联。

第二，公共法律信息服务对象的法律信息需求是公共法律信息服务对象接受、使用公共法律信息服务的原生动力。随着国家推进“法治政府、法治社会、法治国家”建设，信息服务对象的法律信息需求越来越高，不仅是对法律信息资源的需求，更是法律信息资源获取方式的便利。另外，信息服务对象的法律信息需求需要清晰、明确、准确地表达出来。法律信息需求源于现实需要，包括现实的法律信息需求与潜在的法律信息需求。现实的法律信息需求能以提问的形式表现出来，容易被识别，而潜在的法律信息需求虽被意识到了但还没有或无法用语言准确表述，需要在公共法律信息服务过程中由相关服务主体挖掘、表示出来。那么，法律信息需求的主动表达与被动表示对公共法律信息服务的效果有着十分重要的影响。

第三，公共法律信息服务对象对公共法律信息服务的信任主要体现在主动接受或使用公共法律信息服务、依赖公共法律信息服务、对公共法律信息服务的满意度等方面。首先，公共法律信息服务对象使用公共法律信息服务的意愿强烈，积极主动地使用公共法律信息服务来解决问题，并积极向他人推荐使用公共法律信息服务。其次，公共法律信息服务对象习惯性通过使用公共法律信息服务解决、处理问题，救济权利，降低法律风险。最后，公共法律信息服务对象在使用服务过程中没有信息隐私忧虑，对服务过程与效果的接受与认可度高，且使用服务后自身法律信息需求得到有效满足，个人生活、研究或工作绩效得以显著提升。

综上所述，信息人生态因子功能视角下公共法律信息服务对象属性本身也是公共法律信息服务所追寻的服务效果目标，体现了公共法律信息服务以用户体验与感知为核心导向的基本原则。

第三节　公共法律信息服务客体

哲学意义上的客体是指在一定社会历史条件下，人的实践与认识活动所指向的客观存在。这种客观存在首先具有客观性，不以人的主观意志为转移，其次具有对象性，通过与主体发生具体联系成为实践的指向存在。借鉴这个概念，本书将公共法律信息服务客体定义为公共法律信息服务行为承载的权利义务所指向的客观利益存在。具体而言，公共法律信息服务客体可以被理解为凝聚在法律信息资源之中，并通过实施公共法律信息服务行为所要实现与保护的价值目标。它是公共法律信息服务行为的客观结果，是公共法律信息服务行为所造就的客观状态。参照新公共服务理论指引下社会公共信息服务的价值目标，公共法律信息服务客体具体表现为公共法律信息服务所实现的社会公共法治利益、社会个体法律权益两方面的客观利益存在。

一、社会公共法治利益

公共法律信息服务的公共性与公益性决定了公共法律信息服务的基本价值取向是要通过提供公共法律信息服务，激发法律对社会行为的教育、评价、指引、预测功能的发挥，从而实现社会公共法治利益最大化。

具体而言，公共法律信息服务旨在发挥法律对社会行为的评价功能，在一定程度上有效促进社会犯罪率的降低；发挥法律对社会行为的教育功能，在一定程度上提升社会普法率；发挥法律对社会行为的预测功能，在一定程度上促使诉讼率的降低；发挥法律对社会行为的指引功能，在一定程度上提升社会纠纷化解率。与此同时，通过公共法律信息服务促进公共法律服务均等普惠价值取向的实现，实现公众使用公共法律信息服务利益最大化，改善社会公众与国家公共服务之间的信任关系，有效提升社会法治化水平，强化公众的法律意识，提升社会治理的法治化水平，强化法律的公信力。

社会公共法治利益作为公共法律信息服务客体之一，体现了公共法律信息服务价值目标与国家法治目标的高度统一，揭示了公共法律信息服务在建设法治政府、法治社会、法治国家过程中的积极参与性和促进性。

二、社会个体法律权益

公共法律信息服务对相关信息人法律信息需求的关注性与满足性决定了公共法律信息服务的功能价值取向是要通过提供公共法律信息服务，促进法律对个体权利义务的配置功能的发挥，从而实现对社会个体法律权益的保障。

相关信息人接受、使用公共法律信息服务的前提是由于社会现实生活所带来的法律信息需求的存在。法律信息需求本质上反映了相关信息人的社会行为所指向的具体法律关系的存续状态。依据我国现行法律规范体系，相关信息人的社会行为所指向的具体法律关系主要包括民事法律关系、行政合同关系以及刑事法律关系。这些法律关系存在于具体的社会行为中，比如合同行为、知识产权行为、违法犯罪行为、抚养赡养行为等民生领域。这些社会行为与法律关系均包含于法律信息需求之中。那么，随着公共法律信息服务对相关信息人法律信息需求的满足，在一定程度上有利于增强对相应的社会个体法律权益的保护，发挥公共法律信息服务的辅助救济性功能。

与此同时，社会个体法律权益还包括公共法律信息服务对公民知情权的尊重与保护。美国在二战前首先提出知情权的概念，二战后美国联邦最高法院通过判例确认了知情权；1946 年联合国大会通过第 59（1）号决议将知情权列为基本人权之一；1949 年联邦德国基本法首先在宪法中明确规定了知情权；美国国会则于 1966 年制定了《情报自由法》，后于 1976 年制定了《阳光下的政府法》，强调了公民知情权；中国作为《世界人权宣言》《公民权利及政治权利国际公约》等的缔约国之一，以宪法赋予了公民知情权，明确知情权是公民对国家的权利，包括寻求获取立法机关、司法机关、行政机关所掌握信息的权利。知情权即信息权，是指知悉、获取信息的自由与权利，是政治民主化的必然要求和结果。公共法律信息服务对公民知情权的尊重与保护主要表现在对公民知政权的保障，知政权是指公民依法享有知悉国家事务、政府行为、国家机关工作人员的活动，了解国家政策、法律、法规的权利。

社会公共法治利益与社会个体法律权益共同构成了公共法律信息服务的客体，从宏观与微观层面上体现了公共法律信息服务的价值目标追求。

第四节　公共法律信息服务内容

在信息生态因子视角下，公共法律信息服务的内容受到诸多信息生态因子作用的影响。比如，不同类型的公共法律信息服务塑造了公共法律信息服务内容的多样性；不同层次的法律信息需求带来了公共法律信息服务内容的针对性；信息环境的成熟指引了公共法律信息服务内容的方向性与时效性；信息技术的更新增强了公共法律信息服务内容的精准性与智慧性。公共法律信息服务过程中各信息生态因子之间的客观关联关系，形成了公共法律信息服务内容的内在逻辑与外在场景。因此，探讨公共法律信息服务内容的逻辑与场景问题对于优化公共法律信息服务的内容具有重要的理论实践意义。逻辑性有利于促进公共法律信息服务内容的整合，场景力有助于强化公共法律信息服务内容的融合。

一、公共法律信息服务内容逻辑

借鉴相关信息服务理论，公共法律信息服务内容逻辑主要是指法律信息需求与法律信息服务行为引导下的公共法律信息服务循环链。这种信息服务循环链蕴含着公共法律信息服务过程中客观存在着的法律信息传播、法律信息交互、法律信息增值的逻辑关联。

基于法律信息传播、法律信息交互、法律信息增值的逻辑关联，公共法律信息服务内容逻辑具体表现在法律信息资源组织、法律信息资源传递、法律信息资源利用等法律信息行为之中。其中，贯穿于公共法律信息服务内容逻辑链条的关键核心因素是相关信息人的法律信息需求。

第一，公共法律信息服务内容逻辑的触发点是不特定的社会公众或特定的服务对象（用户）的法律信息需求。这是新公共服务理念支持下以需求为导向的公共信息服务的必然要求。不特定的社会公众或特定的服务对象（用户）的法律信息需求决定着公共法律信息服务内容与类型的选择。比如，以知悉、了解、学习为目标的法律信息需求可能会触发启动法律信息普及服务、法律信息教育服务；以分析、解决、预测、科研为目标的法律信息需求更可能会触发启动法律信息资源服务、学术研究支持服务。

第二，公共法律信息服务内容逻辑的起点是法律信息资源组织。法律信息资源组织以法律信息公开为前提，收集、筛选、存贮、序化、提炼附着于多样化载体上的原始法律信息资源，将其转化为系统、可用、规范、专业的法律信息资源。这一过程是公共法律信息服务得以进一步展开的重要资源基础保障，在某种程度上制约着公共法律信息服务的层次与效果。

第三，公共法律信息服务内容逻辑的动点是法律信息资源传递。法律信息资源传递的目的是促进法律信息资源的有效交流互动，增进信息流动的活力，从而给公共法律信息服务注入源源不断的动力。公共法律信息服务主体灵活运用多种信息传递技术与方法，完成法律信息资源的有效传播，实现法律信息资源的可及性与易理解性，以激发相关信息人进一步获取、利用法律信息资源的意愿和行为，使用意愿和行为的产生又继而触发公共法律信息服务的行为。

第四，公共法律信息服务内容逻辑的终点是法律信息资源利用。法律信息资源利用是公共法律信息服务行为的归宿。社会公众或特定服务对象（用户）接受、使用公共法律信息服务的出发点和落脚点都是为了通过利用法律信息资源解决涉及自身相关法律关系的具体问题。公共法律信息服务通过研究法律信息需求、组织传递法律信息资源，最终实现法律信息资源的有效利用，完成法律信息资源的增值。

综上所述，公共法律信息服务内容逻辑，如图 3–2 所示：

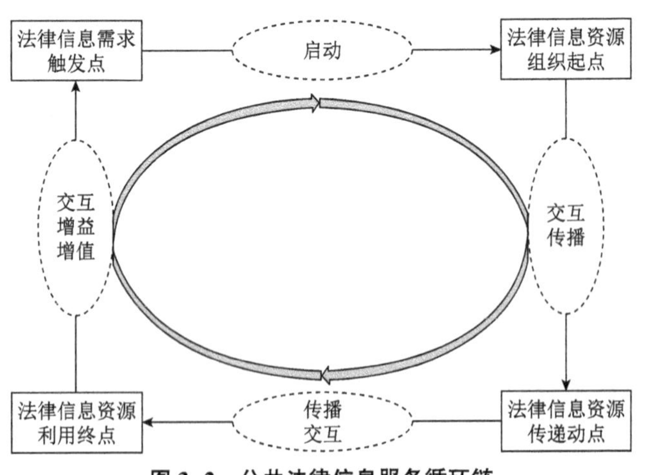

图 3–2　公共法律信息服务循环链

二、公共法律信息服务内容场景

公共法律信息服务内容场景主要是指信息技术与信息环境融入下的公共法律信息服务情境反映。这种情境反映是公共法律信息服务对信息技术、信息环境不断融入、刺激的一种解释、调整与反应。实际上，公共法律信息服务内容场景探讨的是信息技术、信息环境等主要信息生态因子与公共法律信息服务的能动关系。

（一）公共法律信息服务内容对于信息技术融入情境反映

现代信息技术的飞速发展使得大数据技术、人文计算方法等成为推动公共法律信息服务实践的重要手段。大数据等相关法律信息技术对公共法律信息服务的持续融入，客观上实现了对公共法律信息需求的精准分析，进而通过数据关联对公共法律信息服务的有效供给产生着不可忽视的积极影响作用。实践中，公共法律信息服务领域也积极地做了一些回应，比如，智慧司法、智慧法务等。面对信息技术不断融入公共信息服务的情境，公共法律信息服务必须关注法律信息技术运用所带来的服务领域的变革，强化公共法律信息服务智慧性，拓展公共法律信息服务的深度，合理配置基本型公共法律信息服务与发展型公共法律信息服务资源。

（二）公共法律信息服务内容对于信息环境融入情境反映

首先，从宏观信息环境的视角来看，国家实施了建设现代化治理体系与治理能力的战略，在公共信息服务领域提出“放管服”改革以促进社会共治的实现。在此背景下，公共法律信息服务作为公共信息服务的一部分，其服务主体边界、服务内容边界、服务载体边界、服务时空边界、服务影响力边界等均面临着新的变化，呈现出服务主体多元化、服务行为协同化特征。那么，这就需要公共法律信息服务对此积极做出调整与反应，不断提升公共法律信息服务的适配性、服务内容的融合性，增强社会公众对于公共法律信息服务的信任度与利用率。其次，从微观信息环境的视角来看，公共法律服务的实践中公共法律信息服务资源分布的不均衡，公共法律信息服务的有效供给不充分、不平衡，社会公众对于公共法律信息服务过程中的信息公平、机会均等、精准高效的需求日益凸显，公共法律信息服务存在服务碎片化、低阶化、单一化等客观状态。那么，这就需要公共法律信息服务紧密贴合国家提出的构建“覆盖城乡、便捷高效、均等普惠”的公共法律服务体系的战略目标，不断强化公共法律信息服务的开放共享性，提升发展型公共法律信息服务的增益性与智慧性。

由此可见，在现代信息技术、信息环境不断融入的情境下，公共法律信息服务内容场景正在面临着机遇与挑战。公共法律信息服务应当对新的情境积极地做出回应，有效整合与融合信息资源、信息技术、信息需求、信息制度等信息生态因子要素，不断创新服务理念与过程，提升公共法律信息服务的绩效。

第五节　公共法律信息服务基本结构

信息生态视角下公共法律信息服务基本结构是指在特定社会时空里，以用户为核心，以法律信息需求为驱动，由信息人、法律信息资源、法律信息技术、信息环境相互作用组成的，基于公共法律信息服务主体、对象、客体、内容基本要素形成的有机整体。其强调人、行为、技术、价值在信息环境里相互融合、互相作用的能动关系，是基本要素之间能动关系的动态呈现状态。

一、公共法律信息服务基本结构呈现

信息生态因子在公共法律信息服务行为中形成需求、供应、

反馈、调节的共生链关系，构成公共法律信息服务基本结构。信息人主要涉及法律信息生产主体、信息组织主体、信息传播主体、信息监管主体与信息消费主体及其属性，包括法律信息素养、法律信息需求以及对公共法律信息服务的信任等；法律信息资源涉及多源异构的法律信息与附着其上的服务行为，包括法律信息普及、法律信息教育、法律信息咨询、学术研究支持；法律信息技术涉及信息搜集、存储、组织、传递、整合、利用等现代信息技术；信息环境包括内部信息环境与外部信息环境。鉴于此，公共法律信息服务基本结构呈现，如图 3-3 所示：

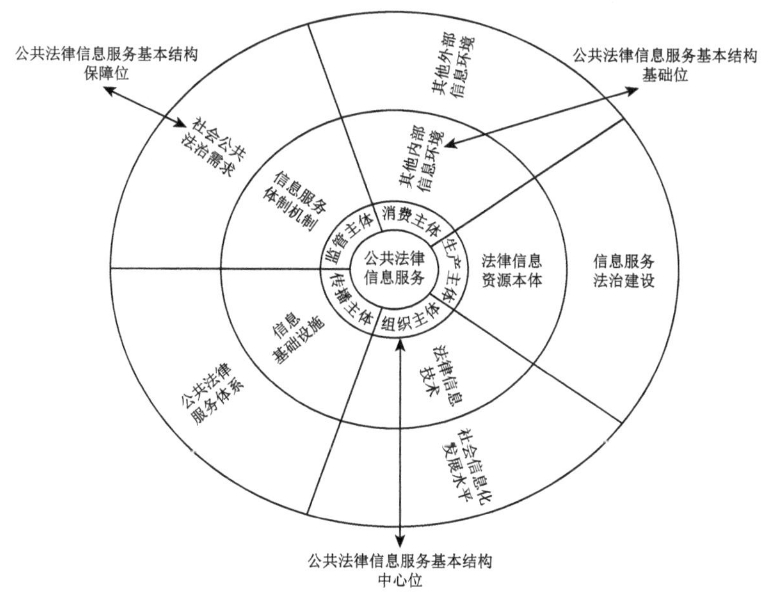

图 3-3　信息生态视角下公共法律信息服务基本结构

首先，位于公共法律信息服务基本结构中心位置的是信息人主体群，即基本结构中心位，是公共法律信息服务的主导力量，基于法律信息资源，依托信息技术，履行各自信息行为，推动法律信息资源生产、组织、传递、利用、评价与反馈。信息人法律信息素养、法律信息需求以及对公共法律信息服务的信任等个人属性影响基本结构功能的发挥；同时由于服务公共性与公益性价值取向，法律信息生产主体、消费主体在基本结构中的位置相对较核心，发挥着重要引导作用。

其次，位于公共法律信息服务基本结构基础位置的是信息人主体群释放主导作用的内部支持信息环境群，即基本结构基础位，包括法律信息资源本体、法律信息技术、信息基础设施、信息服务体制机制等内部信息环境要素，为公共法律信息服务运行提供基础环境保障。

最后，位于公共法律信息服务基本结构保障位置的是影响公共法律信息服务的外部信息环境，即基本结构保障位，主要包括信息服务法治建设、社会信息化发展水平、公共法律服务体系、社会公共法治需求等外部信息环境要素。

公共法律信息服务基本结构中心位、基础位、保障位相互作用、互相关联，支撑、承载着公共法律信息服务的主体、对象、客体、内容基本要素功能的发挥。

二、公共法律信息服务基本结构关联

借鉴信息生态链概念，基本结构关联是对公共法律信息服务过程中各信息生态因子关系的描述，由信息人、法律信息、信息环境组成。基本结构以信息人为主导，以法律信息流动为关联，在信息环境的相互影响下实现服务目标。基本结构关联是公共法律信息服务的基本动力，通过优化信息环境，规范信息流动，协调信息人主体信息行为。

本书借鉴社会网络分析方法探讨基本结构关联。社会网络分析（Social Network Analysis，SNA）是由社会理论和应用与形式数学、统计学和计算方法论等多学科有机结合而形成的定量分析方法，是对社会关系结构及其属性加以分析的一套方法和规范。SNA 的研究思路在于量化分析不同社会单位所构成的关系的结构及其属性，通过研究隐藏在复杂社会系统表征下的网络模式来揭示和描述社会关系的潜在结构，从行动者间及社会因素内部关系模式的规律性来发现和理解社会结构。因此，SNA 方法可以用来探究基本结构中信息人节点内生属性，发现基本结构关联特征。根据 SNA 方法，作为基本结构关联节点的信息人属性即信息素养、信息需求、个人身份识别信息等会影响基本结构关联节点内生属性，比如节点度、节点中心度、节点中介度等，可以分别用公式 3-1、公式 3-2、公式 3-3（Stenley，2011）[1]来进行测度。

首先，节点度表示该节点与其他节点直接连接的数量，根据信息流动的方向区分为入度与出度，在一定程度上体现了信息的扩展性。借鉴社会网络分析方法中关于点度中心度的概念来测算信息生态链节点度。

点度中心度主要用于测量特定节点的活动性，用网络中与该节点之间有联系的点的数量来计算，计算公式 3-1 如下：

$$C_D(k) = \sum_{i=1}^{n} a(i, k) \qquad \text{（公式 3-1）}$$

其中，n 代表信息生态链中节点的总数，$a(i, k)$ 表示二进制变量，指示节点 i 和节点 k 之间是否存在链路。点度中心度值越高，表明该节点在信息生态链中的影响力越高。

其次，节点中心度是指该节点在信息生态链的网络结构中所处中心的程度，中心度越高表示越重要或居于垄断中心，但也会

[1] Stenley W. , Katheinef, *Social Network Analysis: Method and Application*, Renmin University of China Press, 2011, pp. 131-139.

导致信息过载的出现。借鉴社会网络分析方法中关于接近中心度的概念来测算信息生态链节点中心度。

接近中心度主要用于测量某特定节点与网络中其他所有节点之间测地线长度的总和。接近中心度计算公式 3-2 如下：

$$C_C(n_i) = \frac{1}{\sum_{j=1}^{g} d(n_i, n_j)} \quad \text{（公式 3-2）}$$

其中 $d(n_i, n_j)$ 表示连接节点 i 和节点 j 的最短路径的条数。接近中心度的值越低，表示该节点在信息生态链中直接影响其他节点的程度越高，其在信息生态链中的位置越重要，发挥着核心影响作用。

最后，节点中介度表示该节点与彼此间无连接关系的节点直接连接的程度，体现了信息流的控制力和解读力。借鉴社会网络分析方法中关于中间中心度的概念来测算信息生态链节点中介度。

中间中心度用于测量某节点对网络中任意 2 个节点之间最短距离的中介影响程度，计算公式 3-3 如下：

$$C_B(n_i) = \sum_{j<k} g_{jk}(n_j)/g_{jk} \quad \text{（公式 3-3）}$$

其中 g_{jk} 是节点 j 与节点 k 之间最短距离的个数，$g_{jk}(n_i)$ 是节点 j 与节点 k 之间经过节点 i 的最短距离的个数。中间中心度值越高，表示该节点在信息生态链中发挥着重要的中介沟通作用。

公共法律信息服务强调对法律信息需求的关注，注重服务过程的互动与反馈。根据 SNA 方法与信息生态链节点间关系，基本结构关联多为无向关系链。信息人如果对服务较满意，可以推荐给他人使用，从而基于节点间关系传递性形成新的连接关系。另外，具有共同法律信息需求或者兴趣爱好的信息人可能会基于节点的同嗜性与互惠性形成连接关系，加速法律信息传播与共享，扩大公共法律信息服务社会影响力。因此，本书认为公共法律信息服务基本结构呈现多元网络型关联。

在多元网络型关联中，信息人节点主体之间基于不同内容、各种类型、不同方式的法律信息服务行为相互交错形成纵横交叉的信息流。各信息人主体基于多元网络型信息链展开相应信息行为，促使基本结构发挥提供法律信息资源、回应法律信息需求、提供法律信息咨询、开展法律信息普及与教育、完成沟通交流互动等多种公共法律信息服务的功能。

三、公共法律信息服务基本结构配置

借鉴信息生态位理论，基本结构配置是指参与公共法律信息服务的信息人在由其他信息生态因子共同构成的基本结构中所占据的特定位置。基于不同信息生态因子视角，基本结构配置涉及法律信息资源、法律信息服务行为、法律信息服务时空环境配置。探讨基本结构配置问题有助于在信息人之间合理分配法律信息资源，协调信息人之间服务行为，优化公共法律信息服务模式，提升服务绩效。

（一）法律信息资源配置

法律信息资源配置的基本结构中体现了信息人占有、利用法律信息资源的状态，包括对法律信息内容资源、技术资源、设备资源等占有、使用与利用。法律信息需求、法律信息素养影响法律信息资源配置，法律信息资源配置支撑信息人在服务中的信息能力。实践中，由于法律信息公开程度与信息人属性各异，使得各信息人法律信息资源配置不尽相同。比如，公共法律信息服务的公共性与公益性使得政府作为不可或缺的服务供给主体占有绝对多的法律信息资源数量和种类；具备良好法律信息素养的服务对象相对拥有更好的法律信息资源配置。

（二）法律信息服务行为配置

法律信息服务行为配置体现了信息人在特定信息环境中因具体服务行为性质分工所承担的角色职能，包括法律信息生产、组织、传播、监管、消费。法律信息服务行为配置决定信息人行为内容、行为方式与对法律信息资源的需求。①法律信息生产承担信息生产、供给功能，能够基于法律信息资源供给数量丰富度、种类完备性、供给时效性、供给开放共享性等指标予以评价和优化。实践中，法律信息生产主体是政府机构包括立法机关与司法机关等。②法律信息组织承担信息收集、存储、序化、加工功能，通常表现为法律信息资源收集效率、存储技术能力、序化加工水平以及虚假、错误、不安全信息识别处理能力。实践中，法律信息组织主体是政府机关、市场机构、社会组织等有能力、有意愿参与服务的主体，包括政府及公检法机关、法律服务商业数据库、社会法律服务机构、公共图书馆、高校图书馆以及法律图书馆等专业机构。③法律信息传播承担信息传递、交互功能，体现为法律信息资源传递速率、传播面、流转保有率、技术水平等指标。实践中，法律信息传播主体是各种媒介及信息技术人员。④法律信息监管承担服务质量控制、过程管理、评价监督功能，主要涉及基本型与发展型服务能力评价监督，包括服务影响力、即时性、创新性、常态化、互动性、开放性、权威性、实用性、安全性、专业性、智慧化、标准化、经济性、个性化、增益性等指标。法律信息监管主体主要是相关国家机关及其工作人员、社会机构及其工作人员、不特定的社会公众或特定的服务对象（用户）。⑤法律信息消费承担信息检索、利用、增值等功能，主要体现为法律信息资源检索能力、法律信息资源摄入率、利用率、有效信息敏感度、冗余信息释放率、法律信息需求感知水平、请求响应效率、反馈信息响应效率等。法律信息消费主体主要涉及不特定的社会公众以及特定的服务对象（用户）。

（三）法律信息服务时空环境配置

法律信息服务时空环境配置反映了信息人实施信息行为所占用的时间段与活动空间，主要受该信息人信息行为性质与信息环境适应力的影响。与此同时，法律信息服务时空环境配置在一定程度上影响该信息行为效率，从而影响服务绩效。法律信息服务时空环境配置本质上体现了公共法律信息服务所处的信息环境状态，包括信息基础设施建设程度，服务体制机制建设程度、法律法规政策健全程度、社会信息化发展状态等。

本书借鉴信息功能生态位宽度、信息功能生态位重叠度、信息生态位适宜度衡量基本结构配置。信息功能生态位宽度关系着信息人之间竞争机会和竞争能力，通过合理调整信息生态位宽度，促进服务资源充分、均衡、协调配置，有效延展服务广度，激励信息人积极参与提供、利用公共法律信息服务。信息功能生态位重叠度反映各信息生态因子在信息生态链上充当信息角色的类型与承担信息职能全部相同或部分相同。实践中，法律信息组织主体、传播主体存在着较普遍的信息功能生态位重叠。在提供公共法律信息服务时，各级政府及公检法机关、法律服务商业数据库、社会法律服务机构、公共图书馆、高校图书馆以及法律图书馆等各类专业信息服务机构在信息组织功能生态位上的重叠度较高；各种媒介及信息技术人员，尤其是互联网络等各类新媒体在信息传播功能生态位上的重叠度较高。及时调整信息生态位重叠度有利于服务供给主体不断挖掘特色服务，提升个性化服务水平，提升服务过程创新性与结果精准性。信息生态位适宜度是基于信息环境生态因子探讨公共法律信息服务过程中影响服务绩效的信息环境因素，包括法律信息技术因素、法律信息服务机制因素、法律信息服务基础设施因素、法律法规政策因素、社会信息化因素、社会法治环境因素等。信息生态位适应度在一定程度上反映了公共法律信息服务供给与需求之间的契合性，对优化公共法律信息服务模式与绩效具有一定参考意义。

第四章 基于信息生态的公共法律信息服务模式构建

信息环境的变迁给公共法律信息服务主体、对象、资源、技术带来了新鲜活力。这些服务主体、对象、资源、技术与环境构成了公共法律信息服务过程中的信息生态因子，即信息人、信息本体与信息服务、信息技术、信息环境。这些信息生态因子功能的呈现与信息生态因子之间在公共法律信息服务过程中形成的结构与关联客观上影响着服务过程与效果。本书在分析公共法律信息服务基本要素与结构的基础上，对比现有典型的公共法律信息服务模式的特点与局限，构建基于信息生态的公共法律信息服务模式，发掘公共法律信息服务模式运作机制与功能。

第一节 公共法律信息服务现有典型模式

公共法律信息服务是公共信息服务在法律服务领域的具体应用。公共信息服务模式客观上影响着公共法律信息服务模式的呈现。因此，本书在调研我国公共法律信息服务实践的基础上，根据国内外公共信息服务模式的研究观点，融入信息生态因子视角，对我国现有公共法律信息服务模式进行归纳。

首先，在现代信息技术的支持下，实践中公共法律信息服务供给主体日趋多元化，服务方式不断多样化、个性化，服务深度与广度持续拓展和延伸，服务效果对法律信息需求的满足日益普惠性、精准性与智慧性；其次，根据前述第一章第一节的研究综述，国内外研究主要基于不同信息服务主体提供服务的视角将公共信息服务模式总结为合作模式、集约化模式、社会共治模式、政府模式等主要类型。依据公共法律信息服务实践现状，借鉴现有公共法律信息服务模式的研究结论，本书引入信息生态因子元素探讨公共法律信息服务模式，以信息人视角发现公共法律信息服务主要体现为服务主体主导型典型模式，可归纳为政府主导型与市场主导型服务模式。

一、政府主导型服务模式

政府主导型服务模式充分体现了公共法律信息服务的均等普惠性，主要以基本型公共法律信息服务为主。政府主导型服务模式拥有相对优势的法律信息资源能力，在法律信息服务能力提升方面空间较大。因此实践中，政府主导型服务模式主要侧重于法律信息资源的建设与整合，形成了侧重法律信息资源的公共法律信息服务方式，主要包括政府主导模式、政府主导下的“政府—社会”模式、“政府—市场”模式与“政府—社会—市场”模式。

（一）政府主导模式

该模式下公共法律信息服务的供给主体主要是政府机构与司法机关，同时位于信息生产功能生态位、信息组织功能生态位与信息监管功能生态位，负责组织、引导、管理服务活动，生产并提供法律信息资源，承担存储、加工、组织、开发法律信息资源，并利用现代信息技术传播法律信息资源的供给服务职能。该模式的供给服务方式主要是依托统一的信息平台向社会公众提供法律信息普及、教育与咨询服务。比如，各类各级政府信息网站平台、司法部官网、12348 中国法律服务网、中国普法网、中国裁判文书网、中国政府公开信息整合服务平台、中国司法大数据服务网等。该模式以提供线上公共法律信息服务为主，辅以提供线下服务的指引。

（二）政府主导下“政府—社会”模式

该模式下公共法律信息服务的供给主体主要是政府与公益性社会组织。在此模式下政府主要位于信息生产功能生态位与信息监管功能生态位，负责组织、引导、管理公共法律信息服务活动，生产并提供法律信息资源。公益性社会组织主要位于信息组织功能生态位，承担存储、加工、组织、开发法律信息资源，并利用现代信息技术传播法律信息资源的供给服务职能。政府与公益性社会组织之间存在着管理与被管理、服务与被服务的双向关系。比如，澳大利亚公共法律信息服务主要依托政府提供，由法律援助署与社区法律中心面向社会公众提供公共法律信息服务，服务内容主要涉及刑事法律关系、家庭关系以及妇女、儿童、残障人士、移民等特殊群体法律信息服务，主要依托政府法律信息官方网站“Federal Register of Legislation”（https://www.legislation.gov.au/）提供宪法宣传、法律信息检索、法律知识普及、法律咨询建议等公共法律信息服务。我国实践中，在政府的引导支持下公共图书馆、法律图书馆、高校图书馆等公益性社会组织面向社会公众或者特定群体提供法律信息检索与利用服务、普法教育类服务，较少涉及法律咨询类服务。提供服务的主要途径和方式包括馆藏数据库、公益性讲座与宣传活动等。另外，该模式下也包括在政府引导下相关社会基层自治组织面向社会公众提供公共法律信息服务，通常以社区为单位定期开展法律咨询、法治宣传服务等，服务途径和方式多以线下服务为主。

（三）政府主导下“政府—市场”模式

该模式下公共法律信息服务的供给主体主要是政府与市场信

息服务机构。政府主要位于信息生产功能生态位与信息监管功能生态位，主要负责引导、实施公共法律信息服务活动，生产并提供法律信息资源。市场信息服务机构主要位于信息组织功能生态位与信息传播功能生态位，主要基于信息技术优势承担存储、加工、组织、开发、传播法律信息资源的技术支持服务职能。政府与市场信息服务机构之间主要是互为服务与被服务的关系。政府与市场信息服务机构通过合作、购买、委托等方式，提供公共法律信息服务。市场信息服务机构主要承担政府提供公共法律信息服务过程中的信息技术支持与保障职能。比如，各省市通过链接 12348 中国法律服务网面向社会公众提供本省市的公共法律信息服务，其中有 13 个省市司法厅与相关信息服务公司企业合作，相关信息服务公司企业主要为公共法律信息服务平台提供信息技术支持，如表 4-1 所示：

表 4-1　各省市公共法律信息服务平台技术支持服务主体

公共法律信息服务省市	市场信息服务机构
北京	北京北大软件工程股份有限公司
天津	南京擎天科技有限公司
江苏	
湖北	
海南	
青海	
新疆生产建设兵团	
广东	中国联合网络通信有限公司
辽宁	
浙江	杭州识度科技有限公司

续表

公共法律信息服务省市	市场信息服务机构
河南	中科恒运股份有限公司
贵州	北京法意科技有限公司
新疆	上海同道信息技术有限公司

由表 4-1 可见，目前市场上参与公共法律信息服务的信息服务技术主体相对来说比较集中在以上 7 家公司企业。这说明公共法律信息服务中的市场服务主体多样性较低，未来可拓展的空间较大。

（四）政府主导下“政府—社会—市场”模式

该模式下公共法律信息服务供给主体包括政府、社会组织、市场机构。其中，政府主要负责引导、监督公共法律信息服务活动，生产并提供法律信息资源；社会组织主要发挥组织、实施公共法律信息服务的作用；市场机构则主要承担法律信息资源收集存储、开发利用以及信息技术服务的职能。政府主要位于信息生产功能生态位与信息监管功能生态位，社会组织与市场机构共同位于信息组织功能生态位与信息传播功能生态位。政府、社会组织、市场机构之间表现为互为服务与被服务的关系，政府对整个公共法律信息服务过程负有监管义务。比如，得益于政府信息公开的不断推进，美国依托丰富的法律信息资源，向社会公众提供服务主体多样化的分散型协同式社会服务，服务内容涉及法律信息咨询与法律信息普及教育等。提供服务主体包括政府、公益性社会组织、商业机构等类型。其中，公益性社会组织主要是法律图书馆、高校及其法学院、行业协会团体等信息人因子；商业机构主要是各种法律信息资源数据库商等信息人因子。与之相应的法律信息服务资源分布在各类型服务提供主体之间，形成了相互补充、互相关联的多样化公共法律信息服务资源保障体系，见附录1（部分）。我国实践中，相关法律服务数据库通过开发相应的公共法律信息服务平台，与政府、社会组织达成合作协议，共同协作提供公共法律信息服务。比如，最高人民法院法信平台作为公益性网站主要面向社会公众以及法律人提供法律宣传、法学研究与学术交流等有偿公共法律信息服务。该平台合作者系最高人民法院和中国电子科技集团有限公司共同成立的中国司法大数据研究院与领先企业级人工智能解决方案提供商北京国双科技有限公司。法信是基于法律信息资源提供公共法律信息服务的经典模式，服务特色在于以全面、全量的法律信息数据，运用法信码检索功能，面向社会公众提供一站式公共法律信息服务，如图 4-1 所示：

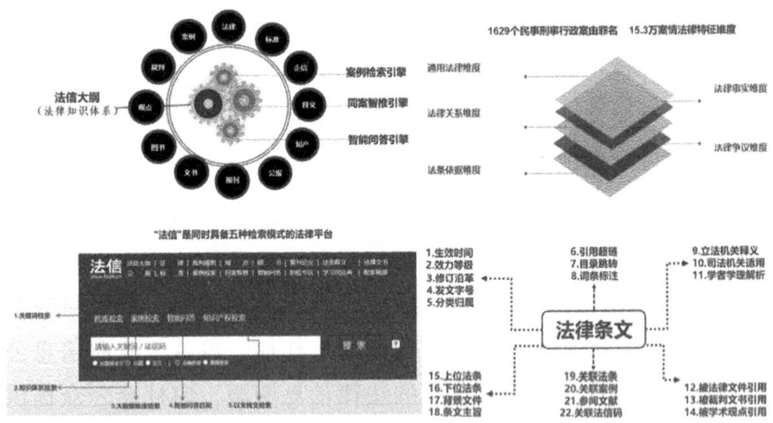

图 4-1　法信公共法律信息服务特色

全面、全量的法律信息数据包括法律文件库、法律观点库、裁判规则库、法条释义库、法律图书库、期刊论文库、法律文书库、类案检索库、高法公报库、国家标准查询库、知识产权登记查询库、民法典专库、最高人民法院司法文件和司法资料、最高人民法院和全国各级法院的案例裁判规则、最高人民法院司法解释理解适用与司法观点以及适时更新的法律信息数据等。法信大纲以我国成文法律体系为“纲”，以从法律文件、案由罪名、裁判规则中提炼、概括出的基本法律纠纷点、关系点为“目”，结构化、系统化标注、串联、聚类法律条文、案例、法律观点等海量法律知识元。

二、市场主导型服务模式

市场主导型服务模式强调以服务对象的法律信息需求为出发点，注重现代信息技术对服务的支持与拓展，基于法律知识体系有效融合法律信息资源，面向不特定的社会公众或特定的服务对象（用户）提供个性化、精准化、发展型公共法律信息服务。该模式下公共法律信息服务供给主体主要是市场机构。市场机构位于信息生产功能生态位、信息组织功能生态位，负责组织、引导、管理服务活动，生产并提供法律信息资源，承担存储、加工、组织、开发法律信息资源，并利用现代信息技术传播法律信息资源的供给服务职能，接受政府的监管。

实践中，该模式主要集中于区块链技术和本体方法对公共法律信息服务领域的融入。利用区块链信息技术进行法律信息资源的整理与融合，助力智慧司法，提高司法智能化水平；运用法律本体理论优化公共法律信息服务资源的供给问题，构建法律知识图谱，实现智能法律问答等。比如，各种法律类商业数据库作为市场产品面向社会公众与特定对象提供公共法律信息服务。目前比较权威的法律类商业数据库主要包括北大法意、北大法宝等公共法律信息服务产品。

北京法意科技有限公司开发的北大法意数据库以法学数据为核心，主要面向高校领域及科研机构提供有偿中文法律信息资源查询、法律信息速递等服务。服务内容包含在线司法考试模考系统、实证研究平台、案例数据库群、法规数据库群、法学词典、法学文献、法学家沙龙、法学核心期刊目录、高校热点关注、免费电子期刊等模块，是国内唯一以法学教育、学习与科研应用为目的自助服务平台。北大法意的服务特色在于提供国内数据量最多，内容丰富齐全、功能实用性强的中文法律信息资源查询系统；提供国内唯一的法律实证研究培训及辅助平台工具，为全国各地的法学院校研究者提供专业的支持，同步辅助法学院校的学生制作毕业论文；提供实证研究数据支持、法律信息速递、指定查询服务等多种特有的法律信息服务项目。

北大法宝是我国最早的法律数据库，是由北京大学法制信息中心与北大英华科技有限公司联合推出的智能型法律信息一站式检索平台。北大法宝在全国率先进行法律信息的数据挖掘和知识发现，独创了法规条文和相关案例等信息之间的“法宝联想”功能，能够直接印证法规案例中引用的法律法规和司法解释及其条款，可链接与本法规或某一条相关的所有法律、法规、司法解释、条文释义、法学期刊、案例和裁判文书，创造了全新的信息呈现体系。该数据库通过“北大法宝引证码”主要面向高校领域及科研机构提供资源涵盖中国法律法规、司法案例、法学期刊、律所实务、英文译本、专题参考、视频库、司考库、法律动态等有偿的法律信息检索、聚类、关联、个性化公共法律信息服务。

三、服务主体主导型典型模式 SWOT 分析

本书采用 SWOT 模型对前述现有服务主体主导型公共法律信息服务典型模式进行对比分析，以期发掘服务主体主导型服务模式的特点与局限，为基于信息生态视角优化公共法律信息服务模式提供客观参照。服务主体主导型服务模式运行特征（优势与劣

势）与影响服务绩效的条件（机遇与风险）体现了现有公共法律信息服务模式的特点与局限。

（一）优势分析

1. 政府主导型服务模式优势

该模式强调政府、社会、市场之间相互协作、互相支撑的信息服务能力。政府更多是在政务信息公开背景下依法保障法律信息公开，及时为社会组织与市场机构提供充分、权威、准确的法律信息资源；市场机构基于政府供给的法律信息资源实施收集、保存、序化、组织、开发法律信息资源行为，并提供给社会组织实现法律信息资源的传播与利用。

首先，政府主导型服务模式拥有相对优势的法律信息资源能力。在现行法治体系框架下，政府依职权履行公共法律信息服务职责，对法律信息资源的控制占据相对优势的信息生态位，实现法律信息资源的无障碍获取。

其次，政府主导型服务模式具备相对优势的公共法律信息服务均等普惠性保障能力。政府作为公共信息服务的责任主体，其供给公共法律信息服务的行为依法具有显著的公共性与导向性。在公共法律信息服务过程中，政府能够依职权合理配置地区、城乡之间的服务资源，以提供均等普惠的公共法律信息服务为价值目标。

最后，政府主导型服务模式具有相对优势的公共法律信息服务权威公信力保障能力。在现行国家治理体系框架下，政府在提供公共法律信息服务的过程中具备保障法律信息源真实性、准确性、权威性的法定身份优势，具有较强公共信息服务公信力。

2. 市场主导型服务模式优势

该模式引入市场机制提供公共法律信息服务，注重服务对象法律信息需求侧属性的导向作用，基于法律知识体系有效融合法律信息资源，注重现代信息技术对公共法律信息服务的支持与拓展。

首先，市场主导型服务模式拥有相对优势的法律信息服务能力。该模式服务供给主体依托相对优势的法律信息技术开发能力，以市场法律信息需求为导向，提供多样化公共法律信息服务。

其次，市场主导型服务模式具备相对优势的公共法律信息服务专业精准智慧性保障能力。该模式依托专业团队，运用专业技术，在信息人主体准确、有效表达其法律信息需求基础上收集、分析、挖掘其显性与隐性的法律信息需求，针对性地提供精准、自主、个性化服务，侧重提供发展型公共法律信息服务，比如法律信息咨询、法律信息教育、学术研究支持等服务。

最后，市场主导型服务模式具有相对优势的服务绩效自我提升能力。该模式在提供公共法律信息服务过程中，注重通过与服务对象之间的服务满意度评价互动从而有效提升服务绩效。同时，在市场机制中推广公共法律信息服务的方式较灵活，能够引入供求机制、价格机制、竞争机制，以促进公共法律信息服务供求关系的优化，实现服务资源配置效益的最大化。

（二）劣势分析

1. 政府主导型服务模式劣势

现有的政府主导型服务模式在服务供给主体资源结构与功能的合理配置上尚存在优化空间，相关信息服务主体所占据的信息功能生态位尚未达到最优，导致社会与市场主体在公共法律信息服务过程中所发挥的积极促进作用有限。

首先，政府主导型服务模式提供发展型公共法律信息服务的能力处于相对劣势。政府主导型服务以国家提出的构建“覆盖城乡、便捷高效、均等普惠”的现代公共法律服务体系为价值导向，更关注社会公众最基本的公共法律信息需求，注重向社会公众提供基本型公共法律信息服务，主要是法律信息普及服务、法律信息咨询服务等。而在面向社会公众提供深层次法律信息咨询服务、法律信息教育服务、学术研究支持服务等发展型公共法律信息服务方面的供给能力处于相对劣势。

其次，政府主导型服务模式提供个性化公共法律信息服务的能力处于相对劣势。政府主导型服务通常是被动型服务，在获取服务对象法律信息需求时通常采用格式化模板收集需求信息，提供定制化、个性化、精准化公共法律信息服务的能力处于相对劣势。

最后，政府主导型服务模式推广公共法律信息服务的能力处于相对劣势。该模式下政府推广公共法律信息服务的方式主要是依行政职权进行，服务推广方式相对较单一、粗犷，实践中容易以行政任务的方式进行摊派推广，导致社会公众对该模式公共法律信息服务的知晓度、理解度和接纳兴趣相对较弱。

2. 市场主导型服务模式劣势

市场主导型公共法律信息服务主要提供有偿公益性服务与纯商业服务，因此在实现均等普惠的公共法律信息服务、构建服务资源共享机制等方面处于相对劣势。

首先，市场主导型服务模式在保障公共法律信息服务均等普惠性方面处于相对劣势。该模式在提供公共法律信息服务过程中需要核算经济成本与利润，通常针对特定对象提供服务，比如高校领域与科研机构等用户，服务对象覆盖面相对较窄，无法充分保障公共法律信息服务的均等普惠性。

其次，市场主导型服务模式在实现公共法律信息服务资源开放共享方面处于相对劣势。该模式下公共法律信息服务本质上是作为一种商品投入市场，市场供给主体通常通过商品垄断和提供负外部性服务实现利润最大化，从而导致实现公共法律信息服务资源开放共享的难度增加，形成数据垄断。

最后，市场主导型服务模式对相关信息人主体的法律信息素养要求较高，在实现公共法律信息服务可及性与可用性方面处于相对劣势。该模式侧重针对具有法律信息需求的特点对象供给公共法律信息服务，实践中主要包括高校与科研院所等用户，注重提供发展型专业服务，对用户使用服务时所具备的法律素养与信息素养要求较高，从而导致实现公共法律信息服务的可及性与可用性所需付出的成本较高。

（三）机遇分析

前述导论的内容对公共法律信息服务机遇进行了客观性阐述。由此可见，当前政府主导型服务模式与市场主导型服务模式共同面临的机遇主要在于信息环境的激励、信息技术的支撑以及法律信息需求的扩展。

首先，数字政府建设与地方政务信息化建设不断促进公共法律信息服务方式的更新；相关法律法规、战略政策的施行不断强化政府、社会、市场主体在公共法律信息服务中的权利优化配置，比如国务院办公厅《关于推进公共资源配置领域政府信息公开的意见》，司法部《公共法律服务事项清单》，司法部、财政部《关于建立健全政府购买法律服务机制的意见》，国家知识产权局《知识产权信息公共服务工作指引》，中共中央《法治中国建设规划（2020—2025 年）》，中共中央、国务院《法治政府建设实施纲要（2021—2025 年）》，司法部《全国公共法律服务体系建设规划（2021—2025 年）》等。

其次，信息技术对公共法律信息服务的融入与支撑有利于提升公共法律信息服务的专业性与实用性，兼顾基本型与发展型服务。信息技术包括信息生产、收集、表示、处理、存储等基本技术层面，也包括信息传递、转化、显示、识别、提取、控制和利用等发展技术层面。在公共法律信息服务中，将信息获取、传递、存储、检索、加工、规范化技术等与法律信息资源特性、法律信息服务行为特征进行充分融合，完成法律信息资源的价值挖掘、法律信息需求的智能推理、个性化信息服务的智能推送与信息隐私与安全的有效保护等。通过信息技术实现法律信息资源序化与相互引证，增强附着于相关法律信息资源之上的知识性，增加该法律信息资源解决实际法律问题、满足具体法律信息需求的价值能力。信息技术为解决法律信息需求表达与法律信息需求获取之间的差距和矛盾提供了可能性与可行性。通过不断增强自然语言语义分析技术能力，有效提炼社会公众随意描述的显性法律信息需求，挖掘、理解其未明确表达出来的隐性法律信息需求，实现信息需求与信息资源服务之间的有效适配，在一定程度上有助于减弱公共法律信息服务过程对普通社会公众法律素养的要求，降低社会公众使用公共法律信息服务的知识门槛。同时，社会公众法律信息需求往往与其具体的人身权利或财产权利息息相关。社会公众在表达法律信息需求过程中可能会涉及个人隐私忧虑问题，比如涉及婚姻家庭关系、商业秘密等方面。此时，通过信息技术促进保护相关信息人主体的信息隐私与信息安全。

最后，随着全面依法治国战略的持续推进，社会公众法律信息需求在数量与内容上不断拓展，对公共法律信息服务供给的有效性、服务的深度与广度提出了越来越高的需求，从需求侧角度不断促进公共法律信息服务供给侧改革。本书调研了中国法律服务网（12348 中国法网）的上线使用情况，截至 2021 年 7 月，社会公众使用该网进行法律信息咨询共计达 20 万余次，法律信息资源数量呈现逐年上升趋势，表明社会公众法律信息需求数量上呈扩展性态势。同时，通过调研社会公众法律信息资源内容的发展变化发现社会公众法律信息需求的深度与广度日益增强，对发展型公共法律信息服务的需求持续增长，社会公众更希望能享受到个性化、精准化、自主化的公共法律信息服务。

（四）风险分析

政府主导型服务模式与市场主导型服务模式共同所面临的风险主要在于公共法律信息服务过程中法律信息需求表达与法律信息需求获取之间差距和矛盾的解决以及法律信息资源专业性降维的合理性和适度性的把握。

首先，传统的以供给侧为主导的公共法律信息服务越来越不能有效满足社会公众日益发展的法律信息需求，面临着无效供给与服务效率较低的窘境。同时，公共法律信息服务专业性对接受和使用服务的社会公众的法律素养要求较高，尤其是社会公众将现实生活中遇到的具体问题准确映射转化为法律专业术语的能力。比如，在描述具体法律信息需求时往往只能使用口语化的表达，而表达的前提多是需要社会公众自身来判断、选择对应的法律关系。这实际上出现了法律信息需求获取前置于法律信息需求表达，客观上影响了对社会公众法律信息需求的准确分析定位，从而降低了公共法律信息服务效率。因此，社会公众作为公共法律信息服务过程中的信息人主体，自身法律信息素养能力客观上影响着其使用公共法律信息服务效果，容易出现信息迷航的困境。公共法律信息服务的这种窘境与困境实际上反映了法律信息需求表达与法律信息需求获取之间的差距和矛盾，如何科学有效地处理法律信息需求表达与法律信息需求获取之间的逻辑成为制约政府主导型与市场主导型服务模式有效运行的关键因素。

其次，公共法律信息服务基于法律信息资源间引证关联展开。法律的内在结构使法律信息资源内在逻辑关联较强，表现为各类型法律信息资源间客观上存在着纷繁复杂的相互引证关系，包括法律法规信息、判例信息、例规信息、法律学术信息等法律信息资源之间的相互关联引证。法律信息资源规范性、体系性以及相互引证性为公共法律信息服务协同提供了可能性。在公共法律信息服务过程中，通过整合、共享法律信息资源，利用法律信息资源之间的相互引证关系充分协调不同类型、内容、载体的法律信息资源，形成资源间拉动效应以提升法律信息服务的增益性。法律信息资源的内容由法律专业知识构成，体现了法学学科专业特点。这在客观上造成了对接受、使用公共法律信息服务的相关信息人主体的法律素养要求较高，在其具备一定法律专业背景知识的情况下，使用公共法律信息服务的效率会相对较好。要提升公共法律信息服务效率，从法律信息资源建设角度，根据服务对象信息能力，如何对法律信息资源专业性进行适当降维，增强法律信息资源易理解性成为制约政府主导型与市场主导型服务模式有效运行的重要因素。

除此之外，政府主导型服务模式还面临着公共法律信息服务资源分布不均衡、社会信息化发展水平失衡、服务对象法律信息素养不平衡等风险。市场主导型服务模式还面临着公共信息服务知识产权权属不清、公共信息服务市场失序等风险。

综上所述，服务主体主导型公共法律信息服务模式 SWOT 矩阵模型分析结果，如表 4-2 所示：

表 4-2　服务主体主导型公共法律信息服务模式 SWOT 对比

模式类型	S+W 优化关键点 O+T	优势（S）	劣势（W）
		法律信息资源能力 服务均等普惠性保障能力 服务权威公信力保障能力	提供发展型服务能力 提供个性化服务能力 推广服务能力

续表

政府主导型服务模式	机遇（O）	O-S	O-W
	信息环境的激励 信息技术的支撑 法律信息需求的扩展	增强资源与需求之间的适配性 强化信息环境的引导保障力	运用信息技术提升发展型服务 增强服务与需求之间的适配性 运用信息环境促进服务推广
	风险（T）	T-S	T-W
	需求表达与获取间的差距 法律信息资源专业性降维 服务资源分布不均衡 社会信息化发展水平失衡 法律信息素养不平衡	通过信息技术降维资源专业性 完善法律信息公开规范 通过开放共享提升资源均衡度	运用服务推广促进服务均衡 通过法律信息教育服务提升法律信息素养
模式类型	S+W 优化关键点 O+T	优势（S）	劣势（W）
		法律信息服务能力 服务专业精准 智慧性保障能力 服务绩效自我提升能力	服务均等普惠性保障 资源开放共享实现 服务可及与可用实现
市场主导型服务模式	机遇（O）	O-S	O-W
	信息环境的激励 信息技术的支撑 法律信息需求的扩展	增强服务与需求之间的适配性 运用信息技术拓展服务深广度 完善评价体系提升服务绩效	运用法律法规、政策保障资源开放共享 运用信息素养教育提升服务可及与可用性

续表

	风险（T）	T-S	T-W
	需求表达与获取间的差距 法律信息资源专业性降维 服务知识产权权属不清 公共信息服务市场失序	完善政府对公共信息服务市场的调控能力 明确公共信息服务知识产权	遵循公共法律信息服务目标 合理配置服务均等普惠与个性精准之间的关系 优化政府与市场服务主体关系

由此可见，公共法律信息服务对服务的专业性、实用性、个性化以及智慧性的追求是永恒的。表中各组合方式所示优化的关键点本质上体现了信息人、信息资源、信息技术等相关信息生态因子共存在于公共法律信息服务所处的信息环境中，各信息生态因子通过积极发挥自身的功能属性，相互作用、相互支持、相互促进，共同支撑着公共法律信息服务的专业性、实用性、个性化与智慧性的实现。公共法律信息服务效果的提升需要充分关注相关信息人主体、法律信息资源以及信息技术的属性呈现状态，要通过健全与完善相关信息法律法规政策、信息服务体制机制等营造充满活力的信息环境。

鉴于此，本书基于信息生态因子构建公共法律信息服务模式，旨在通过科学合理的信息服务生态链来促进公共法律信息服务过程中多元主体间的互动增益，以服务生态支配型服务优化服务主体主导型服务，从而增强公共法律信息服务的系统性与协同性。在信息生态视角下，优化公共法律信息服务模式重在解决以下关键问题，主要包括：

第一，公共法律信息服务中政府、社会、市场主体之间权利义务关系的优化配置。

第二，服务对象法律信息需求表达与服务主体法律信息需求获取之间的逻辑关联。

第三，多源异构法律信息资源的有效整合共享与融合协同。

第四，公共法律信息服务过程中相关法律信息技术的合理融入与支撑。

第五，科学合理的公共法律信息服务绩效评价体系的建构。

以上关键问题为本书基于信息生态因子构建生态支配型公共法律信息服务模式提供了目标指引，是构建生态支配型公共法律信息服务模式的问题导向。

第二节　生态支配型公共法律信息服务模式构建

本书基于信息生态视角构建公共法律信息服务模式，旨在解决公共法律信息服务由谁提供、为谁提供、怎样提供等系列问题。以第四章第一节中的关键问题为导向，综合考虑如何充分有效发挥公共法律信息服务过程中相关信息生态因子的功能，提升公共法律信息服务绩效，本书构建以信息人（Information Person）为核心导向、以信息资源服务（Information Resource Service）为特色、以信息技术（Information Technology）为支撑、以信息环境（Information Environment）为保障的生态支配型公共法律信息服务模式（简称“PSTE 模式”）。

一、生态支配型公共法律信息服务模式构建原则

为实现公共法律信息服务价值性目标，在信息生态视角下构建公共法律信息服务模式需要遵循一定的规范指引原则。公共法律信息服务模式构建原则体现了公共法律信息服务模式选择的方向，指引着在此模式下公共法律信息服务功能的发挥。鉴于我国

在公共法律服务体系建设过程中提出的“覆盖城乡、便捷高效、均等普惠”价值取向，本书认为模式构建原则应以实现此价值取向为中心，提出多元系统性、独立协同性、动态开放性、均等公益性模式构建原则。

（一）多元系统性原则

多元系统性原则是指在构建公共法律信息服务模式过程中应当充分尊重、接纳各参与信息生态因子要素的多元性，注重发挥各信息生态因子之间的关联作用性。多元系统性原则是模式构建的基本保障性原则。

在公共法律信息服务中存在着诸多各异的信息生态因子要素。比如，多元化的法律信息服务主体与服务对象（用户），法律信息资源呈现出多源异构的特征属性，法律信息服务行为出于对具体法律信息需求的回应也相应表现出各具特色的针对性属性。这种多元化的信息生态因子状态使相关信息人即法律信息服务主体与服务对象（用户）之间建立起了不同形式的连带关系，法律信息资源在信息人之间形成非线性的信息流动，使公共法律信息服务活动存在着无序与有序的过渡状态。在构建公共法律信息服务模式时应使参与其中的各信息生态因子能够相互融入、相互作用，促进服务模式总体功能的发挥，实现各信息生态因子功能对服务模式整体性能的积极贡献。具体而言，在构建公共法律信息服务模式时要考虑将多方服务主体纳入服务模式中并合理配置各方服务主体之间的权利与义务，尽可能准确地实现法律信息资源之间的相互关联引证，注重不同内容与类型的公共法律信息服务之间互为有益补充的关系。

（二）独立协同性原则

独立协同性原则是指在构建公共法律信息服务模式过程中应当注重不同内容与类型公共法律信息服务的相对独立完整性，同时要实现各信息生态因子包括信息服务主体与对象（用户）、法律信息资源以及不同法律信息服务行为之间的序化协同性。独立协同性原则是模式构建的鲜明逻辑性原则。

由于社会公众或者服务对象（用户）基于各自不同的动机和意愿使用、接受公共法律信息服务，服务主体提供公共法律信息服务的基本依据是多样各异的法律信息需求，客观上形成了针对不同服务对象（用户）、不同法律信息需求的内容与类型各异的公共法律信息服务。比如，法律信息普及、法律信息教育、法律信息咨询以及学术研究支持服务中的基本型与发展型公共法律信息服务。在构建公共法律信息服务模式时应当充分保证各种不同内容与类型的公共法律信息服务相对独立完整性，即为社会公众或者服务对象（用户）在使用、接受公共法律信息服务时能够自主地选择针对性的法律信息服务以提供可行性。同时，在公共法律信息服务模式下不会因为其中的某种内容与类型的公共法律信息服务的缺失或缺陷，造成整个公共法律信息服务活动的中止或终止。公共法律信息服务模式中各信息生态因子的组合配置必须充分适应整个模式体系所要求的信息循环畅通性，各信息生态因子在相互作用、相互关联下能够通过自我协同实现功能互补，占据合适、有效的信息生态位，推动服务模式运行，促进服务行为序化协同，保障服务模式稳定性。

（三）动态开放性原则

动态开放性原则是指在构建公共法律信息服务模式过程中，应当及时地、持续地关注公共法律信息服务过程中各信息生态因子相互之间作用关系的变化，允许相关积极性信息生态因子的合理性介入，保持服务模式可即时调整性。动态开放性原则是模式构建的持续调节性原则。

公共法律信息服务是一个不断动态变化着的公共信息服务过

程。在公共法律信息服务中，各信息生态因子需要不断地适应信息环境变迁，及时做出适当调整。这是由于一切与信息相关的信息环境影响因素和社会现象都将从不同渠道进入到公共法律信息服务中。比如，社会公共信息服务基础保障条件的改善、公共法律信息服务体制机制建设、公共法律信息服务法治化进程以及社会整体信息化发展水平等环境因素变化。随着信息环境的改变，社会公众公共法治需求与服务对象（用户）个体法律信息需求也不断进行着调整变化。社会公众与服务对象（用户）对服务过程的体验舒适度期望、对服务结果的评价满意度期望都处在持续性动态变化中。在构建公共法律信息服务模式时就需要借助现代信息技术，保证服务模式具备自我即时调整性，使相关积极性信息生态因子能够及时、便捷、有效地介入到服务活动中，充分保障法律信息资源新颖性，维持服务开放性，实现服务智慧性。

（四）均等公益性原则

均等公益性原则是指在构建公共法律信息服务模式过程中应当以国家战略层面上部署的现代公共法律服务体系的价值取向为核心目标，通过公共法律信息服务不断强化公共法律服务与社会对公平正义获得感之间的关系，以实现社会使用、接受公共法律信息服务的机会均等，保障公共法律信息服务的公益性属性。均等公益性原则是模式构建的根本价值性原则。

现代公共法律服务体系价值观要求公共法律信息服务以覆盖城乡、便捷高效、均等普惠为基本价值取向，实现社会日益增长的法律信息服务需求，保障公民能够依法享有基本的公共法律服务。在构建公共法律信息服务模式过程中应当充分保证服务过程公开、公平、公正，给予不特定社会公众以均等机会使用、接受公共法律信息服务，实现公共法律信息服务结果对社会公共法治需求的充分回应，创造公共法律信息服务社会效应最大化。具体而言，通过强化对信息服务对象（用户）个体特征、信息素养、信息需求的解析功能与参与互动功能，增强法律信息资源的可获取性与易用性、法律信息服务行为的经济性与规范性，实现公共法律信息服务资源在不同区域、不同群体之间的均衡配置，兼顾关注对社会相对弱势群体法律信息需求的满足程度。合理地、最优化分配基本型与发展型服务资源，以促进服务多元性、效率性、公平性的统一。

二、生态支配型公共法律信息服务模式框架

本书基于信息生态因子视角构建生态支配型公共法律信息服务模式（PSTE 模式）。PSTE 模式旨在解决第四章第一节提到的关键问题，优化公共法律信息服务过程中存在的短板，主要包括优化配置服务主体资源、适配法律信息需求表达与法律信息需求获取、有效整合法律信息资源、增强学术研究支持服务、保障信息技术的稳定、细化信息服务评价、增加公共法律信息服务的粘性等，以提升公共法律信息服务绩效。

（一）PSTE 模式框架元素

PSTE 模式框架主要由基础性构成元素、关键性融合元素、功能性特点元素构成，包含信息池与信息生态因子要素。

1. 基础性构成元素

信息池是基础性构成元素。信息池是指与信息人主体、信息资源本体、信息服务行为等要素有关的、标识其基本属性状态的信息服务资源的集合。信息池主要由用户池、资源池、服务池与评价池四个模块构成。通过信息池的构建与维护，即时地获取、整合、创建相关公共法律信息服务过程中存在的，反映相关要素属性状态的主客观相结合的信息服务资源的集合，从而为公共法律信息服务得以开展积累与提供充分的基础资源保障。信息池的

构建与维护主要基于相关信息人主体和信息资源服务两个维度，具体包括公共法律信息服务主体、服务对象（用户）、法律信息资源、法律信息服务内容与行为等要素的主客观属性特征。因此，信息池作为基础性构成元素清晰地体现了公共法律信息服务以信息人为核心导向、以信息资源服务为特色的思路。

2. 关键性融合元素

相关信息生态因子是关键性融合元素。信息人、信息本体、信息技术以及信息环境等信息生态因子相应嵌入到信息池模块中，作为各模块之间的粘合剂实现了信息池之间、信息池与信息生态因子之间的相互关联融合。信息人生态因子融合主要涉及服务主体与服务对象（用户）之间的关联，实现关联的重要介质是服务对象（用户）法律信息需求表达与服务主体法律信息需求获取之间的逻辑；信息技术生态因子融合贯穿于服务全过程，包括用户池与资源池之间、用户池与服务池之间、资源池与服务池之间、服务池与评价池之间相互关联，实现关联的重要介质是服务过程中信息行为的逻辑，表现为法律信息资源生产、组织、传递、利用、监管等信息行为之间交互融合；信息环境生态因子融合体现在服务内外部信息环境与服务行为和内容之间相互作用与反作用关联，实现关联的重要介质包括与公共信息服务相关基础设施、法律法规政策、社会环境等。相关信息生态因子作为关键性融合元素体现了公共法律信息服务以信息技术为支撑、以信息环境为保障的思路。

3. 功能性特点元素

综合性、模块化、集成式是功能性特点元素。该模式框架中所包含的基本元素及其功能属性具有鲜明的综合性特征。信息池作为构成基本元素之一，所涉及的用户池、资源池、服务池与评价池涵盖其具体构成因素的主客观方面及其之间的作用关联，表现为服务触发点、起点、动点与终点等信息服务过程中的关键节点。在相关信息生态因子嵌入下各信息池相互关联促进，发挥着各自的积极作用，从而推动服务展开。同时，该模式框架中所包含的服务池结构充分体现了模块化特征。按照法律信息需求内容，结合法律服务知识、业务体系，服务池将公共法律信息服务划分为法律信息普及、法律信息教育、法律信息咨询以及学术研究支持四大服务模块，各模块之间具备相互独立、相互支撑的服务路径，旨在实现用户信息需求中心导向下精准化、个性化公共法律信息服务。另外，在信息技术支撑下各服务模块相互融合、互相作用，形成了模块间整合集成，实现了公共法律信息服务功能拓展与延伸。

（二）PSTE 模式框架逻辑

如模式基本框架图 4-2 所示，PSTE 模式通过构建用户池对服务对象依据个体身份识别信息进行自动分类（分为社会公众、特定对象、特殊群体），根据服务对象法律信息需求表达状态掌握其法律信息素养与服务信任度，解析并挖掘其显性与隐性法律信息需求；服务对象法律信息需求启动服务池，服务池基于法律信息需求分析对应选择提供不同类型的服务（包括法律信息普及、法律信息教育、法律信息咨询、学术研究支持四个服务模块）；资源池根据服务池所确定的服务类型智能化适配法律信息资源，通过实施服务行为实现服务资源与服务对象之间的交互增益；服务对象根据社会公共法治利益或个体法律权益获益情况对服务过程与结果进行反馈评价，相关服务主体予以互动回应，完成公共法律信息服务。可见，基于信息生态因子的公共法律信息服务模式遵循问题导向行为的逻辑，以信息人为核心、以信息资源服务为特色、以信息技术为支撑、以信息环境为保障，面向社会公众或特定对象主动或被动提供模块化、综合性、集成式的基本型与发展型服务。

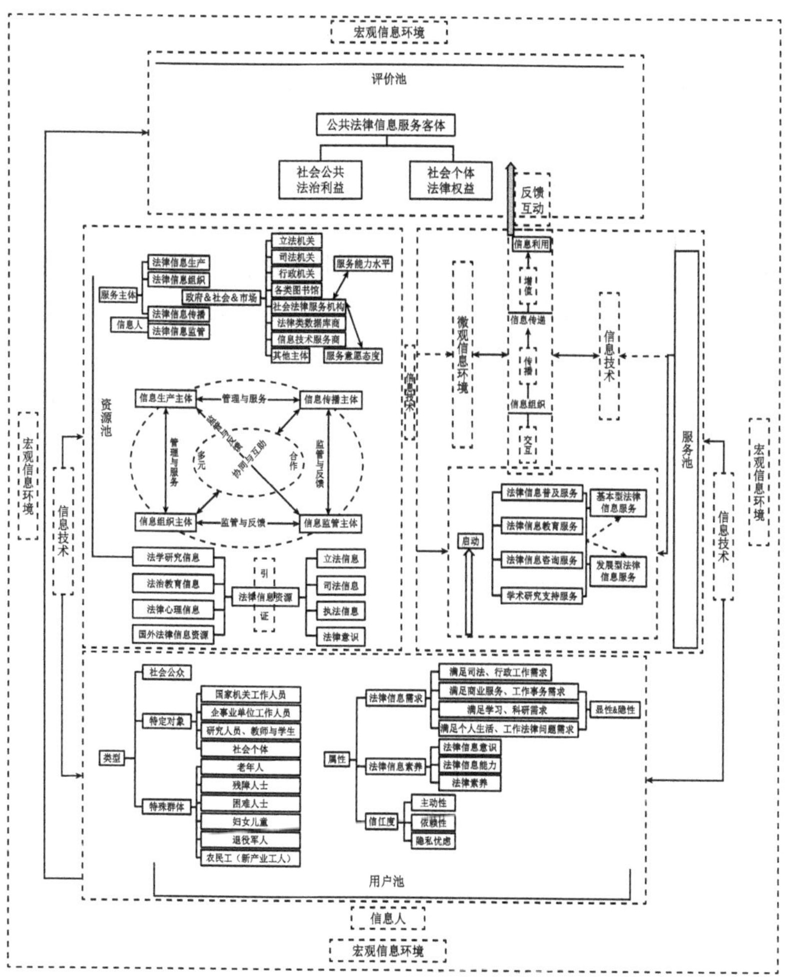

图 4–2　公共法律信息服务 PSTE 模式基本框架

在此逻辑框架下，PSTE 模式针对公共法律信息服务过程中重在解决的关键问题在不同逻辑环节上做出了相应调整。首先，通过构建资源池优化配置各类公共法律信息服务主体的权利义务关系，有效整合共享多源异构法律信息资源。以相关服务主体信息功能生态位宽度、信息功能生态位重叠度、信息生态位适宜度状态为依据动态地优化配置各类服务主体资源关系。运用现代信息技术基于法律信息资源之间客观存在的引证关联整合服务资源；其次，通过构建用户池科学处理服务对象法律信息需求表达与服务主体法律信息需求获取之间的逻辑关系。用户池在解析服务对象属性过程中前置其法律信息需求表达，充分运用信息技术促成法律信息需求主动表达取代法律信息需求被动表达，在此基础上有效获取显性法律信息需求，智能挖掘隐性法律信息需求；再次，通过构建服务池实现个性化、精准化法律信息服务。充分运用现代信息技术创新服务方式，对法律信息资源专业性进行适当降维，增强法律信息资源的易理解性；最后，通过构建评价池增强服务对象对公共法律信息服务过程与结果的监督，提升服务绩效。重点在于面向服务对象明确公示科学合理的服务评价指标体系，以精细化服务评价取代粗犷式服务评价。

三、生态支配型公共法律信息服务模式内容之信息池

公共法律信息服务 PSTE 模式内容主要围绕四个信息池模块展开，通过信息技术融入相应信息环境中相互关联、作用，共同保障和维持公共法律信息服务运行。

（一）PSTE 模式用户池

用户池是有关服务对象（用户）基本属性特征的信息集合，主要涉及服务对象（用户）类型信息与属性信息。PSTE 模式通过构建用户池优化处理法律信息需求表达与法律信息需求获取之间的匹配逻辑，在整合服务对象（用户）资源的基础上实现用户的精准分类与定位。PSTE 模式下构建用户池的重要路径是通过不

断更新现有法律信息技术，优化前述政府主导型服务模式下 O-S 与 O-W 关键点、市场主导型服务模式下 O-S 关键点，旨在增强信息资源、信息需求、信息服务之间的适配性。

1. 服务对象（用户）类型信息

公共法律信息服务对象（用户）类型主要包括社会公众、特定对象、特殊群体。社会公众是指接受法律信息普及、法律信息教育的不特定服务对象（用户）；特定对象是指使用公共法律信息服务的社会个体，包括国家机关工作人员、企事业单位工作人员、学术研究人员、相关专业教师与学生等特定的服务对象（用户）；特殊群体是指处于相对弱势位置的社会群体，包括老年人、残障人士、符合法定标准的困难人士、妇女儿童、退役军人以及农民工（新产业工人）等特殊服务对象。在公共法律信息服务过程中，在法律允许范围内收集、整理服务对象（用户）的个人身份识别信息，据此对服务对象（用户）进行类型定位形成用户池，为进一步向服务对象（用户）提供更加精准性、个性化服务提供客观依据。

2. 服务对象（用户）属性信息

公共法律信息服务对象（用户）属性是在服务过程中所表现出来的反映其信息需求、信息能力、信任程度的特征。具体包括服务对象（用户）法律信息需求、法律信息素养、服务信任度。

（1）法律信息需求。服务对象（用户）法律信息需求涉及其清晰表达出来的显性需求与被理解、挖掘出来的隐性需求。按照服务对象（用户）接受、使用公共法律信息服务的动机和目标，其法律信息需求主要包括为满足司法或行政工作、商业服务或工作、学习或科研以及其他个人生活、工作中法律问题的需要等。法律信息需求是相关信息人主体之间相互关联的重要联结点，是触发公共法律信息服务行为的重要节点。

（2）法律信息素养。服务对象（用户）法律信息素养是影响其法律信息需求有效表达的重要主观因素，具体表现为法律信息意识、法律信息能力、法律素养。法律信息意识体现为服务对象（用户）具有较强信息感受力，明确自己信息需求具体内容与范围。法律信息能力是指服务对象（用户）具备获取信息、评价信息和利用信息能力，表现为能够自主检索信息、甄别筛选信息以及利用信息有效满足自身法律信息需求的信息能力。同时，服务对象（用户）法律信息素养也是影响其法律信息需求有效表达的重要因素。这是在服务中所涉及法律知识的强专业性所导致的。服务对象（用户）要实现自身法律信息需求的有效表达，就需要对法律知识具备一定的认知与运用能力。需要充分运用现代信息技术降低服务过程对用户法律信息素养的需求层次，以增强法律信息服务的可及性和易用性。

（3）服务信任度。服务对象（用户）的服务信任度客观上影响着其使用公共法律信息服务的意愿和效果。服务信任度具体外化体现为习惯性通过使用公共法律信息服务解决、处理问题，积极向他人推荐使用，在使用服务过程中没有信息隐私忧虑，与公共法律信息服务之间的粘性较好。

3. 用户池构建基本结构

PSTE 模式下用户池基本结构主要包括信息需求采集层、信息需求解析层与信息需求适配层三个层面，如图 4-3 所示。其中，信息需求采集层是用户池资源输入层，其功能在于当服务对象（用户）表达法律信息需求时通过提取个人身份识别信息与法律信息需求表达信息，即时、动态地采集相关信息人主体的类型信息与属性信息；信息需求解析层是用户池资源中介层，其功能在于结构化处理所采集到的用户信息，然后将用户信息与所对应的法律诉讼文本、自然人身份识别信息进行关联，实现法律信息需求口语化表达向法律专业性术语描述的转化，同时完成用户的精准分类与定位；信息需求适配层是用户池资源输出层，其功能在于完成用户法律信息需求的获取，输出到服务池和资源池与其中相应的信息服务与法律资源进行适配。PSTE 模式用户池构建的逻辑旨在优化用户进行法律信息需求表达时的格式化采集方式，主要依赖法律信息技术自然语言检索功能的发挥。

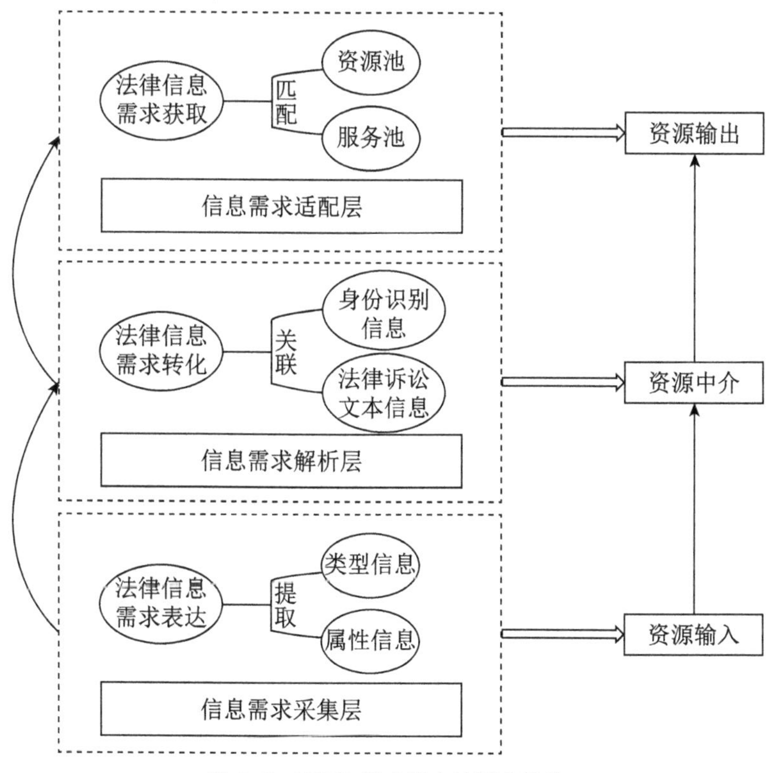

图 4-3　PSTE 模式用户池基本结构

PSTE 模式用户池是公共法律信息服务的核心导向。用户池的构建与维护对于不断提升公共法律信息服务的精准性、个性化具有十分重要的指引作用。

（二）PSTE 模式资源池

资源池是有关公共法律信息服务主体与法律信息资源基本属性特征的信息集合。PSTE 模式通过构建资源池优化公共法律信息服务过程中政府、社会、市场主体间的关系与法律信息资源开放共享基础上的引证关联。PSTE 模式下构建资源池的重要路径是依赖信息环境的激励与现代法律信息技术的运用，优化前述政府主导型服务模式下 T-S 关键点、市场主导型服务模式下 T-S、T-W、O-W 关键点，旨在优化配置各服务主体资源优势，处理法律信息资源在种类、数量、时效等方面的开放共享与产权问题。PSTE 模式资源池的功能在于为公共法律信息服务展开储备、提供服务主体资源与信息资源保障。

1. 服务主体信息

公共法律信息服务主体包括在服务过程中承担法律信息生产、组织、传播、监管职能的信息人。服务主体资源优化配置主要取决于参与供给服务的政府、社会、市场主体资源的结构配置，即政府主导下社会与市场主体共同参与的多元合作协同型服务主体。政府主要承担生产与提供法律信息资源、导向指引监管调控作用；社会与市场主体主要承担组织、传递法律信息资源，在政府主导下提供法律信息服务的职责。市场还发挥着对法律信息服务按照市场规律进行自动调整的作用。具体服务主体资源包括国家立法机关、司法机关、行政机关、各类图书馆、社会法律服务机构、法律类数据库商、信息技术服务商以及其他参与服务主体。各服务主体之间在公共法律信息服务过程中权利义务的分配根据合作形式的不同做出相应约定。各服务主体之间相互协调互助，共同履行服务供给职能。

服务主体信息还包括服务主体服务能力水平与服务意愿态

度。这是影响有效获取服务对象（用户）法律信息需求的重要因素。服务主体服务能力水平表现为具备提供公共法律信息服务所必需的系统、深厚的专业知识与娴熟、规范的技术能力，服务行为符合专业知识与技术规范要求；善于综合运用各种法律信息资源，具备良好服务协同能力；能够对服务对象（用户）法律信息需求和偏好进行客观、有效地分析把握。服务主体服务意愿态度体现为能够积极主动、热情耐心地提供服务，具备强烈责任意识，切实做到“首问负责”；能够做到诚实守信，切实履行服务合同；工作业绩评价上体现的个人信誉良好，服务中无不诚信、恶意损害他人合法信息权利行为记录；能够始终遵守信息管理相关法律法规，尊重信息伦理。

2. 法律信息资源

法律信息资源是服务基础资源的保证。法律信息资源属性状态客观上制约着公共法律信息服务效果。为充分保障公共法律信息的服务效果，法律信息资源应当在内容上具备时效性、权威性、实用性、系统性、专业性、融合性，在种类上保持最大限度完备性，在形式上具有规范性并保持开放共享性。以上法律信息资源属性特征客观上受到法律信息公开状态影响和制约，因此政府主体在法律信息资源储备供给过程中发挥着关键保障作用。按照法律信息资源产生的法律程序及其功能的不同，资源池中的法律信息资源包括立法信息、司法信息、执法信息、法律意识信息、法学研究信息、法治教育信息、法律心理信息以及国外法律信息资源等。在保障法律信息资源储备完整、准确的基础上，要运用现代信息技术实现各法律信息资源之间的相互引证关联。法律信息资源引证关系是影响公共法律信息服务效果的重要因素之一。这是由于法律行为自身复杂性特点决定的。比如，法律法规信息、案例信息、判例信息、法学评论信息等之间基于某个具体社会问题引证关联。法律信息资源的引证关系状态客观上影响着公共法律信息服务专业性与智慧性。

3. 资源池构建基本结构

PSTE 模式下资源池基本结构主要包括服务主体信息资源池与法律信息资源池，如图 4-4 所示。其中，服务主体信息资源池功能在于动态采集服务主体信息，以相关法律、法规、政策对相关信息人主体供给公共法律信息服务的约束与规定为依据，计算各服务主体信息生态位，实现各服务主体关系的优化与优势配置；法律信息资源池功能在于实现法律信息资源之间的关联引证与开放共享的最大化，基于法律信息资源的公共性与商品性特征合理配置公共法律信息服务过程中相关产权。PSTE 模式资源池构建的逻辑旨在优化公共法律信息服务中相关服务主体的信息生态位，合理最优化配置相关产权，主要依赖信息环境与信息技术的激励与支撑来实现。

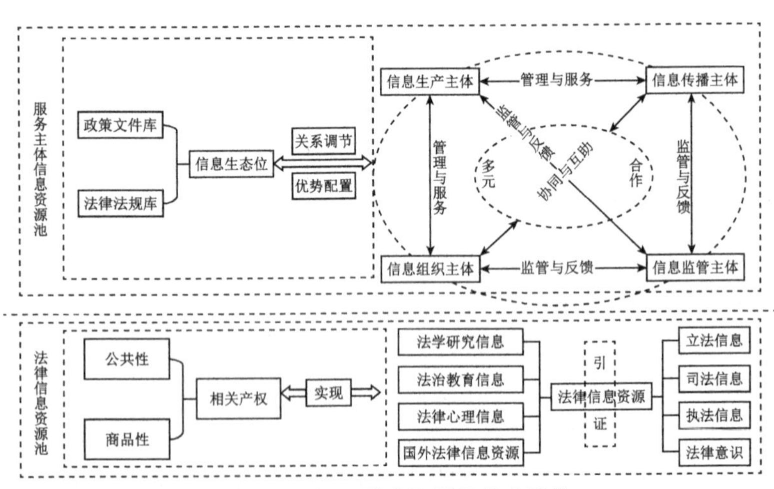

图 4-4　PSTE 模式资源池基本结构

PSTE 模式资源池是公共法律信息服务基础保障。资源池的构建与维护对于不断提升公共法律信息服务的专业性、智慧性发挥着十分重要的资源保障作用。

（三）PSTE 模式服务池

服务池是有关公共法律信息服务具体内容与类型的属性特征的信息集合，主要涉及根据不同法律信息需求与服务目标所提供的不同类型与内容的信息服务模块，以供服务对象（用户）在接受、使用服务过程中自主选择。PSTE 模式通过构建服务池优化公共法律信息服务的多样性、可及性、规范性与精准性。PSTE 模式下构建服务池的重要路径是以用户信息需求为导引，基于信息资源，充分运用现代信息技术和信息环境，优化前述政府主导型服务模式下 O-W、T-W、T-S 关键点、市场主导型服务模式下 O-S、O-W、T-W 关键点。

根据服务对象（用户）不同法律信息需求与服务目标追求，PSTE 模式服务池基本结构主要包含四个服务模块，即法律信息普及、法律信息教育、法律信息咨询、学术研究支持服务，如图 4-5 所示。这四个服务模块相互独立、互相支撑，形成模块化、集成式服务。根据不同服务模块，服务主体运用信息技术进行相应法律信息资源的组织、传递与开发，完成信息服务行为。与此同时，根据法律信息普及、法律信息教育、法律信息咨询、学术研究支持服务深度层次的不同，服务池中的公共法律信息服务区分为基本型服务与发展型服务。基本型服务强调服务均等普惠性和常态化，发展型服务强调服务个性化、精准化、智慧化。PSTE 模式服务池的功能在于合理配置均等普惠性服务与个性精准性服务、基本型服务与发展型服务。

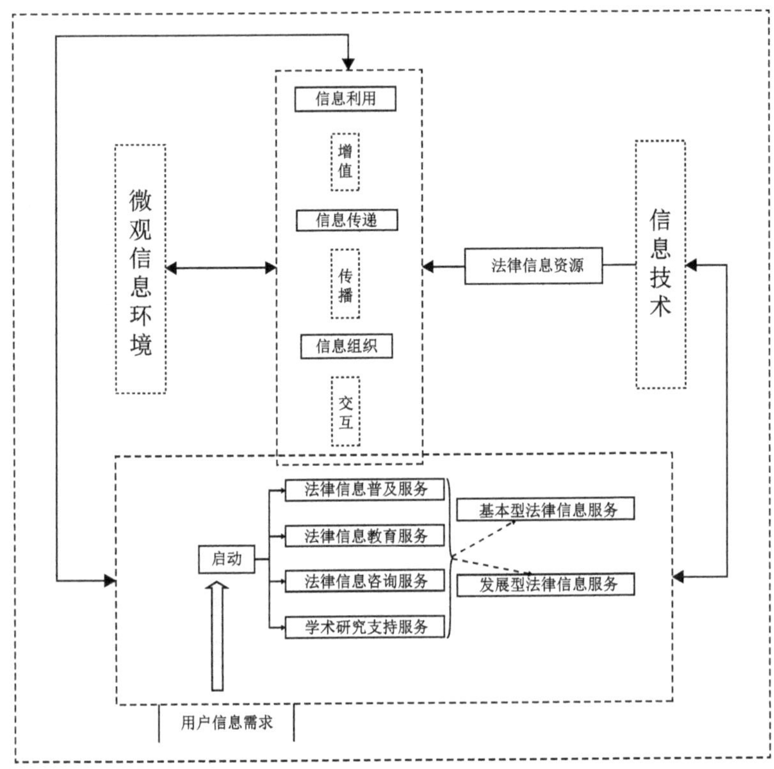

图 4-5 PSTE 模式服务池基本结构

PSTE 模式服务池的运行与维护得益于信息技术的有力支撑和服务微观信息环境的充分保障。服务池功能的发挥在于通过信息组织与利用实现法律信息资源在相关信息人主体之间的有效传递、交互与信息增值。服务池模块是公共法律信息服务的关键路径。服务池的构建与维护对于公共法律信息服务的有效实施具有关键保障作用。

（四）PSTE 模式评价池

评价池是有关信息人主体对公共法律信息服务过程与结果进行有效评价的信息集合。PSTE 模式评价池的功能在于通过收集、整理服务对象（用户）对接受、使用服务过程感受与结果获益情况的评价信息，与相关信息人主体进行即时的、动态的交流、互动与反馈，增强公共法律信息服务行为的自我调整能力，提升公共法律信息服务绩效。PSTE 模式通过构建评价池促进优化公共法律信息服务过程与服务结果。PSTE 模式下构建评价池的重要路径是基于信息生态因子功能影响建构公共法律信息服务绩效评价体系，旨在促进公共法律信息服务生态可持续性有效运行发展。

通常评价信息表现为满意度与信任度，有效的评价信息关键在于评价指标体系的细化。为了获取有关信息人主体对公共法律信息服务过程与结果的有效评价，PSTE 模式评价池中提供较客观、合理、科学的评价体系，阐明评价的价值取向。鉴于公共法律信息服务的基本价值维度，PSTE 模式评价体系应当以公共法律信息服务的客体为基点，具体评价指标的设计应当充分体现服务对社会公共法治利益保障和对个体法律权益维护。评价体系应该包括对服务过程和结果的完整性评价，按照服务过程特点与服务结果目标针对性地分列相应过程评价与结果评价指标。PSTE 模式评价池基本结构将在本书第五章、第六章中展开公共法律信息服务绩效相关研究。

PSTE 模式评价池在公共法律信息服务过程中发挥着承上启下的沟通作用。通过评价池来实现服务与用户之间的有效衔接，使得公共法律信息服务成为一个完整的循环链，不断改进服务。评价池模块是公共法律信息服务的必要枢纽。评价池的构建与维护对提升公共法律信息服务绩效具有必要的促进作用。

综上所述，在基于信息生态因子的 PSTE 模式框架下各服务模块相互独立、相互关联、相互促进。在信息技术与信息环境融入下共同支撑着公共法律信息服务的推进。用户池模块是核心导向，资源池模块是基础保障，服务池模块是关键路径，评价池模块是必要枢纽。PSTE 模式旨在充分发挥现有服务主体主导型模式的优势与机遇，优化现有模式的劣势与风险，更注重公共法律信息服务生态的可持续发展，是从整体上更系统地探索公共法律信息服务模式的尝试，关注公共法律信息服务过程中的信息人、信息资源、信息服务、信息技术与信息环境的相互成就。

第三节　生态支配型公共法律信息服务模式运作机制

基于信息生态因子视角研究公共法律信息服务模式运作机制，对于构建公共法律信息服务模式具有重要的实践指导意义，也为基于信息生态因子视角进一步探究公共法律信息服务绩效影响因素与评价体系提供了支撑。信息生态因子视角下公共法律信息服务模式运作机制蕴含着在公共法律信息服务过程中各信息生态因子要素功能的发挥以及各信息生态因子之间能动关系的作用，以此推动公共法律信息服务模式的有效运行。公共法律信息服务模式里所包含的信息服务主体与对象（用户）、法律信息资源、法律信息服务行为、法律信息服务技术、法律信息服务环境等要素所发挥的效能，以及各信息生态因子之间所呈现的关系构成运作机制的主要机理。运作机制在于引导、维持、调节公共法律信息服务模式平稳、有序、高效地运行，为各项服务提供源源不断的驱动力，为充分协调各方信息人主体之间、各种法律信息资源服务之间关系提供强劲的协调力，为科学评价与有效监督服务过程与结果提供强制性的保障力。

一、动力驱动机制

本书基于用户需求理论中的KANO模型[1]提出公共法律信息服务动力驱动机制。KANO模型对用户需求进行分类和优先排序，将用户需求划分为基本型、期望型、魅力型、无差异型与反向型需求。借鉴这一用户需求理论模型，公共法律信息服务模式在构建用户池时，通过获取服务对象法律信息需求的主动表达挖掘、定位其法律信息需求的类型与内容，从而触发不同层次与内容的法律信息服务。根据凯恩斯经济学理论，市场中先有需求而后产生供给，公共法律信息服务亦是如此。法律信息需求是一切法律信息行为的内在动力，法律信息需求的存在并得以满足是实现法律信息资源交互的前提。动力驱动机制强调信息人的主导中心作用，是服务主体在提供公共法律信息服务过程中将有效满足社会公众或者服务对象（用户）的法律信息需求、实现社会公共法治利益需求作为服务目标价值，不断活化配置各种服务资源的过程。这种以信息人为主导的动力驱动机制可以理解为以法律信息需求与服务信任为主要拉动力的综合性动力驱动机制，即相关信息人法律信息需求与对法律信息服务的信任牵引、推动着法律信息资源建设、信息服务技术革新、信息服务环境净化等外部动力，实现公共法律信息服务模式持续、高效、稳定地运行。

第一，信息需求与服务信任是动力驱动机制的主导牵引力。首先，行动来源于动机，动机受到需求的支撑。信息主体各种信息行为的动机主要表现为利益需求和兴趣需求。在公共法律信息服务过程中存在着个性化和多样化信息需求，包括对信息服务环境的需求、对服务主体服务能力与服务态度的需求、对信息服务

[1] Berger, C., et al., "Kano's Methods for Understanding Customer-Defined Quality", *Center for Quality Management Journal*, 2 (1993), pp. 3-36.

技术的偏好需求、对信息服务互动沟通的需求、对具体法律信息资源的需求等，这些信息需求构成了相关信息人使用、接受公共法律信息服务的动机，促使他们去检索、咨询、利用法律信息资源解决实际问题，同时客观存在着的信息势差又会不断诱发新的信息需求，形成信息资源交互循环，从而为公共法律信息服务的开展提供绵延不绝的动力；其次，相关信息人对服务的信任客观上影响着法律信息需求的牵引推动。社会公众或者服务对象（用户）对公共法律信息服务过程的信任意味着对服务过程的满意，对公共法律信息服务结果的信任表示其从服务中获得了物质或者精神上的实质利益。这实际上是从法律信息需求是否得到有效满足的角度讨论动力驱动问题。

第二，信息技术与信息环境是动力驱动机制的支撑参与力。信息技术的日新月异不断改变着人们获取创造、生产、组织、传递、获取、利用信息资源的方式。公共法律信息服务行为关系正在由现实社会行为关系延伸为网络社会行为关系。现代信息技术给社会公众带来了开放共享、精准个性的信息交互体验，实现了线上线下相结合的服务。公共法律信息服务技术的运用无不体现了以用户为中心的技术开发价值取向，越来越多的法律信息生产、传播和利用成为常态，在不同信息人之间形成了广泛而复杂的以信息交互和共享为主要内容的信息行为关系。为了科学规范、引导信息行为，合理调整信息行为关系，一系列信息法律、政策、措施颁行，信息服务基础设施得以完善，旨在积极促进公共法律信息服务的开展。服务环境的营造与优化充分反映了社会公众的公共法治需求，也是对个体法律信息需求的积极回应。

动力驱动机制的逻辑链是信息人信息需求与服务信任主导牵引信息技术与信息环境的支撑参与，将信息需求转化为使用或接受信息服务的动机，根据此动机相关信息人确定信息服务目标并提供公共法律信息服务，如图 4-6 所示：

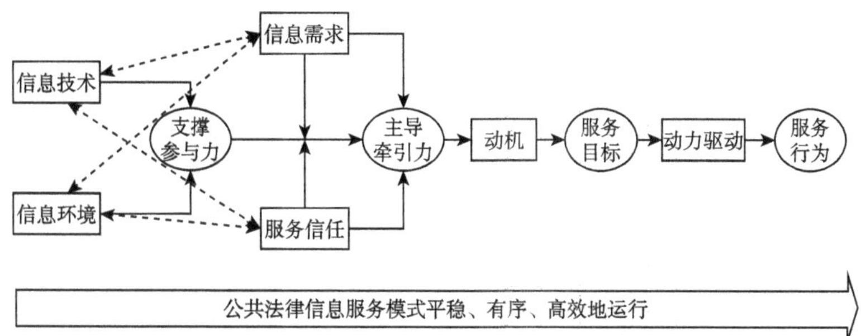

图 4-6　公共法律信息服务 PSTE 模式动力驱动机制

二、协调共享机制

本书基于新发展理念提出公共法律信息服务模式协调共享机制。新发展理念的内涵强调创新、协调、绿色、开放、共享。其中，协调发展注重的是解决发展不平衡问题；共享发展注重的是解决社会公平正义问题。这正好与公共法律信息服务模式需要解决的服务资源配置不均衡、不充分问题以及最大化实现均等普惠性服务问题相契合。在新发展理念引导下，协调共享机制主要解决公共法律信息服务模式有序运行问题。通过协调共享机制促使服务活动中各信息生态因子间相互整合、关联、共享、集成，按照一定规则履行各自权利义务，建构序化协同的服务模式，促进服务资源优化配置，最大化地提升服务绩效。协调共享机制在公共法律信息服务过程中充分运用现代信息技术实现各方信息人主体之间、各种法律信息资源服务之间相互协作、相互融入、协同增效的过程。这种以信息技术为核心的协调共享机制能够充分挖掘服务过程中相关信息主体的信息需求、服务意愿，通过技术手段实现各种法律信息资源服务之间的无缝关联与科学引证，促进法律信息资源合理开放共享，维持公共法律信息服务模式有序运行。

首先，法律信息资源公开是法律信息资源共享的前提，信息技术为这一前提条件的实现提供了更便利、有效、可行的保障。法律是调整人们社会生活行为关系的强制性规范，法律的本质要求其必须具备公开透明的属性，只有让公民先知法才能懂法、信法、守法。公共法律信息服务的基本目标之一就是充分实现社会公众对法律信息资源的开放获取。现代信息技术由于自身所具备的先进性、规范性、灵活性特征，能够通过制定、实施统一的法律信息公开标准，推动法律信息无障碍传播，为实现法律信息资源开放获取提供支持。

其次，公共法律信息服务行为的协调主要涉及运用信息技术对服务主体多元性与服务方式多样性的协调。社会共治理念不断融入公共信息服务领域给公共法律信息服务带来了新的服务主体元素，除了政府之外还涌现了许多社会组织、商业机构等参与到服务中。公共法律信息服务的本质属性是公益性服务，追寻的是社会公共利益最大化。那么政府应该是公共法律信息服务的主导者，同时其他商业机构和非营利性社会组织由于具备各自服务优势，可以作为公共法律信息服务的重要参与者。运用现代信息技术将各方主体纳入统一的公共法律信息服务平台中，促进各方主体所拥有的服务优势相互融合、互为补充，比如政府主体强势的组织规划能力与法律信息资源占有能力、商业机构优势的法律信息资源组织、开发、整合能力与社会组织积极有效的沟通互动能力等。此外，根据服务目的、内容与类型的不同，公共法律信息服务包括法律信息普及与教育、法律信息咨询、学术研究支持服务过程中存在的多样化的服务方式，同时也包括不同信息资源载体支撑下各异的公共法律信息服务方式，比如线上网络、咨询服务热线、线下服务中心等方式。运用现代信息技术将各种被动、主动的服务予以关联整合，提供一站式精准服务，激发服务资源活力。

协调共享机制的逻辑链是通过信息技术对服务主体多元性以及服务方式多样性的协调，实现法律信息资源的共享，促进公共法律信息服务协同增益，如图 4-7 所示：

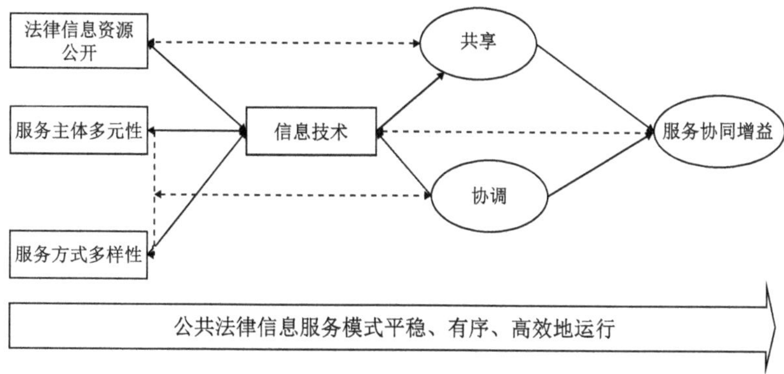

图 4-7　公共法律信息服务 PSTE 模式协调共享机制

三、评价监督机制

本书基于信息生态系统中信息环境生态因子与信息人生态因子之间的能动关联提出公共法律信息服务评价监督机制。在信息生态系统中，信息人位于中心位置，信息环境属性功能的呈现对信息人的信息行为起到一定影响作用，从而关系着信息生态系统可持续有效运行。评价监督机制以信息环境建设为手段，赋予服务中相关信息人以反馈、评价、监督的权利与义务。这种以信息环境为主导的评价监督机制能够相对全面地针对服务过程与结果进行综合性评价与监督，强调信息环境建设对相关信息人信息行为的正向影响。对公共法律信息服务评价监督既是公共法律信息服务活动的终点，也是公共法律信息服务活动的起点。评价监督机制在公共法律信息服务模式运行过程中发挥着承上启下的衔接作用。科学、合理的评价监督能够客观、及时地发现公共法律信息服务过程中存在的短板与问题，动态地促进服务健康发展，为不断优化公共法律信息服务体系提供决策参考。以信息环境建设为手段赋予公共法律信息服务中相关信息人以反馈、评价、监督的权利与义务，主要是通过服务内部体制机制建设与外部法律法规政策完善促成的。

首先，在内部体制机制建设方面，围绕对公共法律信息服务过程与结果进行评价监督，制定恰当合适的评价流程。第一，在确定评价监督基本价值导向时充分结合动力驱动机制的基本要素，即制定相应制度详细明确评价监督基本价值导向是社会公共法治需求以及社会公众或者服务对象（用户）的服务满意度；第二，在构建科学合理评价体系与制定恰当合适的评价流程时充分参照协调共享机制的基本要素，即在制定相应制度时必须将服务过程与结果都纳入评价目标内容中，以服务过程中所蕴含的信息人、信息资源、信息服务、信息技术、信息环境等主要信息生态因子为出发点，针对不同内容与类型服务中的法律信息资源特征以及法律信息服务行为分别设置多样化评价指标。

其次，在外部法律法规政策完善方面，主要是通过涉及相关信息服务管理的法律、法规、政策的颁行合理规范公共法律信息服务过程中相关信息人参与评价、监督的权利与义务，利用法律法规政策强制约束力强化评价监督机制功能。通过相关信息服务管理法律、法规、政策的颁行对评价监督主体、客体、内容进行明确规定，并对相关信息人评价监督主体的权利和义务进行合理配置。这个过程实际上也是对动力驱动机制的回应，强调评价、监督服务过程与结果的主要核心是相关信息人基于对公共法律服务的实际体验与感受所做出的真实反馈。同时，外部法律法规政策完善也充分体现了公共法律信息服务法治化、常态化评价监督原则。

评价监督机制的逻辑链是以信息环境建设为基点，通过内部体制机制建设与外部法律法规政策完善构建评价监督体系，明确公共法律信息服务中相关信息人反馈、评价、监督的权利与义务，促进服务绩效提升，如图 4-8 所示：

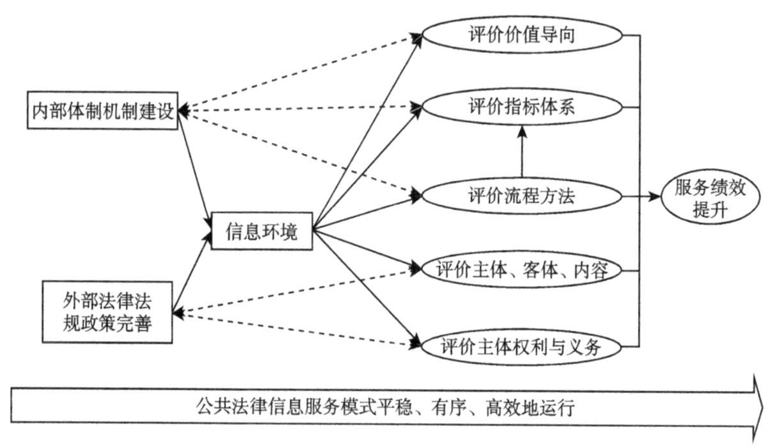

图 4-8　公共法律信息服务 PSTE 模式评价监督机制

综上所述，基于信息生态因子的公共法律信息服务模式运作机制间具有相互关联、互相支撑的能动关系，如图 4-9 所示。动力驱动机制为协调共享机制与评价监督机制提供源源不断活力与指引，协调共享机制为动力驱动机制与评价监督机制提供有条不紊维持与保障，评价监督机制为动力驱动机制与协调共享机制提供合情合理回应与反馈。

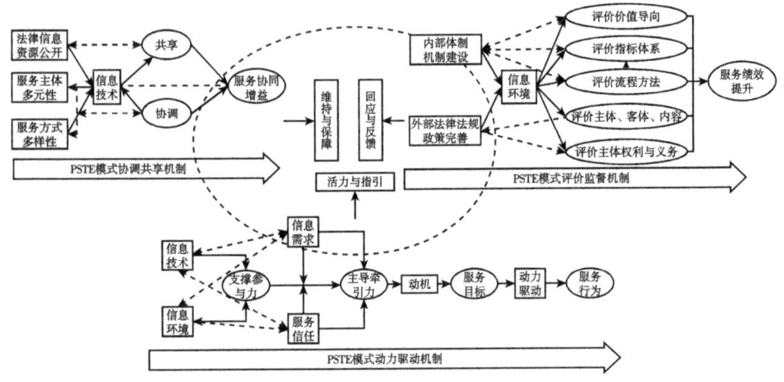

图 4-9　公共法律信息服务 PSTE 模式运作机制能动关系

第四节　生态支配型公共法律信息服务模式功能

信息生态的功能在于通过信息交流与知识创新以为做出决策提供参考支持，基于信息生态因子的公共法律信息服务模式功能亦是如此。一方面，该模式内部的协同使得法律信息资源能够实现合理而有效的交互流动；另一方面，该模式通过服务资源共享与增值促进公共法律信息服务决策参考支持功能的实现。基于信息生态因子的公共法律信息服务模式的价值目标追求是促进法律信息资源的普及应用与共享创新，让专业性较强的法律信息能够更容易地被社会公众获取、理解与利用。基于信息生态因子的公共法律信息服务模式更有利于促进法律信息资源的共享与交互，增强法律信息服务的融合与协同，实现法律信息服务的智慧与增益，在一定程度上提升了公共法律信息服务的均等普惠性、精准个性化与互动效率性。

一、法律信息资源共享交互功能

完成法律信息资源共享与交互是基于信息生态因子的公共法

律信息服务模式的基础功能所在，主要体现为在该模式中法律信息资源的共享、法律信息服务行为与过程的交互。

该模式以社会公众或特定服务对象（用户）的法律信息需求利益为核心提供多元化服务供给，基于相关信息人主体行为关系，完成法律信息的传递，实现法律信息资源在不同信息人主体之间即公共法律信息服务供给主体之间、供给主体与需求主体之间的共享，实现了公共法律信息服务的较高覆盖率与较好均衡度，从而为法律信息资源的进一步利用与增值提供可能性与可行性。该模式中法律信息资源的交互包括法律信息资源本体自身的交互，也包括相关信息人主体行为的交互。法律信息资源通过信息生态的生产、组织、传递、监管完成流动交互。相关信息人基于自身属性包括法律信息需求、法律信息素养、使用法律信息服务的意愿，在该模式中进行信息需求与使用意愿的表达，随之获得相应反馈，完成相关信息人主体行为的交互。公共法律信息服务主体根据服务对象的法律信息需求将法律信息生产出来，刺激信息传播主体将法律信息传播出去，推送给服务对象，服务对象随之获取、利用法律信息满足自我需求并进行评价反馈，从而完成公共法律信息服务行为的交互。该模式下强调现代信息技术与法律信息资源的结合，这使得社会公众能够以最简易、最普遍、最专业的方式利用互联网以有效获取法律信息资源，从而降低了社会公众获取公共法律信息服务的难度。同时，相关信息人主体的拉动与推动支撑着该模式下法律信息资源共享交互基础功能的发挥。相关信息人主体的拉动主要依赖于公共法律信息服务对象的法律信息需求对服务主体服务行为的触发；相关信息人主体的推动主要来自公共法律信息服务主体在提供服务过程中自身知识增值的过程。

二、法律信息服务行为融合协同功能

促进法律信息服务行为的融合与协同是基于信息生态因子的公共法律信息服务模式的关键功能所在。该模式中各信息生态因子间相互融入、依存、适应、交互、调节、序化的状态在一定程度上能够降低公共法律信息服务过程中所面临的信息超载、信息垄断、信息侵权、信息污染等信息行为风险。各信息生态因子相互间协调与合作维持着该模式的稳定与平衡。

该模式对公共法律信息服务行为的融合协同主要表现为各信息服务主体行为之间的融合协同、不同内容与类型信息服务行为之间的融合协同，以及法律信息需求与信息服务行为之间的融合协同。首先，各信息服务主体行为之间的融合协同体现在相应的信息流中，承担着将原始法律信息转化为法律信息资源的功能。信息服务主体行为的融合协同主要包括信息生产、信息组织、信息传播以及信息监管等信息行为在公共法律信息服务供给过程中相互制约、互相作用。该模式对各信息服务主体行为进行不断的合理配置以促进其相互融合协同，法律信息资源在此共同作用下不断进行着效用增值与循环。其次，不同内容与类型信息服务行为之间的融合协同主要涉及公共法律信息服务层次的协调、拓展与优化。公共法律信息服务对象的多元化与法律信息需求的多样性，使得公共法律信息服务行为相应呈现出不同的内容与类型。包括法律信息普及服务、法律信息教育服务、法律信息咨询服务以及学术研究支持服务中的基本型公共法律信息服务与发展型公共法律信息服务。该模式通过合理协调、配置各信息服务行为的内容与结构促进公共法律信息服务深度与广度的优化与拓展。最后，法律信息需求与信息服务行为之间的融合协同主要是指在公共法律信息服务行为要即时地、精准地、主动地关联、匹配相关信息人的法律信息需求，并据此积极做出调整。这一融合协同过程受到相关信息人主体属性的影响和制约，主要是基于相关信息人法律信息素养的法律信息需求表达状态。

三、法律信息服务智慧增益功能

实现法律信息服务的智慧与增益是基于信息生态因子的公共法律信息服务模式的目标功能所在，是该模式的核心功能。主要表现在公共法律信息服务的个性精准与相关信息人主体从服务中获益。

该模式为相关信息人的法律信息服务活动提供了丰富的信息行为空间，通过该模式的运行实现公共法律信息服务的智慧增益。现代信息技术对公共法律信息服务的不断融入有效地实现了组织、检索、分析、管理与评价法律信息资源的智能性，促使公共法律信息服务向纵深服务拓展。在该模式中公共法律信息服务表现为基本型服务与发展型服务，突出公共法律信息服务的智慧化与增益性属性。此外，该模式引入社会公众或者服务对象（用户）个人特征信息的智能解析模块，有利于充分、准确地挖掘相关潜在的、隐性的法律信息需求与用户偏好，进而针对性地提供个性化、精准化、高效的公共法律信息服务，在一定程度上提升了公共法律信息服务的法律风险预警功能。智慧型公共法律信息服务是未来发展的趋势和方向，包括智慧司法、智慧执法、智慧普法、智慧法律援助等，它们是针对不同群体对公共法律信息服务需求的进一步普及和运用。同时，该模式通过不断优化信息链路结构与路径，以加速信息传递的速度，法律信息通过信息组织、传递、交互，自我价值密度的不断增高以促进法律信息资源持续性地知识化。相关信息人在公共法律信息服务行为过程中利用现代信息技术对法律信息资源进行组织、整合、加工、开发与利用，在相应信息生态环境的激励影响下对法律信息资源所凝聚的知识结构、知识密度、创新潜力进行序化、挖掘，实现了法律信息知识化。该模式通过信息技术的融入、支持优化信息结构与功能，为服务对象提供更有效满足其法律信息需求的法律信息服务，使其从法律信息资源利用中获得切实的帮助和收益，增强其解决涉及相关具体法律关系的实际问题，以提升个人效益与社会效益，从而实现公共法律信息服务的增值增益。

第五章 基于信息生态的公共法律信息服务绩效影响因素

公共法律信息服务模式功能的有效发挥离不开公共法律信息服务过程中各信息生态因子要素之间的相互作用。在公共法律信息服务过程中会涉及诸多主客观影响因素，包括公共法律信息服务主体与对象、服务内容与种类、服务技术环境与社会环境等。本书基于信息生态因子视角，从信息人、信息本体与信息服务、信息技术以及信息环境等信息生态因子出发，对公共法律信息服务绩效影响因素进行分析，进而以服务质量差距模型（Service Quality Model）为基础构建公共法律信息服务绩效影响因素模型，运用结构方程模型方法对该模型进行检验，旨在为构建基于信息生态视角的公共法律信息服务绩效评价体系提供科学、合理支撑。

第一节 公共法律信息服务绩效影响因素假设

以下基于信息生态因子视角，探讨公共法律信息服务过程中存在的信息技术、信息环境、信息人以及信息资源四种信息生态因子对公共法律信息服务绩效的影响，提出公共法律信息服务绩效影响因素研究假设。

一、信息技术影响因素

现代信息技术的日新月异拉近了社会公众或者服务对象（用户）与公共法律信息服务之间距离，创新了法律信息资源与信息服务之间链接载体，成为拓展延伸公共法律信息服务的重要手段。现代信息技术对公共法律信息服务领域的不断融入在一定程度上促进了传统公共法律信息服务模式变革，使得便捷高效、均等普惠的服务目标得以更便捷地实现。因此，公共法律信息服务过程中信息技术属性直接影响着社会公众或者服务对象（用户）感知、获取法律信息服务效果，是影响公共法律信息服务绩效重要因素之一。

（一）软硬件性能

公共法律信息服务相关平台软硬件性能是服务得以顺利实施的基础保障，主要表现为支撑服务的信息技术应具备易用性、多样性、友好性。在运用相关信息服务平台提供服务时，社会公众或者服务对象（用户）能够便捷地运用平台提供的各种工具下载、检索、利用法律信息资源，信息技术实现了各种工具、服务资源相互之间的兼容，平台设计具备结构布局、色彩调配的美感，导航设置简洁清晰，提供准确、简单的检索功能，支持各平台多样化资源之间自动超链接功能。

（二）信息融合性能

公共法律信息服务相关平台信息融合性能是提供发展型服务的必然要求，主要表现为支撑服务的信息技术通过集成整合实现法律信息资源的相互融合，完成服务与法律信息需求的适配。相关公共法律信息服务平台设计符合公众使用的习惯，提供与社会公众或服务对象（用户）偏好和需求相契合的功能设计。社会公众或服务对象（用户）能够实现一站式检索、精准智慧性服务。

（三）安全稳定性能

公共法律信息服务相关平台安全稳定性能是公共法律信息服务过程中的关键保障因素之一，要求支撑服务的信息技术能够持续、稳定、流畅地保障法律信息资源充分存储与高效传递，维持稳定导航指引与检索，能够有效地保护法律信息资源完整准确与产权隐私。同时，公共法律信息服务相关平台安全稳定性能也关系着社会公众或服务对象（用户）对公共法律信息服务信任度的提升。

基于以上分析，本书提出以下公共法律信息服务绩效影响因素假设：

> H1：支撑公共法律信息服务的信息技术功能属性对公共法律信息服务质量差距具有负向性影响，即信息技术的软硬件性能越好、信息技术保障信息融合、稳定与安全的功能越强，公共法律信息服务质量差距就越小，公共法律信息服务绩效就越好。

二、信息环境影响因素

信息环境为信息生态因子相互作用提供社会空间与条件，影响信息生态因子之间能动作用的产生，关系信息生态系统运行效果。信息环境所包含的宏观和微观环境因素涉及信息制度、信息设施、社会、经济、科技、法律、人文、历史等多维度属性。信息环境在一定程度上引导、激励、促进信息行为产出积极效果。信息环境影响因素主要涉及社会信息化发展水平、信息服务条件适应度、信息服务法治建设程度、信息服务人文社会环境支持力等。

（一）社会信息化发展水平

社会信息化发展水平的衡量主要基于信息基础设施保障、信息服务体制机制建设情况以及社会公众信息化利用程度的考量。通过完善信息基础设施，扩宽通信基站覆盖面，构建集成式的公共法律信息服务平台，健全信息管理、共享、监督、扶贫、援助等体制机制，不断提升社会公众信息化利用能力，注重信息化发展对公共法律信息服务的融入和支撑。

（二）信息服务条件适应度

这主要是从公共法律信息服务内部微观信息环境维度进行影响因素探讨。国家对公共法律信息服务资源保障进行人、资金、物以及技术等方面的持续性投入，客观上制约着公共法律信息服务条件适应度。比如，专职从事公共法律信息服务人员数量保证与人才素质结构优化，公共法律信息服务专项资金配置，对信息技术与信息设备研发更新等均影响公共法律信息服务绩效。

（三）信息服务法治建设程度

法律是调整、规范人们社会行为关系的强制性手段。信息服务法治建设程度对公共法律信息服务具有积极引导和激励作用。通过法治手段协调公共法律信息服务过程中存在的各方主体之间的权利义务关系，促进公共法律信息资源实现合理配置，使社会公众能够共享服务成果。需要与公共法律信息服务相关的法律、法规、政策完善且有效，与公共法律信息服务相关的制度、标准、规范成熟且合理。

（四）信息服务人文社会环境支持力

公共法律信息服务旨在通过向社会公众提供基本型与发展型服务，实现服务向社会公众均等普惠的延伸和融入。在此过程中，人文社会环境对公共法律信息服务的接纳度、融合度、依赖度将客观地影响服务目标的达成，人文社会环境对服务支持力度越大，意味着服务社会公信力越强，社会公众服务认可度越高。公共法律信息服务人文社会环境支持力主要体现为社会公众基于对公共法律信息服务的认知与认可将有效地改善社会生活行为和习惯方式。

基于以上分析，本书提出以下公共法律信息服务绩效影响因素假设：

> H2：公共法律信息服务的信息环境因素对公共法律信息服务质量差距具有一定负向性影响，即内部信息环境越成熟完善、外部信息环境的引导、激励与关注越强，公共法律信息服务质量差距就越小，越有利于不断优化公共法律信息服务的绩效。

三、信息人影响因素

信息人行为包括信息生产、组织、传播、监管、消费等。在公共法律信息服务中，信息人通过信息行为发挥主观能动性，对服务绩效产生相应影响。根据信息人行为内容和性质的不同，将信息人划分为服务主体与服务对象（用户）两大类。服务主体服务能力与态度、服务对象（用户）信息素养与意愿成为影响服务绩效的重要信息人因素。

（一）服务主体服务能力与态度

主要表现为服务主体服务能力、服务意愿、服务信用等方面。首先，服务能力测量维度包括专业性、协调性、服务认知度，即服务主体服务行为符合专业标准、技术规范，善于综合运用各种法律信息资源，具备良好的服务协同能力，能够对服务对象（用户）法律信息需求和偏好进行客观、有效地分析把握；其次，服务意愿测量维度是主观能动性所反映出来的服务态度，即服务主体能够积极主动、热情耐心地提供服务，具备强烈的责任意识，切实做到“首问负责”，在提供服务时能够体现“以人为本”的服务理念，不断创新服务方式与手段；最后，服务信用测量维度有责任感、信誉度，即服务主体工作业绩评价上体现的个人信誉良好，服务中无不诚信、恶意损害他人合法信息权利行为记录，能够做到诚实守信，切实履行服务合同，在提供服务过程中能够始终遵守信息管理相关法律法规，尊重信息伦理。

（二）服务对象（用户）信息素养与意愿

主要体现在服务对象（用户）自身信息意识、信息能力、使用主动性、服务满意度、服务信任度等对服务绩效的影响。在公共法律信息服务过程中，如果服务对象（用户）具备良好法律信息意识，明确信息需求内容与范围，能够有效检索信息、甄别信息、利用信息；在遇到问题时，习惯性通过积极主动使用公共法律信息服务解决；在使用服务过程中没有隐私忧虑，使用服务后法律信息需求得到有效满足，个人生活、研究或工作绩效提升程度高，对服务过程与效果接受与认可度高，对服务评价好，并能根据自身使用服务感知体验积极向他人推荐使用，客观上表明公共法律信息服务效果较好。

基于以上分析，本书提出以下公共法律信息服务绩效影响因素假设：

> H3：公共法律信息服务主体服务能力与态度对公共法律信息服务质量差距具有负向性影响，即服务主体所拥有知识技术水平、用户需求与偏好分析能力、规范协同能力越好，服务意愿越强，服务信用越好，公共法律信息服务质量差距就越小，公共法律信息服务绩效就越好。
>
> H4：公共法律信息服务对象（用户）信息素养与意愿对公共法律信息服务质量差距具有负向性影响，即服务对象所具备法律信息能力越好，使用法律信息服务的意愿越强烈，对服务效果感知越满意，公共法律信息服务质量差距就

越小，公共法律信息服务绩效就越好。

四、信息资源影响因素

信息资源对于公共法律信息服务绩效的影响包含两个层次：一是法律信息资源属性对服务绩效影响；二是法律信息服务行为（过程与结果）属性对服务绩效影响。根据前述公共法律信息服务内容与类型的不同特点，法律信息资源本体与服务行为相应呈现出不同属性特征，影响服务绩效。

（一）法律信息资源属性

在公共法律信息服务过程中，尤其强调法律信息资源时效性、权威性、专业性、适用性与系统性。同时，不同内容和类型的服务对法律信息资源属性的要求侧重点有所不同。

1. 法律信息资源时效性

服务中提供的法律信息内容更新要及时且稳定、有效。法律信息资源时效性本质上反映了法律法规修订、补充、完善的情况，有利于强化服务与社会公众之间的良好公信力，便于社会公众根据最新法律法规调整社会行为关系，履行权利义务，维护合法权益。

2. 法律信息资源权威性

服务中提供的法律信息内容真实、准确、权威。法律信息资源权威性是公共法律信息服务的本质需求，反映了法律制度体系典型特征，体现了合法公权力对社会生活强制约束力与引导力，有利于消除服务过程中信息污染，比如虚假信息、无效信息、不健康信息等对服务绩效的影响。

3. 法律信息资源专业性

服务中提供的法律信息具备法律专业知识性，体现法学学科专业特点。专业性是法律信息资源本质属性，主要体现法律信息资源严谨逻辑性、客观关联性、丰富知识性。专业性特征是通过服务满足服务对象（用户）法律信息需求的重要基础保证。

4. 法律信息资源适用性

体现为法律信息资源实用性、可用性、开放性、规范性。在提供服务时以公众能够理解的语言与形式规范地表达法律信息内容，提供的法律信息容易获取、下载、保存，可依法转发、收藏、分享、传播，实现开放存取共享，能够针对性地解决法律信息需求。法律信息资源适用性是实现服务目标的重要影响因素。

5. 法律信息资源系统性

表现为法律信息资源可回溯性、完备性、融合性、前沿性。服务中提供的各种法律信息内容相关性强、层次清晰，内容具备连续性，种类齐全，内容全面、丰富、充分，法律信息之间具备科学、严谨内在逻辑关联和引证关系，反映法学学科前沿发展研究主题、热点与方向。法律信息资源系统性反映了服务综合性特征。

6. 不同内容和类型的服务对法律信息资源属性的要求侧重点不同

法律普及与教育服务针对不特定社会公众提供服务，注重均等普惠；法律信息咨询服务针对特定服务对象提供服务，注重精准高效；学术研究支持服务针对相关专家、学者、师生等提供服务，注重开放共享。法律信息普及更注重法律信息资源新颖性、权威性和易理解性；法律信息教育更关注法律信息资源系统性；法律信息咨询更强调法律信息资源完备性、专业性、可获取性、实用性、权威性和时效性；学术研究支持更需要法律信息资源公共性、前沿性、融合性。

（二）法律信息服务行为（过程与结果）属性

法律信息服务行为（过程与结果）属性对公共法律信息服务

绩效的影响体现在不同内容和类型服务中，包括法律信息普及、法律信息教育、法律信息咨询、学术研究支持过程中的基本型服务和发展型服务。基本型服务行为与发展型服务行为所呈现出来的状态直接影响服务绩效。①基本型服务行为属性。基本型服务行为属性主要表现为服务影响力、服务即时性、服务开放性、服务实用性、服务创新性。在提供基本型服务时，服务提供者服务资格、内容、程序符合相关法律法规规定，依法具备权威性，能够持续性、规律性地根据社会生活需求与国家政策法律法规导向及时向社会公众提供开放性服务，公众能够共享服务；充分利用现代信息技术创新服务方式，及时响应法律信息需求，反馈咨询与建议，采取多样化方式进行平等、友好、便捷、实时、有效沟通交流，为公众提供舒适、周到、无障碍服务，满足法律信息需求，解决相应问题，使公众对公共法律信息服务知晓度高，社交媒体宣传与关注引起社会共鸣影响好，促使服务资源在城乡、地区、群体之间均衡分布，促进服务均等普惠。②发展型服务行为属性。发展型服务行为属性强调服务安全性、服务专业性、服务智慧性、服务标准化、服务个性化、服务增益性、服务经济性。在提供发展型服务过程中，服务程序合理、明晰，服务方式简便、规范；能够有效地保护信息隐私安全，防止病毒与黑客等恶意攻击；能够根据服务对象（用户）需求偏好、获取信息方式习惯差异，提供多样化、定制化、个性化服务，并根据服务对象（用户）描述准确分析显性和隐性信息需求，给出针对性强、可信、可靠、专业的决策参考建议或预测结论，提供精准服务，不断减少服务对象（用户）信息不确定性，提升解决问题能力；服务对象（用户）在使用服务时花费时间短、费用少、效率高。

基于以上分析，本书提出以下公共法律信息服务绩效影响因素假设：

H5：公共法律信息服务中法律信息资源属性对公共法律信息服务质量差距具有负向性影响，即不同类型的公共法律信息服务过程中法律信息资源所呈现出来的资源状态属性越好，对相应类型公共法律信息服务实施的支撑性越好，公共法律信息服务质量差距就越小，公共法律信息服务绩效就越好。

H6：公共法律信息服务中服务行为（过程与结果）属性对公共法律信息服务质量差距具有负向性影响，即不同类型的公共法律信息服务过程中信息服务行为过程与结果表现出来的功能属性越好，对相应类型公共法律信息服务实施的完成度越好，公共法律信息服务质量差距就越小，公共法律信息服务绩效就越好。

与此同时，依据服务质量差距理论（GAP Theory），在用户对服务的理想期望值一定的情况下，用户对服务的感受值越大，那么服务质量差距就越小，用户对服务的满意度就越高，服务的质量就越好。基于此，本书提出以下公共法律信息服务绩效影响因素假设：

H7：公共法律信息服务质量差距对公共法律信息服务绩效具有负向性影响，即公共法律信息服务对象（用户）对服务的实际感知与其对想要获得服务的期望之间的差距越小，公共法律信息服务的质量越好，公共法律信息服务绩效就越好。

第二节 公共法律信息服务绩效影响因素模型构建

借鉴服务质量差距模型构建基于信息生态因子的公共法律信息服务质量差距模型，构建公共法律信息服务绩效影响因素模型。

一、公共法律信息服务质量差距模型

服务质量差距模型是20世纪80年代中期到90年代初由美国营销学家帕拉休拉曼（A. Parasuraman）、赞瑟姆（Valarie A. Zeithamal）和贝利（Leonard L. Berry）等人提出来的，又称“5GAP模型”。该模型常用来分析质量问题的根源，反映了顾客差距（差距5）即顾客期望与顾客感知的服务之间的差距，这是差距模型的核心。要弥合这一差距，就要对以下四个差距进行弥合，包括：差距1，即不了解顾客的期望；差距2，即未选择正确的服务设计和标准；差距3，即未按标准提供服务；差距4，即服务传递与对外承诺不相匹配。该模型用服务期望（ES）与服务感知（PS）之间差距的函数表示服务质量，强调人对服务质量的主观感受。基于信息生态因子视角的公共法律信息服务模式以信息人为主体和导向，注重信息服务对象（用户）的法律信息需求与服务满意度，本质上强调信息人对服务过程与结果的主观感知。因此，服务质量差距模型对于公共法律信息服务绩效影响因素研究显然具有适用性。鉴于此，构建基于信息生态因子视角的公共法律信息服务质量差距模型，如图5-1所示：

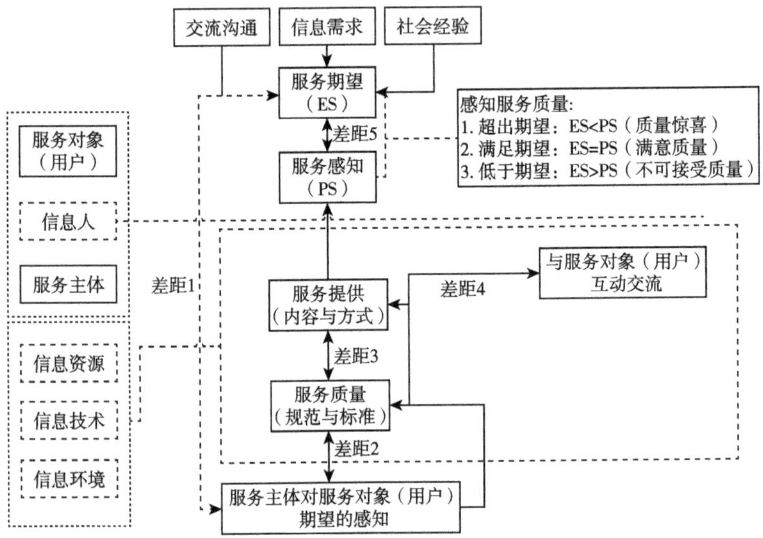

图 5-1　基于信息生态因子的公共法律信息服务质量差距模型

该模型说明了公共法律信息服务绩效的形成过程。模型的上半部涉及与服务对象（用户）有关的因素。期望的服务是服务对象（用户）的社会经验、个人法律信息需求以及交流沟通的函数。另外，其也受到公共法律信息服务过程中互动沟通活动的影响。实际感知的服务是一系列公共法律信息服务内部决策和内部活动的结果。在公共法律信息服务行为发生时，服务主体对服务对象（用户）期望的认知对所确定遵循的公共法律信息服务质量标准与规范起到指导作用。各要素之间存在着的客观差异构成了服务质量差距，影响着公共法律信息服务的绩效。当服务感知（PS）>服务期望（ES）时，说明在公共法律信息服务中用户对服务的实际感受超出对服务的期望，那么此时公共法律信息服务的绩效就很好；当服务感知（PS）= 服务期望（ES）时，说明在公共法律信息服务中用户对服务的实际感受符合自身对服务的期望，那么此时公共法律信息服务的绩效较好；当服务感知（PS）<

服务期望（ES）时，说明在公共法律信息服务中用户对服务的实际感受低于对服务的期望，那么此时公共法律信息服务不能满足用户的需求，公共法律信息服务的绩效就较差。可见在公共法律信息服务过程中，服务对象（用户）的实际服务感知越好，服务质量差距就越小，公共法律信息服务的效果越符合服务预期，公共法律信息服务的绩效就越好。

二、公共法律信息服务绩效影响因素模型

基于公共法律信息服务绩效影响因素假设分析与服务质量差距模型，融入信息生态因子元素，以公共法律信息服务质量差距为中介变量，构建信息生态因子影响因素对公共法律信息服务绩效发生作用概念模型，如图 5-2 所示：

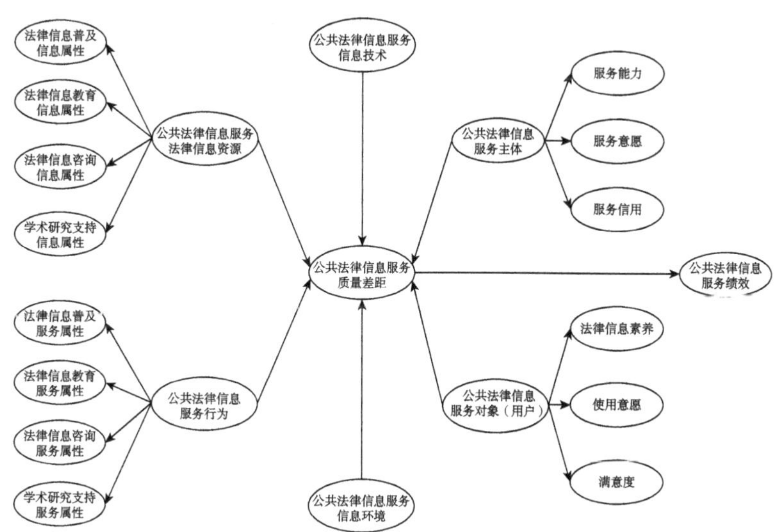

图 5-2　基于信息生态因子的公共法律信息服务绩效影响因素模型

该模型反映公共法律信息服务过程中各信息生态因子是如何

通过影响服务质量以影响公共法律信息服务绩效。包括服务主体、服务对象（用户）、信息技术、信息环境、信息资源、服务行为（过程与结果）等信息生态因子对公共法律信息服务质量差距的影响。在该模型中，共存在 8 个潜变量，其中有 6 个外生潜变量，4 个二阶潜变量，以及基于现有相关研究观点凝练得到的 72 个观察变量。该模型所体现的各要素之间的影响关系主要包括：

首先，信息人生态因子影响因素方面，主要涉及服务主体服务能力、服务意愿与服务信用，以及服务对象（用户）法律信息素养、使用服务意愿与服务满意度对服务质量差距的影响，进而影响公共法律信息服务绩效。

其次，信息技术生态因子影响因素方面，主要考虑支撑公共法律信息服务现代信息技术软硬件性能、信息融合性能与安全稳定性能对服务质量差距的影响，进而影响公共法律信息服务绩效。

再次，信息环境生态因子影响因素方面，主要从公共法律信息服务内部与外部信息环境出发进行综合考虑，注重信息基础设施保障、信息服务体制机制建设、信息服务法治建设、社会信息化水平与人文社会环境等因素对质量差距的影响，进而影响公共法律信息服务绩效。

最后，信息资源本体与信息服务影响因素方面，分别结合不同内容与类型公共法律信息服务进行多维度考虑对服务质量差距的影响，包括法律信息普及、法律信息教育、法律信息咨询与学术研究支持服务过程中所呈现出来的法律信息资源不同属性，所表现出来的法律信息服务行为（过程与结果）不同特征，进而探讨对公共法律信息服务绩效的影响。

第三节　公共法律信息服务绩效影响因素模型验证

一、调查问卷设计与采集

本书采用结构方程模型方法来验证公共法律信息服务绩效影响因素模型合理性。针对模型潜变量所对应观察变量相应问题项的设计，本书自2020年9月至2022年1月持续性地通过与相关学者、专家、研究生等进行交流讨论，着重考虑公共法律信息服务特点，充分借鉴公共信息服务领域相关研究成果，将公共信息服务领域相关概念内涵融入公共法律信息服务影响因素变量内涵中，凝练设计相应观察变量问题项，结合相关专家学者、司法工作人员、信息技术人员观点和建议形成公共法律信息服务绩效影响因素调查问卷，于2022年1月至3月展开调研，详见附录2。

公共法律信息服务绩效影响因素调查问卷结构分为三个板块：①调查问卷导语，主要介绍此次问卷调查目的、调研数据使用、问卷填写指引与调研组织者身份表明；②问卷调研对象人口统计信息采集，主要包括性别、年龄、受教育程度、职业与收入情况；③调研问卷主体部分，依次针对模型中8个潜变量所对应观察变量设置相应问题项，采用李克特七级量表进行测量，认可度用1-7来表示，分别代表对该影响要素认可度完全不同意、不同意、比较不同意、一般、比较同意、同意、完全同意，被调查者根据自身认知和感受完成判断回答。

二、调查问卷结果分析

（一）样本描述性统计分析

本书共收集有效样本721份，分别从被调查者的性别、年龄段、受教育程度、职业、月收入等基本信息进行描述分析，具体如表 5-1 所示：

表 5-1　影响因素调研样本对象基本信息统计

属　性	类　别	人数/人	百分比/%
性　别	男	374	51.9
	女	347	48.1
年龄段	18～22 岁	66	9.2
	23～26 岁	182	25.2
	27～35 岁	208	28.8
	36～45 岁	187	25.9
	45 岁以上	78	10.8
受教育程度	高中及以下	78	10.8
	大专	146	20.2
	大学本科	347	48.1
	硕士研究生	132	18.3
	博士研究生	18	2.5
职　业	政府或事业单位工作人员	118	16.4
	企业职员	180	25.0
	自由职业者	170	23.6
	学生	153	21.2
	其他	100	13.9
月收入	<3000 元	154	21.4
	3000～5000 元	288	39.9
	5001～8000 元	232	32.2
	>8000 元	47	6.5

（二）信度分析

本书采用Cronbach's Alpha信度系数检验公共法律信息服务绩效影响因素调研问卷内容的一致性。分析结果表明，该问卷针对调查维度所设计的问项Cronbach's Alpha均>0.7，CITC均>0.5，剔除任意问项均不会增加Cronbach's Alpha值，问卷拥有良好的信度，具体结果如表5-2所示：

表5-2 影响因素调研信度分析结果

变量	分项	相关性-总指数	Cronbach's Alpha系数（删除分项）	Cronbach's Alpha系数
信息技术	X6	0.766	0.851	0.885
	X7	0.790	0.826	
	X8	0.782	0.835	
信息环境	X9	0.764	0.911	0.923
	X10	0.802	0.906	
	X11	0.760	0.911	
	X12	0.809	0.905	
	X13	0.765	0.911	
	X14	0.771	0.910	
服务能力	X15	0.757	0.821	0.873
	X16	0.755	0.822	
	X17	0.757	0.820	
服务意愿	X18	0.786	0.864	0.898
	X19	0.802	0.851	
	X20	0.807	0.847	

续表

变　量	分　项	相关性-总指数	Cronbach's Alpha 系数（删除分项）	Cronbach's Alpha 系数
服务信用	X21	0.756	0.815	0.871
	X22	0.767	0.805	
	X23	0.736	0.835	
法律信息素养	X24	0.719	0.838	0.867
	X25	0.774	0.790	
	X26	0.755	0.807	
使用意愿	X27	0.773	0.868	0.895
	X28	0.810	0.836	
	X29	0.798	0.847	
满意度	X30	0.775	0.858	0.892
	X31	0.818	0.820	
	X32	0.773	0.860	
法律信息普及信息属性	X33	0.757	0.821	0.873
	X34	0.755	0.822	
	X35	0.757	0.820	
法律信息教育信息属性	X36	0.801	0.850	0.897
	X37	0.806	0.846	
	X38	0.785	0.864	
法律信息咨询信息属性	X39	0.758	0.908	0.920
	X40	0.794	0.903	
	X41	0.812	0.897	
	X42	0.832	0.893	

续表

变　量	分　项	相关性–总指数	Cronbach's Alpha 系数（删除分项）	Cronbach's Alpha 系数
	X43	0.778	0.905	
学术研究支持信息属性	X44	0.770	0.898	0.914
	X45	0.740	0.902	
	X46	0.774	0.896	
	X47	0.804	0.890	
	X48	0.822	0.886	
法律信息普及服务属性	X49	0.833	0.905	0.925
	X50	0.776	0.914	
	X51	0.738	0.918	
	X52	0.758	0.915	
	X53	0.794	0.910	
	X54	0.812	0.908	
法律信息教育服务属性	X55	0.837	0.910	0.928
	X56	0.726	0.921	
	X57	0.773	0.916	
	X58	0.745	0.919	
	X59	0.776	0.916	
	X60	0.778	0.916	
	X61	0.759	0.918	
法律信息咨询服务属性	X62	0.786	0.917	0.929
	X63	0.744	0.921	
	X64	0.770	0.919	

续表

变 量	分 项	相关性-总指数	Cronbach's Alpha 系数(删除分项)	Cronbach's Alpha 系数
法律信息咨询服务属性	X65	0.779	0.918	0.929
	X66	0.783	0.918	
	X67	0.804	0.916	
	X68	0.761	0.920	
学术研究支持服务属性	X69	0.784	0.839	0.888
	X70	0.780	0.843	
	X71	0.782	0.840	
服务质量差距	X72	0.731	0.820	0.864
	X73	0.752	0.800	
	X74	0.743	0.809	
服务绩效	X75	0.758	0.841	0.881
	X76	0.770	0.831	
	X77	0.780	0.821	

（三）探索性因子分析

本书采用 Bartlett's 球形检验与 KMO 检验对公共法律信息服务绩效影响因素调研问卷进行探索性因子分析，检验问卷的结构效度。分析结果表明，该问卷的 Bartlett's 球形检验值<0.001，KMO>0.7；进而采用主成分分析法以特征根大于 1 为因子提取公因子，采用方差最大正交旋转进行分析，总解释能力>50%，各问项因子负荷量>0.5，该问卷具有较好的结构效度。各维度探索性因子分析结果如表 5-3 至表 5-10 所示：

表 5-3　公共法律信息资源因子分析结果

	成　分			
	法律信息咨询信息属性	学术研究支持信息属性	法律信息教育信息属性	法律信息普及信息属性
X42	0. 828	0. 182	0. 173	0. 237
X43	0. 821	0. 185	0. 164	0. 121
X41	0. 817	0. 216	0. 194	0. 175
X40	0. 814	0. 167	0. 177	0. 189
X39	0. 786	0. 212	0. 169	0. 153
X48	0. 165	0. 838	0. 198	0. 174
X44	0. 152	0. 824	0. 156	0. 125
X47	0. 212	0. 816	0. 203	0. 151
X46	0. 219	0. 780	0. 157	0. 236
X45	0. 211	0. 771	0. 146	0. 179
X37	0. 219	0. 227	0. 840	0. 191
X36	0. 227	0. 224	0. 821	0. 241
X38	0. 264	0. 247	0. 813	0. 161
X35	0. 202	0. 228	0. 208	0. 815
X34	0. 218	0. 262	0. 154	0. 812
X33	0. 258	0. 186	0. 215	0. 806
特征值	3. 818	3. 755	2. 458	2. 411
方　差	23. 864	23. 466	15. 364	15. 068
累计百分比	23. 864	47. 330	62. 694	77. 762

表 5-4 公共法律信息服务行为因子分析结果

	成分			
	法律信息咨询服务属性	法律信息教育服务属性	法律信息普及服务属性	学术研究支持服务属性
X67	0.808	0.197	0.189	0.126
X66	0.794	0.183	0.200	0.113
X68	0.794	0.178	0.121	0.133
X62	0.793	0.212	0.162	0.131
X65	0.784	0.191	0.194	0.139
X64	0.767	0.185	0.236	0.132
X63	0.752	0.182	0.183	0.166
X55	0.176	0.837	0.186	0.158
X57	0.177	0.789	0.191	0.120
X59	0.210	0.784	0.205	0.094
X60	0.201	0.773	0.228	0.137
X61	0.172	0.766	0.218	0.138
X58	0.224	0.754	0.138	0.173
X56	0.185	0.731	0.182	0.186
X49	0.199	0.174	0.842	0.133
X54	0.211	0.236	0.803	0.133
X53	0.210	0.223	0.782	0.186
X50	0.233	0.186	0.779	0.152
X51	0.153	0.196	0.774	0.115
X52	0.187	0.227	0.768	0.129
X70	0.217	0.213	0.211	0.832

续表

	成　分			
	法律信息咨询服务属性	法律信息教育服务属性	法律信息普及服务属性	学术研究支持服务属性
X71	0. 222	0. 273	0. 220	0. 803
X69	0. 273	0. 271	0. 254	0. 773
特征值	4. 983	4. 933	4. 429	2. 335
方　差	21. 667	21. 447	19. 256	10. 154
累计百分比	21. 667	43. 114	62. 369	72. 523

表 5-5　公共法律信息服务主体因子分析结果

	成　分		
	服务意愿	服务信用	服务能力
X20	0. 867	0. 230	0. 194
X19	0. 862	0. 199	0. 230
X18	0. 841	0. 223	0. 241
X22	0. 212	0. 853	0. 203
X21	0. 202	0. 834	0. 245
X23	0. 225	0. 824	0. 216
X15	0. 162	0. 251	0. 847
X17	0. 237	0. 224	0. 831
X16	0. 267	0. 195	0. 829
特征值	2. 492	2. 397	2. 392
方　差	27. 684	26. 632	26. 578
累计百分比	27. 684	54. 316	80. 894

表 5-6　公共法律信息服务对象因子分析结果

	成　分		
	使用意愿	满意度	法律信息素养
X28	0. 877	0. 205	0. 198
X29	0. 859	0. 202	0. 230
X27	0. 821	0. 259	0. 245
X31	0. 206	0. 875	0. 217
X30	0. 198	0. 846	0. 239
X32	0. 258	0. 832	0. 215
X25	0. 210	0. 195	0. 862
X26	0. 204	0. 220	0. 843
X24	0. 248	0. 250	0. 792
特征值	2. 477	2. 471	2. 384
方　差	27. 517	27. 451	26. 494
累计百分比	27. 517	54. 968	81. 462

表 5-7　信息技术因子分析结果

	成　分
	信息技术
X7	0. 909
X8	0. 905
X6	0. 896
特征值	2. 448
方　差	81. 585
累计百分比	81. 585

表 5-8　信息环境因子分析结果

	成　分
	信息环境
X12	0. 873
X10	0. 868
X14	0. 844
X9	0. 840
X13	0. 839
X11	0. 836
特征值	4. 334
方　差	72. 238
累计百分比	72. 238

表 5-9　服务质量差距因子分析结果

	成　分
	服务质量差距
X73	0. 893
X74	0. 888
X72	0. 881
特征值	2. 361
方　差	78. 688
累计百分比	78. 688

表 5-10　服务绩效因子分析结果

	成　分
	服务绩效
X77	0.905
X76	0.899
X75	0.893
特征值	2.423
方　差	80.773
累计百分比	80.773

（四）验证性因子分析

本书利用 Amos23.0 对公共法律信息服务绩效影响因素调研问卷进行验证性因子分析，检验该问卷模型的适配性与收敛效度。分析结果表明，CMIN/DF<3，GFI、AGFI、NFI、TLI、IFI、CFI>0.9，SRMR、RMSEA<0.08，各个拟合指标符合一般研究标准，该问卷模型拥有较好的适配性；变量的各个测量指标标准化因素负荷>0.6，组成信度（CR）>0.7，平均变异萃取量（AVE）>0.5，变量的收敛效度良好。各维度验证性因子分析结果如图 5-3 至图 5-10 所示：

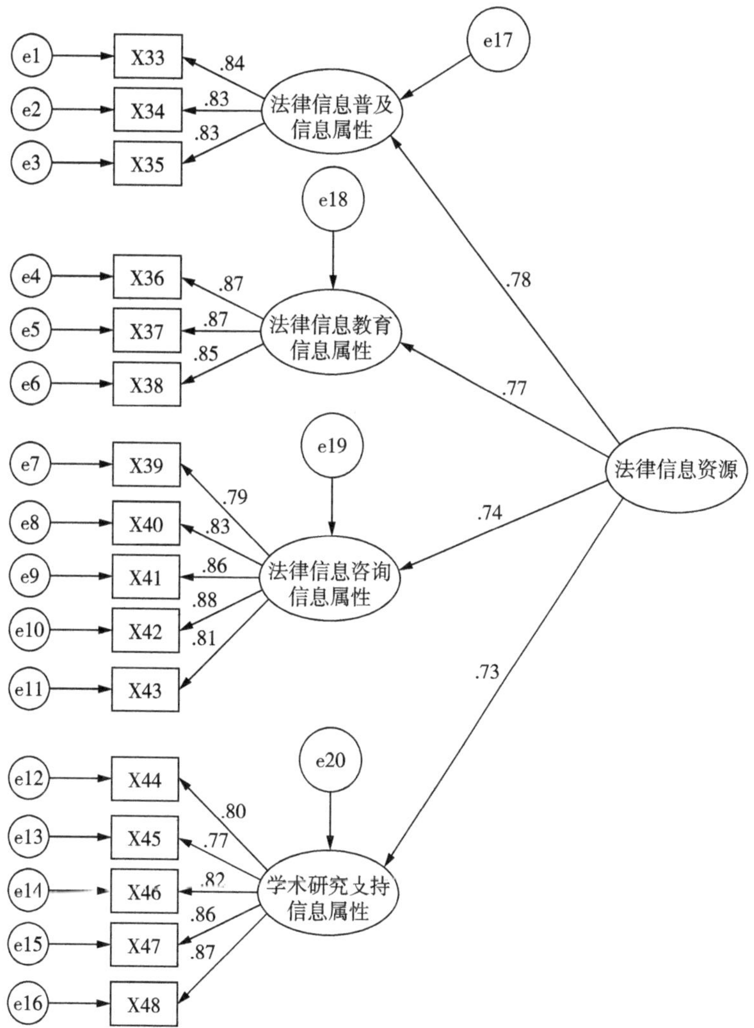

图 5-3　公共法律信息资源验证性因子分析结果

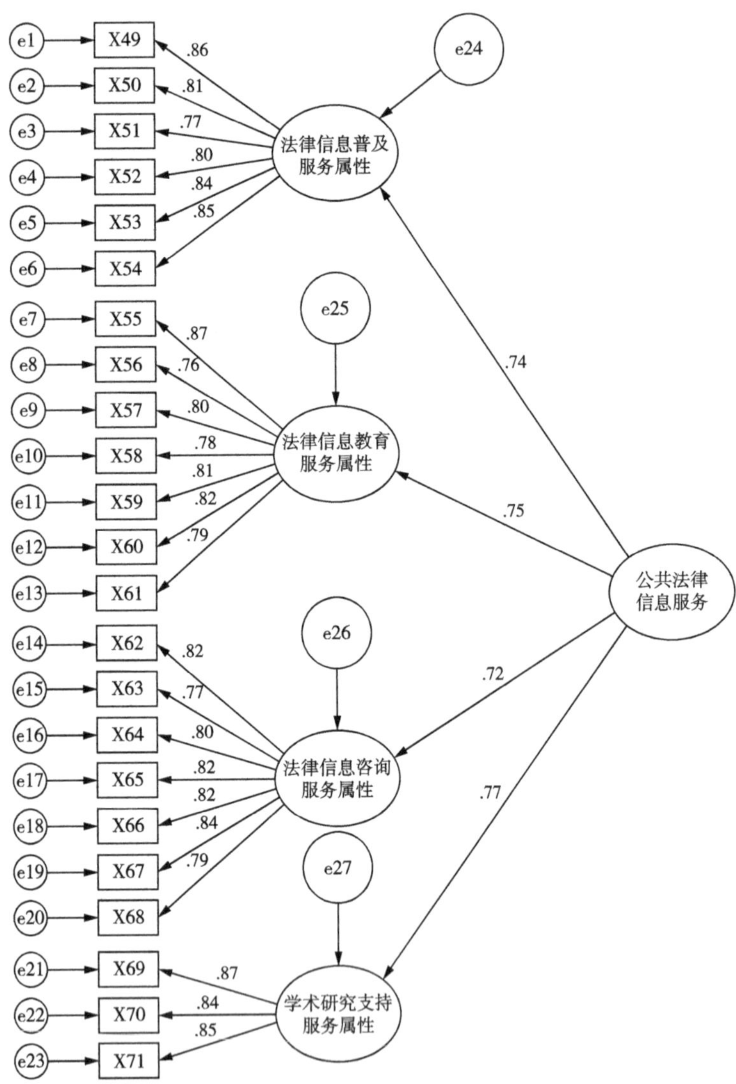

图 5-4　公共法律信息服务行为验证性因子分析结果

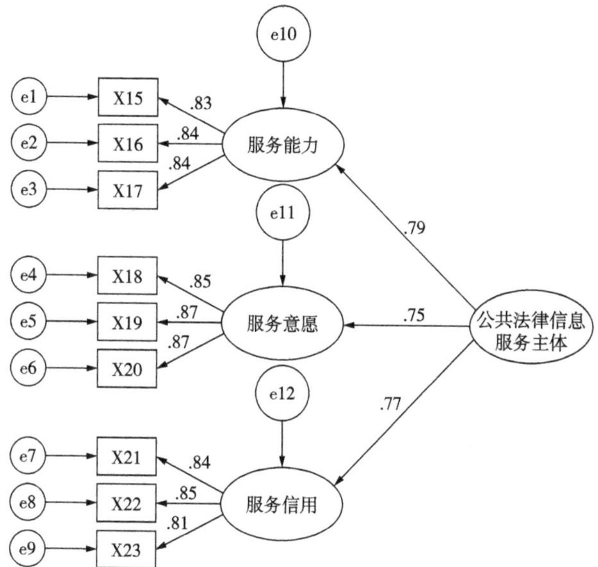

图 5-5　公共法律信息服务主体验证性因子分析结果

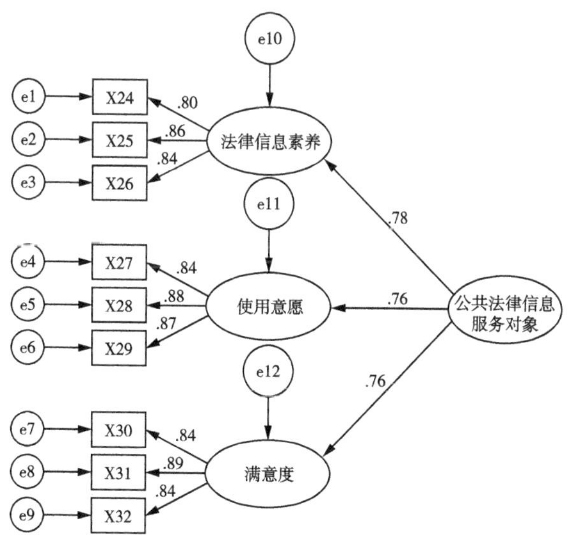

图 5-6　公共法律信息服务对象验证性因子分析结果

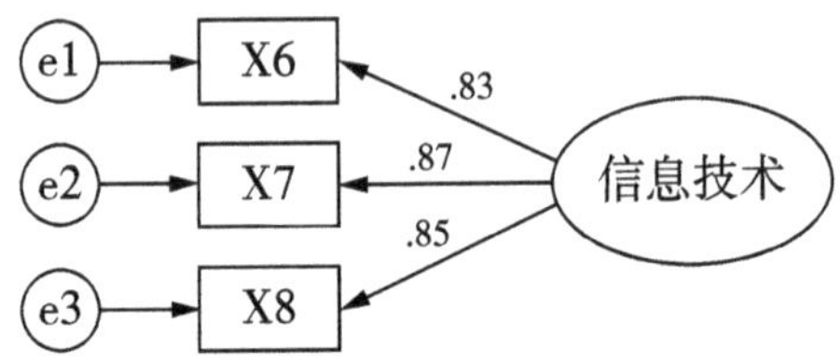

图 5-7 信息技术验证性因子分析结果

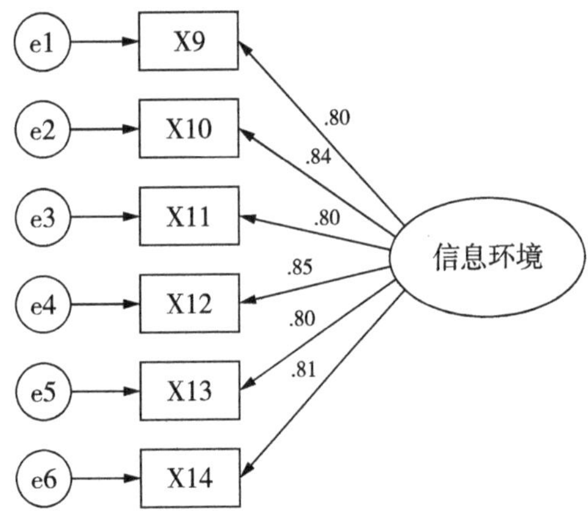

图 5-8 信息环境验证性因子分析结果

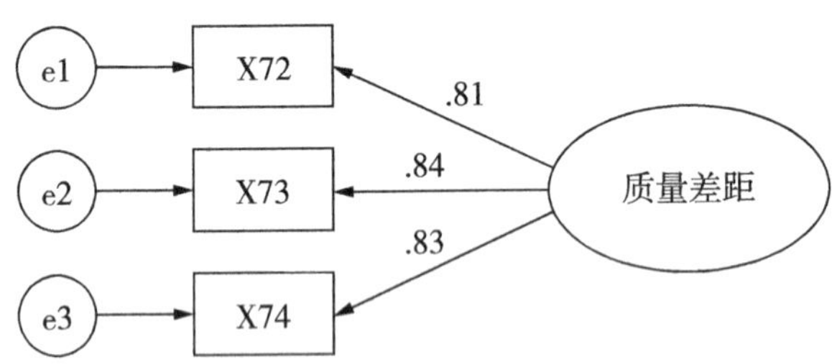

图 5-9 服务质量差距验证性因子分析结果

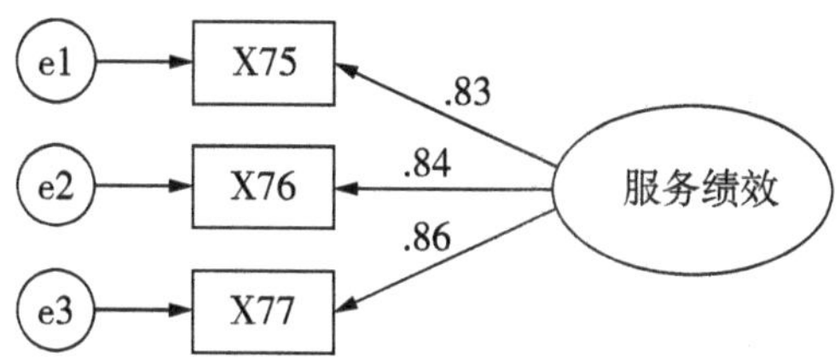

图 5-10 服务绩效验证性因子分析结果

（五）区别效度分析

本书采用 AVE 法检验区别效度。分析结果表明，各因素 AVE 开根号>各成对变数的相关系数，各因素之间具有区别效度；各因素 AVE 开根号>对角线外的标准化相关系数，各因素之间具有区别效度。该问卷具有较好的区别效度，结果详见表 5-11：

表 5-11 影响因素调研区别效度结果

	公共法律信息资源	公共法律信息服务行为	公共法律信息服务主体	公共法律信息服务对象	信息技术	信息环境	服务质量差距	服务绩效
公共法律信息资源	0.756							
公共法律信息服务行为	0.414**	0.746						
公共法律信息服务主体	0.424**	0.386**	0.767					
公共法律信息服务对象	0.379**	0.386**	0.394**	0.762				
信息技术	0.404**	0.363**	0.420**	0.364**	0.851			
信息环境	0.364**	0.425**	0.368**	0.412**	0.464**	0.817		
服务质量差距	-0.457**	-0.457**	-0.461**	-0.464**	-0.546**	-0.546**	0.825	
服务绩效	0.380**	0.309**	0.342**	0.500**	0.313**	0.403**	-0.378**	0.844

三、服务绩效影响因素模型检验

（一）模型结构分析

本书利用 AMOS23.0 进行分析，使用最大似然法估计，构建并检验信息生态视角下的公共法律信息服务绩效影响因素模型，结果见图 5-11：

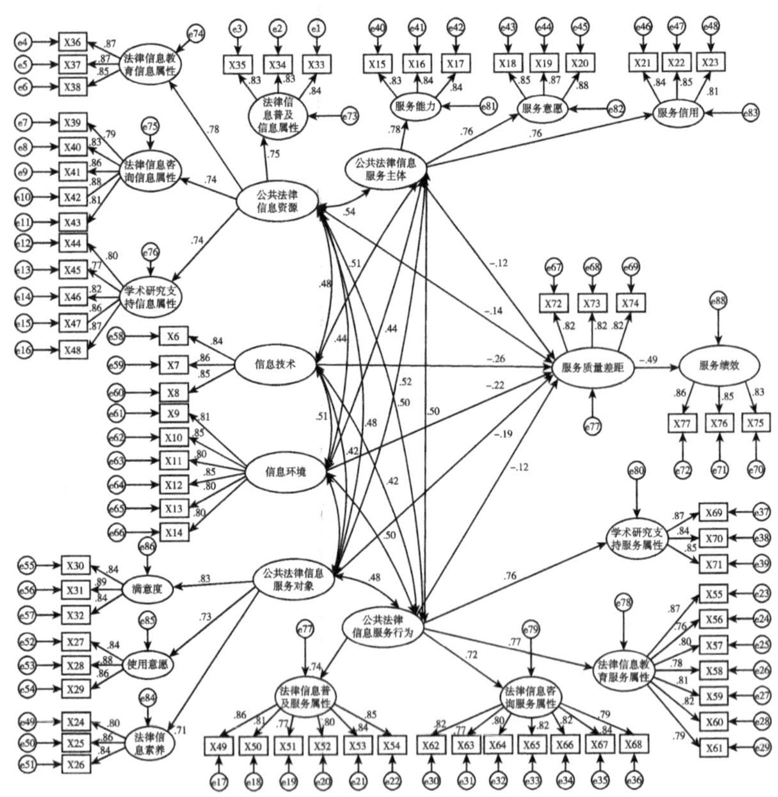

图 5-11　公共法律信息服务绩效影响因素模型

通过分析得出公共法律信息服务绩效影响因素模型中各拟合指标的统计值均达到了最优标准值水平，表明该模型具有较好的适配性。具体模型拟合度见表 5-12：

表 5-12　公共法律信息服务绩效影响因素模型拟合度

模型拟合指标	最优标准值	统计值	拟合情况
CMIN	——	4923.319	——
DF	——	2448	——
CMIN/DF	<3	2.011	好
SRMR	<0.08	0.052	好
GFI	>0.8	0.856	好
AGFI	>0.8	0.845	好
NFI	>0.8	0.881	好
IFI	>0.9	0.936	好
TLI	>0.9	0.933	好
CFI	>0.9	0.936	好
RMSEA	<0.08	0.037	好

（二）模型路径分析

公共法律信息服务绩效影响因素模型的路径系数如表 5-13 所示。公共法律信息资源、公共法律信息服务行为、公共法律信息服务主体、公共法律信息服务对象、信息技术、信息环境分别对服务质量差距的影响路径，服务质量差距对服务绩效的影响路径的标准化系数均小于 0，且 P 值均小于 0.05，表明公共法律信息资源、公共法律信息服务行为、公共法律信息服务主体、公共法律信息服务对象、信息技术、信息环境分别对服务质量差距呈现显著的负向影响；服务质量差距对服务绩效呈现显著的负向影响，模型路径假设均成立。

表 5-13　公共法律信息服务绩效影响因素模型路径系数

路径			标准化系数	非标准化系数	S. E.	C. R.	P	假设
服务质量差距	<---	公共法律信息资源	-0. 140	-0. 175	0. 056	-3. 127	0. 002	成立
服务质量差距	<---	公共法律信息服务行为	-0. 121	-0. 126	0. 046	-2. 762	0. 006	成立
服务质量差距	<---	公共法律信息服务主体	-0. 116	-0. 141	0. 059	-2. 388	0. 017	成立
服务质量差距	<---	公共法律信息服务对象	-0. 189	-0. 248	0. 063	-3. 960	***	成立
服务质量差距	<---	信息技术	-0. 258	-0. 191	0. 031	-6. 225	***	成立
服务质量差距	<---	信息环境	-0. 221	-0. 188	0. 036	-5. 278	***	成立
服务绩效	<---	服务质量差距	-0. 489	-0. 579	0. 050	-11. 646	***	成立

（三）模型中介效应

本书采用 Bootstrapping 方法验证服务绩效影响因素模型中介效应。在 AMOS23.0 中使用 Bootstrap 方法自抽样运行 5000 次，得出各中介路径标准化效应值，结果见表 5-14：

表 5-14　公共法律信息服务绩效影响因素模型中介效应检验结果

	标准化效应值	Bias-Corrected 95%CI		Percentile 95%CI	
		Lower	Upper	Lower	Upper
公共法律信息资源_服务质量差距_服务绩效	0.069	0.006	0.139	0.002	0.135
公共法律信息服务行为_服务质量差距_服务绩效	0.059	0.011	0.097	0.013	0.098
公共法律信息服务主体_服务质量差距_服务绩效	0.057	0.002	0.103	0.011	0.112
公共法律信息服务对象_服务质量差距_服务绩效	0.092	0.032	0.145	0.03	0.143
信息技术_服务质量差距_服务绩效	0.126	0.086	0.169	0.085	0.169
信息环境_服务质量差距_服务绩效	0.108	0.073	0.141	0.076	0.144

由表 5-14 可以得到，公共法律信息资源_服务质量差距_服务绩效的标准化效应值为 0.069，服务质量差距在公共法律信息资源与绩效之间起着中介作用，假设成立；公共法律信息服务行为_服务质量差距_服务绩效的标准化效应值为 0.059，服务质量差距在公共法律信息服务行为与服务绩效之间起着中介作用，假设成立；公共法律信息服务主体_服务质量差距_服务绩效的间接

效应值为 0.057，服务质量差距在公共法律信息服务主体与服务绩效之间起着中介作用，假设成立；公共法律信息服务对象_服务质量差距_服务绩效的标准化效应值为 0.092，服务质量差距在公共法律信息对象与服务绩效之间起着中介作用，假设成立；信息技术_服务质量差距_服务绩效的标准化效应值为 0.126，服务质量差距在信息技术与服务绩效之间起着中介作用，假设成立；信息环境_服务质量差距_服务绩效的标准化效应值为 0.108，服务质量差距在信息环境与服务绩效之间起着中介作用，假设成立。

综上所述，信息技术软硬件性能越好、信息技术保障信息融合、稳定与安全功能越强；内部信息环境越成熟完善、外部信息环境引导、激励与关注越强；服务主体知识技术水平、用户需求与偏好分析能力、规范协同能力越好，服务意愿越强，服务信用越好；服务对象法律信息能力越好，使用法律信息服务意愿越强烈，对服务效果感知越满意；不同类型服务中法律信息资源所呈现出来的资源状态属性越好，对相应类型服务实施支撑性越好；不同类型服务中信息服务行为过程与结果表现出来功能属性越好，对相应类型服务实施完成度越好，服务对象（用户）对服务实际感知与其对服务期望之间差距就越小，公共法律信息服务绩效就越好。基于信息生态因子的公共法律信息服务绩效影响因素模型客观上为在信息生态视角下构建公共法律信息服务绩效评价体系提供了基础支撑。

第六章 公共法律信息服务绩效评价体系构建

第一节　公共法律信息服务绩效评价概述

作为一种管理学概念，绩效是组织为实现目标、达到预期效果，在不同维度与过程中呈现出来的有效输出。基于此概念，公共法律信息服务绩效是指公共法律信息服务主体为实现公共法律信息普及、信息教育、信息咨询以及学术研究支持服务目标，满足服务对象（用户）法律信息需求，达到预期服务效果，在服务过程、服务结果、持续影响方面呈现出来的客观特征，客观上反映用户服务实际感知与用户服务期望之间差距。公共法律信息服务绩效评价是指运用科学原则与方法，对服务所实现和达到的预期目标与效果进行综合性动态评价，包括服务过程、服务结果、持续影响评价，涉及服务对象（用户）信息需求、服务主体信息服务能力、服务目标与标准、服务具体方式等。公共法律信息服务绩效评价有利于科学引导服务价值取向，规范服务标准，调整服务目标与内容，促进公共法律信息服务优化。

一、公共法律信息服务绩效评价特点

首先，信息生态因子多样性赋予服务绩效评价全面性。在公共法律信息服务绩效评价时，要关注各类服务主体所提供的信息服务效果与影响，关注不同服务行为的有效输出以及不同信息资源、信息技术与信息环境的保障属性。

其次，信息生态因子逻辑性赋予服务绩效评价关联性。公共法律信息服务过程中各信息生态因子之间逻辑性构成了服务主体、客体、对象、内容等基本要素。这些基本要素之间逻辑关系赋予服务绩效评价关联性。在评价时要注重评价过程与方法科学性与合理性，尊重服务过程中各信息生态因子之间逻辑关系。

最后，信息生态因子变化性赋予服务绩效评价动态性。公共法律信息服务过程中各信息生态因子并不是静止不变的，而是跟随科学技术更新、社会公众需求提升、社会政治、经济、文化等环境改变不断进行调整，这赋予服务绩效评价动态性。在评价时要依据各信息生态因子变化及时作出持续性动态评价。

二、公共法律信息服务绩效评价原则

基于信息生态因子的公共法律信息服务绩效评价应该以科学可行性原则为基础，坚持需求导向，注重融合多元、公平精准的持续动态评价原则，如图 6-1 所示：

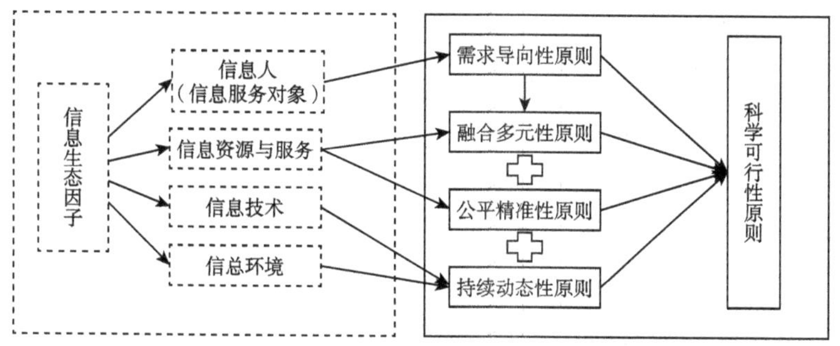

图 6-1　基于信息生态因子的公共法律信息服务绩效评价原则

（一）需求导向性原则

从信息人功能发挥出发，公共法律信息服务对服务对象（用户）法律信息需求满足程度直接关系服务供给与需求之间有效衔接，很大程度上影响服务对象（用户）对服务效果的实际感受，以信息需求为导向进行服务绩效评价，关注法律信息需求层次、维度与变化，健全完善法律信息需求表达机制显然具备合理性。

（二）融合多元性原则

公共法律信息服务中各信息生态因子性能发挥使公共法律信息服务本身具备价值多元性、整合协同性、关联一致性。公共法律信息服务目标在微观层面上是为满足法律信息需求，中观层面上是为维护与保障公共利益最大化，宏观层面上是为完善公共法律服务体系，服务绩效评价体现多元性价值。法律信息资源种类与内容的多元化、信息服务方式的多样化客观上要求服务绩效评价应该关注资源整合与服务协同程度。服务绩效评价是贯穿于公共法律信息服务全过程的活动，评价应该注重信息服务过程与结果之间关联性，注重评价体系、评价目标与需求目标一致性。

（三）公平精准性原则

在信息资源层面上，服务绩效评价必须关注法律信息资源分布均衡性、服务供给平衡性；在信息服务层面上，服务绩效评价必须重视信息服务针对性、智慧性、精准性。在服务绩效评价时兼顾公平与效率，强调服务效能平衡。

（四）持续动态性原则

随着社会经济发展水平与科技不断进步，信息技术不断融入和影响公共信息服务领域。同时，公共信息服务法律、法规、政策的不断完善与健全，社会法律信息需求的不断提升，使公共法律信息服务能力与水平持续性发生变化与调整。服务绩效评价应当重视服务时效性、可持续性。

（五）科学可行性原则

公共法律信息服务绩效评价强调绩效评价客观性、合理性与适用性。在服务绩效评价中针对不同类型服务进行灵活评价，注重评价体系统一性、规范性。同时在评价中遵循客观性和适用性，评价指标设置必须具备可测性与可理解性。

第二节　公共法律信息服务绩效评价指标体系

一、服务绩效评价体系框架

结合第五章公共法律信息服务绩效影响因素研究，在信息生态因子视角下构建公共法律信息服务绩效评价体系框架，主要是基于将公共信息服务、公共法律服务、信息生态因子理论这三者相互渗入融合、能动关联思路。在公共法律信息服务绩效影响因素模型中，以信息生态因子为视角论证信息技术、信息环境、信息人、信息资源与信息服务对服务绩效影响作用，并针对各信息生态因子影响因素剖析衡量该因素的特征属性，包括信息技术软硬件性能、信息融合性能、安全稳定性能；信息环境中社会信息化发展水平、信息服务条件适应度、信息服务法治建设程度、信息服务人文社会环境支持力；服务主体服务能力与态度、服务对象（用户）信息素养与意愿；法律信息资源属性、法律信息服务行为（过程与结果）属性等。这为在信息生态视角下确定公共法律信息服务绩效评价体系中评价维度、评价基准层、一级指标、二级指标提供了客观性参考，为进一步根据二级指标设计调查问卷问题项提供了合理性指引。基于信息生态因子的公共法律信息服务绩效影响因素模型与绩效评价体系具有较好契合性。

基于信息生态视角构建公共法律信息服务绩效评价框架，如图 6-2 所示：

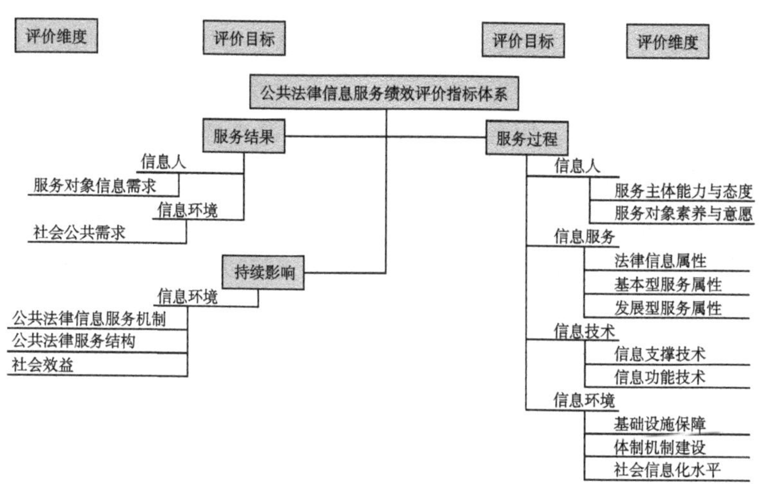

图 6-2　信息生态视角下公共法律信息服务绩效评价框架

首先，该服务绩效评价体系将评价目标分解为服务过程、服务结果、持续影响。公共法律信息服务作为公共信息服务的一种，其服务绩效客观上受到公共信息服务功能影响。在进行服务绩效评价时不仅要关注服务具体流程，也要关注服务效果，还要关注服务社会的持续影响力。同时，作为一种政府表达执政理念与价值导向的重要工具，公共信息服务价值取向在于实现政务公开、公平、公正、公信，优化政府公共服务职能结构，保障公民合法权益。这种价值取向体现于公共信息服务全过程，服务过程公开、公平、公正影响服务结果公信力。因此，在公共法律信息服务绩效评价时必须以服务过程、服务结果、持续影响为评价观测目标。公共信息服务价值取向为公共法律信息服务绩效评价提供合理性目标。

其次，信息生态因子理论为公共法律信息服务绩效评价提供基础性维度参考。在公共法律信息服务过程中，公共法律信息服务主体、对象、客体、内容等基本要素均涉及不同信息生态因子。服务主体和对象属于信息人这一信息生态因子，包括法律信息资源生产者、信息服务组织者、信息服务监督者、信息服务消费者（用户）等；服务客体属于信息资源本体这一信息生态因子，涉及法律信息资源整合与传播；服务内容涉及信息服务、信息技术与信息环境这三个信息生态因子，包括法律信息普及、法律信息教育、法律信息咨询、学术研究支持以及在服务过程中相关需求分析、技术支持、政策导向、社会场景等。

最后，服务内容与特点为公共法律信息服务绩效评价提供具象性指标借鉴。第五章公共法律信息服务绩效影响因素模型以信息生态因子为视角解析公共法律信息服务内容与特点，包括信息人视角服务主体能力与态度、服务对象法律信息素养、法律信息需求与意愿特点；信息服务视角法律信息资源属性、基本型与发展型公共法律信息服务属性；信息技术视角法律信息服务支撑性与功能技术属性；信息环境视角基础设施保障、体制机制建设、社会信息化水平、社会公共需求、公共法律信息服务机制完善、公共法律服务结构调整以及因此所产生的积极社会效益等特点。在此基础上，本书基于公共法律信息服务多维度不同特征构建以服务过程、服务结果、持续影响为评价目标层，以信息人、信息服务、信息技术、信息环境为评价基准层的公共法律信息服务绩效评价体系。

二、具体评价指标确定

本书借鉴现有公共信息服务绩效评价、网络法律信息资源质量评价指标研究成果，基于公共法律信息服务绩效影响因素模型，构建以公共法律信息服务过程、服务结果、持续影响为评价目标层，以信息人、信息服务、信息技术、信息环境生态因子为评价基准层的评价体系。采集了 14 个一级评价指标，结合 5 位一线司法工作者（法院、检察院、公安、律师事务所工作人员）、3 位信息检索技术人员、5 位图书情报领域专家学者以及 7 位法学领域专家学者建议和观点，初步选取了 67 项二级评价指标，如表 6-1 所示。为进一步论证评价指标体系合理性与科学性，本书采用问卷调查方法对所构建的公共法律信息服务绩效评价指标进行验证与修正，于 2022 年 1 月至 3 月展开调研。

表 6-1　基于信息生态因子的公共法律信息服务评价指标（初步）

一级指标	二级指标	来　源
服务主体能力与态度	专业性 协调性 服务认知度	Noh et al.（2018）〔1〕 李思艺（2019）〔2〕 陶敏等（2020）〔3〕

〔1〕 Noh Y., Ahn I. J., Choi M. H., et al., "A Study on the Inducing the Core Values of the Constitutional Court Library for the Public Service", *Journal of the Korean Society for Library and Information Science*, 52 (2018), pp. 111-135.

〔2〕 李思艺：《服务型政府理念下档案信息资源共享影响因素研究——基于信息生态理论的分析》，载《档案与建设》2019 年第 4 期。

〔3〕 陶敏等：《公共图书馆健康信息服务质量关键影响因素识别研究》，载《图书馆学研究》2020 年第 13 期。

续表

一级指标	二级指标	来　源
	主观能动性 服务信用度	朱如龙等（2020）[1]
服务对象 素养与意愿	信息意识 信息能力 主动性 依赖性	Parmar et al. （2016）[2] 刘国斌等（2017）[3] 谢人强等（2018）[4] Metallidou et al. （2020）[5]
法律信息属性	信息内容时效性 信息内容权威性 信息内容实用性 信息内容系统性 信息内容可回溯性 信息内容可用性 信息内容种类完备性 信息内容前沿性 信息内容专业性	Nykolaychuk et al. （2006）[6] 谢德智等（2015）[7] Carvalho et al. （2017）[8]

〔1〕朱如龙、沈烈:《信息生态因子视角下图书馆舆情信息服务质量影响因素分析》，载《图书馆工作与研究》2020年第6期。

〔2〕Parmar A. , Patel K. , "Critical Study and Analysis of Cyber Law Awareness Among the Netizens", *Springer*, *Singapore*, 409（2016）, pp. 325-334.

〔3〕刘国斌、毛晓军:《我国新型城镇化进程中的公共信息服务保障问题研究》，载《情报科学》2017年第1期。

〔4〕谢人强、叶福兰:《数字图书馆网站信息服务生态性评价及实证研究》，载《图书馆工作与研究》2018年第7期。

〔5〕Metallidou C. K. , Psannis K. E. , Alexandropoulou-Egyptiadou E. , "Survey on the Patent Law Awareness and the Entrepreneurial Trend of Greece's Graduates of Technology Institutes", *IEEE Access*, 8（2020）, pp. 98057-98072.

〔6〕Nykolaychuk L. , Chehodar O. , "Problems in Creation of Information Systems of Legal Knowledge and Estimation of Entropy of Legal Information", *IEEE*, 2006, pp. 444-445.

〔7〕谢德智、陈淼欲:《我国法律法规信息服务系统建设的研究与实践》，载《硅谷》2015年第2期。

〔8〕Carvalho A. C. , Erlano S. , "Sources of Legal Information", *Encontros Bibli-Revista Eletronica De Biblioteconomia E Ciencia Da Informacao*, 22（2017）, pp. 76-90.

续表

一级指标	二级指标	来　源
	信息内容融合性 信息内容开放共享性 信息内容形式规范性	董宇等（2018）[1] Magrath（2019）[2] Geraldo et al.（2019）[3]
基本型服务属性	服务影响力 服务即时性 服务方式创新性 服务常态化 服务互动性 服务开放性 服务方式人性化 服务权威性 服务实用性	涂文波（2007）[4] 陈传夫等（2010）[5] 高学敏（2014）[6] 江友霞等（2014）[7] 王建亚等（2016）[8] Noh et al.（2018）[9] 赵生辉等（2020）[10]

〔1〕董宇、安小米:《政府信息服务评价体系的可持续性研究》,载《图书情报工作》2018年第20期。

〔2〕Magrath P. ,“Law Reporting and Public Access in the Courts: Is too much a Good Thing?: Part 1: The English Experience”, *Legal Information Management*, 19（2019）, pp. 224-229.

〔3〕Geraldo G. , Pinto M. D. S. ,“Study of Users of Legal Information: Librarian and Quality Criteria for Information”, *Perspectivas em Ciência da Informação*, 24（2019）, pp. 39-60.

〔4〕涂文波:《国外法律信息资源检索策略的制定方法》,载《图书馆学研究》2007年第1期。

〔5〕陈传夫、冉从敬:《法律信息增值利用的制度需求与对策建议》,载《图书与情报》2010年第6期。

〔6〕高学敏:《中国公民普法教育演进研究》,复旦大学2014年博士学位论文。

〔7〕江友霞、赵文升、涂晓静:《高校图书馆关于开展法律信息服务的探索研究》,载《四川图书馆学报》2014年第5期。

〔8〕王建亚、卢小宾:《政务信息生态链模型构建》,载《情报科学》2016年第3期。

〔9〕Noh Y. , Ahn I. J. , Choi M. H. , et al. ,“A Study on the Inducing the Core Values of the Constitutional Court Library for the Public Service”, *Journal of the Korean Society for Library and Information Science*, 52（2018）, pp. 111-135.

〔10〕赵生辉、胡莹:《多语言数字图书馆信息生态链的结构、类型及启示》,载《图书馆理论与实践》2020年第3期。

续表

一级指标	二级指标	来　源
		Osiejewicz（2020）[1] Seizov et al.（2021）[2]
发展型服务属性	服务安全性 服务专业性 服务智慧化 服务标准化 服务经济性 服务个性化 服务增益性	Bing（1984）[3] Nykolaychuk et al.（2006）[4] 夏立新等（2010）[5] Smith et al.（2014）[6] Viktorsson et al.（2015）[7] 张发亮等（2016）[8] Poinhos et al.（2017）[9]

〔1〕 Osiejewicz J.,"Transnational Legal Communication: Towards Comprehensible and Consistent Law", *Foundations of Science*, 25（2020）, pp. 441-475.

〔2〕 Seizov O., Wulf A J.,"Communicating Legal Information to Online Customers Transparently: A Multidisciplinary Multistakeholderist Perspective", *Journal of International Consumer Marketing*, 33（2021）, pp. 159-177.

〔3〕 Bing J."User-Constructed Legal Information Systems: Subscription to and Use of Legal Information Services from the Perspective of the End User", *Social Science Information Studies*, 4（1984）, pp. 241-259.

〔4〕 Nykolaychuk L., Chehodar O.,"Problems in Creation of Information Systems of Legal Knowledge and Estimation of Entropy of Legal Information", *IEEE*, 2006, pp. 444-445.

〔5〕 夏立新、翟姗姗、李冠楠:《面向用户需求的个性化政务信息服务模式》,载《图书情报工作》2010 年第 8 期。

〔6〕 Smith J. E., Brandenburg M. D., Conte M. L., et al.,"Innovative Information Service Development: Meeting the Information Needs of an Interdisciplinary, Cross-Sector Research Complex", *Journal of the Medical Library Association: JMLA*, 102（2014）, pp. 8-13.

〔7〕 Cano Viktorsson C.,"From Maps to Apps: Tracing the Organizational Responsiveness of an Early Multi-Modal Travel Planning Service", *Journal of Urban Technology*, 22（2015）, pp. 87-101.

〔8〕 张发亮、胡媛、朱益平:《区域科技创新信息服务平台建设与服务模式研究》,载《图书馆学研究》2016 年第 24 期。

〔9〕 Poínhos R., Oliveira B. M. P. M., Van Der Lans I. A., et al.,"Providing Personalised Nutrition: Consumers' Trust and Preferences Regarding Sources of Information, Service Providers and Regulators, and Communication Channels", *Public health genomics*, 20（2017）, pp. 218-228.

续表

一级指标	二级指标	来　源
		邢启迪等（2017）[1] Janecek（2019）[2] 黄梦萦（2020）[3]
信息支撑技术	稳定性 安全性 存储传递能力 导航检索能力	沙振江等（2005）[4] 刘冰雪（2014）[5] 庹继光（2020）[6] Jung et al.（2017）[7] Lee（2019）[8] Kanapala et al.（2019）[9]

〔1〕 邢启迪等:《法律文献资源关联模型设计与应用研究》，载《图书情报工作》2017 年第 10 期。

〔2〕 Janecek V.，"Personalised Dissemination of Legal Information"，*Knowledge of the Law in the Big Data Age*，317（2019），pp. 91-100.

〔3〕 黄梦萦:《面向大学生创业的高校图书馆法律信息服务策略研究》，载《创新创业理论研究与实践》2020 年第 15 期。

〔4〕 沙振江:《试述网络法律信息的检索》，载《现代情报》2005 年第 5 期。

〔5〕 刘冰雪:《法律信息视域下的图书馆员素质培养研究》，载《大学图书情报学刊》2014 年第 5 期。

〔6〕 庹继光:《人工智能传播法律调控创新探析》，载《新媒体与社会》2020 年第 1 期。

〔7〕 Jung H. M.，Lee Y.，Kim W.，"Legal Information Retrieval System Relevant to R&D Projects Based on Word-Embedding of Core Terms"，*Proceedings of the International Conference on Electronic Commerce*. 2017，pp. 1-3.

〔8〕 Lee H. W.，"The Legal Aspect of Supreme Court Cases on the Unlicensed Medical Practice of Korean Medicine"，*Journal of Society of Preventive Korean Medicine*，23（2019），pp. 15-26.

〔9〕 Kanapala A.，Jannu S.，Pamula R.，"Passage-Based Text Summarization for Legal Information Retrieval"，*Arabian Journal for Science and Engineering*，44（2019），pp. 9159-9169.

续表

一级指标	二级指标	来　源
信息功能技术	易用性 多样性 友好性 适配性	焦玉英等（2008）〔1〕 胡吉明等（2019）〔2〕 Yoshioka（2017）〔3〕 Van et al.（2017）〔4〕 Koniaris et al.（2017）〔5〕
体制机制建设	信息基础设施建设程度 人、资金、物、技术等条件的投入与支持 法律信息服务制度建设程度	周毅（2014）〔6〕 蒋知义等（2020）〔7〕
社会信息化水平	法律法规政策健全程度 社会信息化利用率 信息技术发展程度	张建彬（2012）〔8〕 杨诚（2015）〔9〕

---

〔1〕 焦玉英、雷雪：《基于用户满意度的网络信息服务质量评价模型及调查分析》，载《图书情报工作》2008 年第 2 期。

〔2〕 胡吉明、李雨薇、谭必勇：《政务信息发布服务质量评价模型与实证研究》，载《现代情报》2019 年第 10 期。

〔3〕 Yoshioka M.，"Analysis of COLIEE Information Retrieval Task Data"，*Springer*，*Cham*，2017，pp. 5-19.

〔4〕 Van Opijnen M.，Santos C.，"On the Concept of Relevance in Legal Information Retrieval"，*Artificial Intelligence and Law*，25（2017），pp. 65-87.

〔5〕 Koniaris M.，Anagnostopoulos I.，Vassiliou Y.，"Evaluation of Diversification Techniques for Legal Information Retrieval"，*Algorithms*，10（2017），p. 22.

〔6〕 周毅：《公共信息服务制度的定位及其核心问题分析》，载《情报资料工作》2014 年第 4 期。

〔7〕 蒋知义等：《信息生态视角下智慧城市公共信息服务质量影响因素识别研究》，载《情报科学》2020 年第 3 期。

〔8〕 张建彬：《面向用户的公共信息服务集成研究》，载《图书与情报》2012 年第 1 期。

〔9〕 杨诚：《农村基本公共信息服务均等化标准化研究》，载《图书馆理论与实践》2015 年第 9 期。

续表

一级指标	二级指标	来　源
		刘国斌等（2017）〔1〕
服务对象 信息需求	满意度 信任度 获益度	Jo et al.（2011）〔2〕 李友芝等（2013）〔3〕 周毅（2017）〔4〕 Geraldo et al.（2019）〔5〕 蒋知义等（2020）〔6〕
社会公共需求	犯罪率 普法率 诉讼率 纠纷化解率	周毅（2016）〔7〕 周毅（2017）〔8〕
公共法律信息 服务机制	长效性 科学性 有效性	江友霞等（2014）〔9〕 杨秀平（2016）〔10〕

〔1〕 刘国斌、毛晓军：《我国新型城镇化进程中的公共信息服务保障问题研究》，载《情报科学》2017 年第 1 期。

〔2〕 Jo H. W., Kim S. W., "A Service Quality Model for the Public Information Service", in Tai-Hoon Kim, et al., *U-and E-Service, Science and Technology, UNESST*, 2011, pp. 332-340.

〔3〕 李友芝、谭貌：《政府信息服务绩效评估指标体系的构建》，载《情报科学》2013 年第 12 期。

〔4〕 周毅：《社会共治模式下公共信息服务的绩效评估》，载《情报资料工作》2017 年第 3 期。

〔5〕 Geraldo G., Pinto M. D. S., "Study of Users of Legal Information: Librarian and Quality Criteria for Information", *Perspectivas em Ciência da Informação*, 24（2019）, pp. 39-60.

〔6〕 蒋知义等：《信息生态视角下智慧城市公共信息服务质量影响因素识别研究》，载《情报科学》2020 年第 3 期。

〔7〕 周毅：《论公共信息服务的法治化》，载《中国图书馆学报》2016 年第 4 期。

〔8〕 周毅：《社会共治模式下公共信息服务的绩效评估》，载《情报资料工作》2017 年第 3 期。

〔9〕 江友霞、赵文升、涂晓静：《高校图书馆关于开展法律信息服务的探索研究》，载《四川图书馆学报》2014 年第 5 期。

〔10〕 杨秀平：《农村公共信息服务与农民信息素养培育问题研究——以西北农村调查为例》，载《农业图书情报学刊》2016 年第 9 期。

续表

一级指标	二级指标	来　源
公共法律服务结构	完善性 适应性 均等普惠性	罗震宇（2019）〔1〕
社会效益	法治化程度 公共利益最大化 社会关注度	孙建军（2012）〔2〕 周毅等（2018）〔3〕

首先，根据绩效评价指标体系二级指标设计调查问卷问题项，共计68个问题；其次，针对调查问卷每个问题项采用李克特七级量表对该指标认可度进行调研，指标认可度用1-7来表示，分别代表对该指标完全不同意、不同意、比较不同意、一般、比较同意、同意、完全同意。被调查者根据自身认知和感受作出判断回答，详见附录3。本次问卷调查采用线上发放问卷700份，剔除时间较短及回答明显存在问题的无效问卷61份，总共回收有效问卷639份。

（一）样本描述统计分析

本书分别从性别、年龄段、受教育程度、职业、知识背景或兴趣对被调查者进行匿名调查，基本情况描述分析具体见表6-2：

〔1〕罗震宇：《公共法律服务数据信息案例库构建的探索与实践》，载《中国司法》2019年第6期。

〔2〕孙建军：《网络公共信息资源利用效率影响因素实证分析》，载《图书情报工作》2012年第10期。

〔3〕周毅、王杰：《公共信息服务社会共治内涵与运行机理分析》，载《情报理论与实践》2018年第3期。

表 6-2 服务绩效评价指标调研对象基本信息分布

人口学变量	分类	频率	百分比/%
性别	男	301	47.1
	女	338	52.9
年龄	18~22 岁	154	24.1
	23~26 岁	293	45.9
	27~35 岁	151	23.6
	36~45 岁	34	5.3
	45 岁以上	7	1.1
受教育程度	高中及以下	22	3.4
	大专	122	19.1
	大学本科	330	51.6
	硕士研究生	141	22.1
	博士研究生	24	3.8
职业	政府或事业单位工作人员	65	10.2
	企业职员	213	33.3
	自由职业者	192	30.0
	学生	165	25.8
	其他	4	0.6
知识背景或兴趣	法律类及相关	113	17.7
	公共管理类及相关	350	54.8
	信息管理类及相关	139	21.8
	其他	37	5.8

（二）项目分析

本书采用项目分析法对公共法律信息服务绩效评价指标调查问卷的合理性与有效性进行检验。问卷的合理性与有效性通常体现为在问卷问项的设计上必须具有显著的区分特征。项目分析通过求和各问项，使用 T 检验法对比不同组别的差异，分析问项的区分性。样本项目分析结果，如表 6-3 所示：

表 6-3　服务绩效评价指标调研项目分析结果

维　度	指　标	组别（平均值±标准差）		T	P
		低分组（n=173）	高分组（n=172）		
服务主体能力与态度	专业性	4.72±1.30	6.35±0.69	14.620	0.000**
	协调性	4.49±1.38	6.30±0.73	15.233	0.000**
	服务认知度	4.58±1.29	6.21±0.73	14.517	0.000**
	主观能动性	4.58±1.41	6.26±0.73	13.920	0.000**
	服务信用度	4.64±1.34	6.28±0.74	14.062	0.000**
服务对象素养与意愿	信息意识	4.45±1.18	6.19±0.78	16.128	0.000**
	信息能力	4.33±1.14	6.22±0.80	17.837	0.000**
	主动性	4.29±1.23	6.18±0.81	16.863	0.000**
	依赖性	4.31±1.21	6.22±0.78	17.452	0.000**
法律信息属性	信息内容时效性	4.35±1.25	6.34±0.70	18.321	0.000**
	信息内容权威性	4.39±1.22	6.36±0.67	18.636	0.000**
	信息内容实用性	4.31±1.28	6.31±0.73	17.891	0.000**
	信息内容系统性	5.46±1.97	5.36±1.97	0.454	0.650
	信息内容可回溯性	4.38±1.23	6.33±0.69	18.153	0.000**
	信息内容可用性	3.95±1.51	5.02±2.15	5.324	0.000**
	信息内容种类完备性	4.39±1.27	6.35±0.72	17.554	0.000**
	信息内容前沿性	4.43±1.15	6.08±0.80	15.505	0.000**
	信息内容专业性	4.32±1.19	6.35±0.67	19.580	0.000**

续表

维　度	指　标	组别（平均值±标准差）		T	P
		低分组（n=173）	高分组（n=172）		
	信息内容融合性	4.27±1.18	6.38±0.66	20.525	0.000**
	信息内容开放共享性	4.34±1.26	6.33±0.75	17.862	0.000**
	信息内容形式规范性	4.27±1.26	6.32±0.66	18.870	0.000**
基本型服务属性	服务影响力	4.40±1.15	6.37±0.70	19.188	0.000**
	服务即时性	4.40±1.15	6.27±0.74	17.993	0.000**
	服务方式创新性	4.42±1.13	6.29±0.79	17.944	0.000**
	服务常态化	4.44±1.10	6.33±0.74	18.740	0.000**
	服务互动性	4.51±1.14	6.35±0.71	18.039	0.000**
	服务开放性	4.49±1.10	6.30±0.73	17.959	0.000**
	服务方式人性化	4.42±1.16	6.27±0.73	17.659	0.000**
	服务权威性	4.43±1.13	6.34±0.72	18.774	0.000**
	服务实用性	4.53±1.11	6.38±0.69	18.678	0.000**
发展型服务属性	服务安全性	4.26±1.25	6.19±0.71	17.599	0.000**
	服务专业性	4.17±1.29	6.24±0.67	18.716	0.000**
	服务智慧化	4.18±1.30	6.30±0.71	18.827	0.000**
	服务标准化	4.20±1.36	6.28±0.68	18.033	0.000**
	服务经济性	4.20±1.31	6.26±0.73	17.990	0.000**
	服务个性化	4.25±1.31	6.25±0.68	17.801	0.000**
	服务增益性	4.28±1.28	6.22±0.66	17.689	0.000**
信息支撑技术	稳定性	4.42±1.17	6.31±0.71	18.139	0.000**
	安全性	4.52±1.20	6.34±0.65	17.508	0.000**
	存储传递能力	4.47±1.17	6.35±0.68	18.218	0.000**
	导航检索能力	4.51±1.26	6.30±0.67	16.476	0.000**

续表

维　度	指　标	组别（平均值±标准差）		T	P
		低分组（n=173）	高分组（n=172）		
信息功能技术	易用性	4.43±1.28	6.21±0.75	15.754	0.000**
	多样性	4.36±1.22	6.24±0.75	17.222	0.000**
	友好性	4.45±1.22	6.24±0.75	16.407	0.000**
	适配性	4.36±1.26	6.24±0.75	16.897	0.000**
体制机制建设	信息基础设施建设程度	4.32±1.13	6.21±0.77	18.206	0.000**
	人、资金、物、技术等条件的投入与支持	4.49±1.14	6.22±0.78	16.382	0.000**
	法律信息服务制度建设程度	4.43±1.19	6.21±0.78	16.369	0.000**
社会信息化水平	法律法规政策健全程度	4.29±1.31	6.23±0.75	16.947	0.000**
	社会信息化利用率	4.31±1.26	6.21±0.75	17.042	0.000**
	信息技术发展程度	4.27±1.28	6.23±0.76	17.266	0.000**
服务对象信息需求	满意度	4.40±1.15	6.19±0.76	16.996	0.000**
	信任度	4.46±1.11	6.23±0.74	17.334	0.000**
	获益度	4.46±1.09	6.26±0.75	17.938	0.000**
社会公共需求	犯罪率	4.29±1.24	6.17±0.76	16.960	0.000**
	普法率	4.32±1.20	6.18±0.76	17.218	0.000**
	诉讼率	4.33±1.21	6.15±0.75	16.811	0.000**
	纠纷化解率	4.32±1.18	6.20±0.74	17.693	0.000**
公共法律信息服务机制	长效性	4.17±1.19	6.24±0.69	19.875	0.000**
	科学性	4.17±1.16	6.27±0.70	20.415	0.000**
	有效性	4.24±1.19	6.30±0.66	19.903	0.000**

续表

维 度	指 标	组别（平均值±标准差）		T	P
		低分组（n=173）	高分组（n=172）		
公共法律服务结构	完善性	4.24±1.24	6.26±0.69	18.723	0.000**
	适应性	4.35±1.21	6.24±0.71	17.690	0.000**
	均等普惠性	4.23±1.21	6.27±0.70	19.191	0.000**
社会效益	法治化程度	4.60±1.27	6.23±0.81	14.223	0.000**
	公共利益最大化	4.52±1.20	6.18±0.86	14.806	0.000**
	社会关注度	4.66±1.27	6.24±0.80	13.804	0.000**

注：* $p<0.05$，** $p<0.01$。

表6-3结果表明，法律信息属性维度下的信息内容系统性指标的p值大于0.05，说明信息内容系统性的区分性不显著。因此，将该二级指标进行删除，保留了其他66项二级指标。

（三）信度检验

本书采用Cronbach信度系数对公共法律信息服务绩效评价指标调查问卷的信度进行检验。通常Cronbach值大于0.8则问卷各指标相关性较好。同时，采用CITC值测量每个指标问项的合理程度，当CITC值大于0.5则该指标问项较合理。

1. 服务过程维度的信度检验

由表 6-4 可见，法律信息内容可用性、信息内容前沿性指标与服务方式人性化指标 CITC 值分别为 0.218 和 0.370、0.448，均<0.5，说明信息内容可用性指标、信息内容前沿性指标、服务方式人性化指标应予以剔除。剔除后相关维度信度值会提升，其他维度下各题项 CITC 值均>0.5，且各维度信度值均>0.8，表明信度检验通过。

表 6-4　服务过程维度信度检验结果

维　度		指　标	CITC	项目删除后的 Cronbach's Alpha	Cronbach's Alpha
服务过程	服务主体能力与态度	专业性	0.829	0.918	0.934
		协调性	0.818	0.921	
		服务认知度	0.845	0.916	
		主观能动性	0.821	0.920	
		服务信用度	0.813	0.921	
	服务对象素养与意愿	信息意识	0.766	0.888	0.907
		信息能力	0.795	0.878	
		主动性	0.795	0.878	
		依赖性	0.804	0.875	
	法律信息属性	信息内容时效性	0.816	0.913	0.925
		信息内容权威性	0.797	0.914	
		信息内容实用性	0.830	0.912	
		信息内容可回溯性	0.814	0.913	
		信息内容可用性	0.218	0.947	

续表

维　度		指　标	CITC	项目删除后的 Cronbach's Alpha	Cronbach's Alpha
服务过程	法律信息属性	信息内容种类完备性	0.829	0.912	
		信息内容前沿性	0.370	0.934	
		信息内容专业性	0.805	0.913	
		信息内容融合性	0.829	0.912	
		信息内容开放共享性	0.826	0.912	
		信息内容形式规范性	0.833	0.912	
	基本型服务属性	服务影响力	0.842	0.938	0.947
		服务即时性	0.848	0.938	
		服务方式创新性	0.822	0.939	
		服务常态化	0.836	0.939	
		服务互动性	0.841	0.938	
		服务开放性	0.854	0.938	
		服务方式人性化	0.448	0.959	
		服务权威性	0.832	0.939	
		服务实用性	0.836	0.939	
	发展型服务属性	服务安全性	0.842	0.948	0.955
		服务专业性	0.849	0.948	
		服务智慧化	0.864	0.946	
		服务标准化	0.826	0.949	
		服务经济性	0.852	0.947	
		服务个性化	0.825	0.950	

续表

维　度		指　标	CITC	项目删除后的Cronbach's Alpha	Cronbach's Alpha
服务过程		服务增益性	0.854	0.947	
	信息支撑技术	稳定性	0.818	0.891	0.918
		安全性	0.814	0.892	
		存储传递能力	0.810	0.894	
		导航检索能力	0.802	0.896	
	信息功能技术	易用性	0.807	0.900	0.921
		多样性	0.824	0.894	
		友好性	0.799	0.903	
		适配性	0.837	0.890	
	体制机制建设	信息基础设施建设程度	0.857	0.868	0.920
		人、资金、物、技术等条件的投入与支持	0.821	0.898	
		法律信息服务制度建设程度	0.835	0.887	
	社会信息化水平	法律法规政策健全程度	0.862	0.900	0.932
		社会信息化利用率	0.851	0.909	
		信息技术发展程度	0.868	0.895	

2. 服务结果维度的信度检验

由表6-5可见，服务结果维度下各指标的CITC值均>0.5，且服务对象信息需求和社会公共需求的信度值分别为0.914和0.947，均>0.9，服务结果维度信度值良好，通过信度检验。

表 6-5　服务结果维度信度检验结果

维　度		指　标	CITC	项目删除后的 Cronbach's Alpha	Cronbach's Alpha
服务结果	服务对象信息需求	满意度	0.819	0.882	0.914
		信任度	0.825	0.877	
		获益度	0.834	0.869	
	社会公共需求	犯罪率	0.885	0.927	0.947
		普法率	0.854	0.937	
		诉讼率	0.863	0.934	
		纠纷化解率	0.890	0.926	

3. 持续影响维度的信度检验

由表 6-6 可见，持续影响维度下各个指标的 CITC 值均>0.5，且公共法律信息服务机制、公共法律服务结构和社会公共需求的信度值分别为 0.944、0.924 和 0.925，均>0.9，持续影响维度信度值良好，通过信度检验。

表 6-6　持续影响维度信度检验结果

维　度		指　标	CITC	项目删除后的 Cronbach's Alpha	Cronbach's Alpha
持续影响	公共法律信息服务机制	长效性	0.888	0.914	0.944
		科学性	0.864	0.933	
		有效性	0.897	0.908	
	公共法律服务结构	完善性	0.863	0.876	0.924
		适应性	0.818	0.912	
		均等普惠性	0.855	0.882	

续表

维　度		指　标	CITC	项目删除后的 Cronbach's Alpha	Cronbach's Alpha
持续影响	社会效益	法治化程度	0.866	0.877	0.925
		公共利益最大化	0.808	0.924	
		社会关注度	0.871	0.874	

（四）效度检验

本书运用 Bartlett 球形与 KMO 检验对公共法律信息服务绩效评价指标调查问卷的效度进行检验。

首先，服务过程维度下 47 个指标的 Bartlett 球形检验 c^2 值为 30792.717（自由度 1081，sig=0.000），KMO 值为 0.950；其次，运用主成分分析法进行因子分析。按照特征值>1 抽取 9 个公共因子，累计解释方差为 79.762%；最后，用最大方差法进行指标正交旋转，47 个指标因子载荷>0.5，表明服务过程维度指标的结构效度较好。同理可得，服务结果维度 7 个指标 Bartlett 球形检验 c^2 值为 4106.610（自由度 21，sig=0.000），KMO 值为 0.844。采用主成分分析法抽取方法进行因子分析，累计解释方差为 85.943%，符合解释量在 60%以上的标准；持续影响维度的 9 个指标 Bartlett 球形检验 c^2 值为 5189.929（自由度 36，sig=0.000），KMO 值为 0.843。采用主成分分析法抽取方法进行因子分析，累计解释方差为 87.974%，符合解释量在 60%以上的标准。分别用最大方差法进行指标正交旋转，测量各指标因子载荷大于 0.5，表明服务结果维度与持续影响维度指标的结构效度较好。

综上所述，经过项目分析与因子分析检验修正，确立了包含 13 个一级评价指标、63 个二级评价指标的指标体系，如图 6-3 所示：

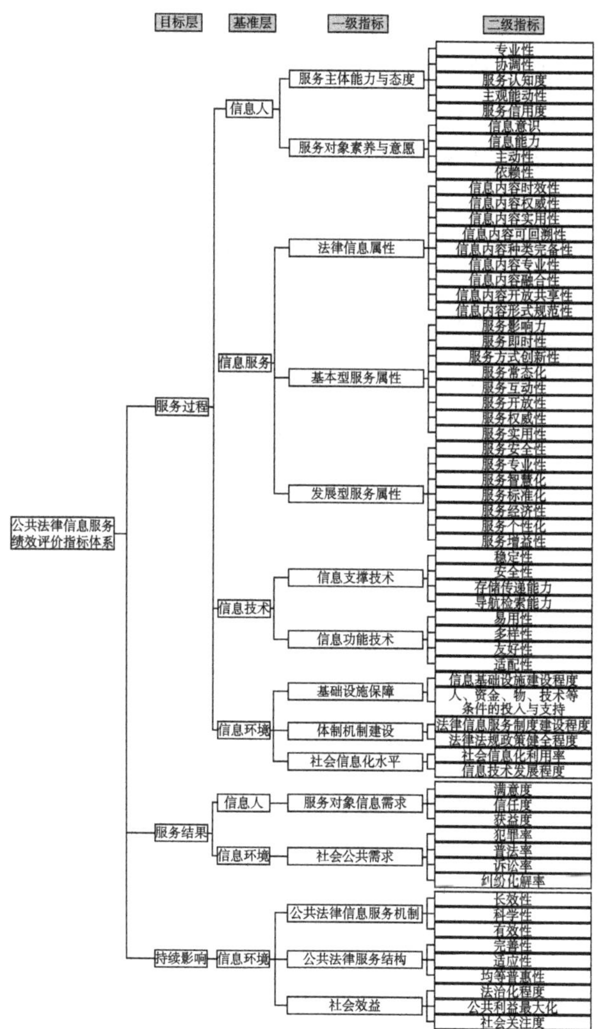

图 6-3　信息生态视角下公共法律信息服务绩效评价指标

三、评价指标权重分配

本书采用模糊层次分析法确定各评价指标的权重。本书通过专家调查问卷的方式邀请了前述指标确定过程中的5位一线司法工作者（法院、检察院、公安、律师事务所工作人员）、3位信息检索技术人员、5位图书情报领域专家学者以及7位法学领域专家学者共计20位专家及相关人员组成评价专家组，调查问卷详见附录4。评价专家组专家通过T. L. Saaty的“1-9标度方法”（见表6-7）对评价体系中各项指标的相对重要性进行两两比较判断。

表6-7　T. L. Saaty1-9标度方法

标　度	含　义
1	C_i 元素和 C_j 元素的影响相同
3	C_i 元素比 C_j 元素的影响稍强
5	C_i 元素比 C_j 元素的影响强
7	C_i 元素比 C_j 元素的影响明显的强
9	C_i 元素比 C_j 元素的影响绝对的强
2，4，6，8	C_i 元素比 C_j 元素的影响之比在上述两个相邻等级之间
1, 1/2, …, 1/9	C_i 元素比 C_j 元素的影响之比为上面 C_{ij} 的倒数

本书采用正规化求和法计算指标相对重要性判断矩阵特征向量 W 和最大特征值 λ_{max}：

（1）正规化处理指标相对重要性判断矩阵每一列，即正规化后每一列元素之和都是1，如公式6-1：

$$b_{ij}=\frac{a_{ij}}{\sum_{i=1}^{n}a_{ij}}\ (i,\ j=1,\ 2,\ 3,\ \cdots,\ n)\qquad \text{（公式6-1）}$$

（2）按行将各列正规化后的指标相对重要性判断矩阵相加，如公式6-2：

$$V_1=\sum_{j=1}^{n}b_{ij}(i,\ j=1,\ 2,\ 3,\ \cdots,\ n)\qquad \text{（公式6-2）}$$

（3）再对向量 $V=[V_1, V_2, \cdots, V_n]^T$ 进行正规化，得到的向量 $[w_1, w_2, \cdots, w_n]^T$ 即为权重向量，如公式6-3：

$$W_i = \frac{V_i}{\sum_{i=1}^{n} V_i} (i = 1, 2, 3, \cdots, n) \qquad （公式 6-3）$$

（4）最后计算判断矩阵的最大特征根 λ_{max}，如公式 6-4：

$$\lambda_{max} = \sum_{i=1}^{n} \frac{(AW)_i}{nW_i} (i, j = 1, 2, 3, \cdots, n) \qquad （公式 6-4）$$

上式中 $(AW)_i$ 表示 AW 的第 i 个元素，n 为阶数。

由于专家对因素进行两两比较时有可能会出现自相矛盾的现象，因此在进行层次单排序时为了避免出现这种现象，必须检验一致性。检验的步骤如下：

（1）计算一致性指标 C_I。一致性指标 C_I 是衡量判断矩阵 A 对其主特征向量 W 中原构成的矩阵偏离程度的一个尺度，如公式 6-5：

$$CI = \frac{\lambda_{max} - n}{n-1} （n \text{ 为判断矩阵的阶数}） \qquad （公式 6-5）$$

（2）定义随机一致性指标均值 RI：

对 n =3-10 阶，经过计算，可以分别得出它们的 RI，考虑到 1，2 阶判断矩阵具有完全一致性，其 RI 的数值自然为 0。由此，1-10 阶的判断矩阵的 RI，如表 6-8 所示：

表 6-8　矩阵阶数为 1-10 的 RI 取值

阶数	1	2	3	4	5	6	7	8	9	10
RI	0.00	0.00	0.52	0.89	1.12	1.26	1.36	1.41	1.46	1.49

表 6-8 中 n=1，2 时，RI=0，是因为 1，2 阶的正互反矩阵总是一致阵。

根据指标体系，选取本领域多位专家，分别对指标的重要程度进行打分，然后对打分结果再进行了内部讨论和归纳，得到两两判断矩阵，如表 6-9 所示：

表 6-9 公共法律信息服务绩效评价一级指标判断矩阵

	服务主体能力与态度	服务对象素养与意愿	法律信息属性	基本型服务属性	发展型服务属性	信息支撑技术	信息功能技术	体制机制建设	社会信息化水平	服务对象信息需求	社会公共需求	公共法律信息服务机制	公共法律服务结构	社会效益
服务主体能力与态度	1. 0000	4. 3000	4. 7767	4. 4467	4. 7938	4. 2200	4. 3200	3. 8200	4. 4183	3. 9917	4. 0517	3. 8155	3. 0667	1. 3006
服务对象素养与意愿	0. 2326	1. 0000	3. 2167	2. 4100	1. 9089	2. 1933	2. 5917	1. 9648	1. 7617	1. 2881	1. 4542	1. 3483	1. 2673	0. 8369
法律信息属性	0. 2094	0. 3109	1. 0000	1. 9250	1. 9800	0. 8683	0. 8808	0. 5980	0. 6789	0. 4200	0. 5175	0. 3381	0. 5183	0. 5426
基本型服务属性	0. 2249	0. 4149	0. 5195	1. 0000	1. 2250	0. 7233	0. 7883	0. 5325	0. 9871	0. 5073	0. 6750	0. 4925	0. 6356	0. 8152
发展型服务属性	0. 2086	0. 5239	0. 5051	0. 8163	1. 0000	1. 5167	2. 0500	0. 8000	0. 6871	1. 1958	0. 9400	0. 6175	0. 9142	0. 6621
信息支撑技术	0. 2370	0. 4559	1. 1516	1. 3825	0. 6593	1. 0000	0. 9417	0. 5146	2. 5517	0. 6737	0. 7483	0. 3558	0. 4758	0. 6566
信息功能技术	0. 2315	0. 3859	1. 1353	1. 2685	0. 4878	1. 0619	1. 0000	1. 2069	1. 8628	0. 9746	0. 9510	0. 5467	0. 5175	0. 8799
体制机制建设	0. 2618	0. 5090	1. 6723	1. 8779	1. 2500	1. 9434	0. 8285	1. 0000	4. 0750	2. 7217	3. 1383	1. 8667	2. 1667	1. 3467
社会信息化水平	0. 2263	0. 5676	1. 4729	1. 0130	1. 4553	0. 3919	0. 5368	0. 2454	1. 0000	1. 1592	1. 4550	0. 6740	0. 7514	0. 6214
服务对象信息需求	0. 2505	0. 7763	2. 3810	1. 9714	0. 8362	1. 4843	1. 0260	0. 3674	0. 8627	1. 0000	1. 7383	1. 6181	1. 7681	0. 8229

续表

	服务主体能力与态度	服务对象素养与意愿	法律信息属性	基本型服务属性	发展型服务属性	信息支撑技术	信息功能技术	体制机制建设	社会信息化水平	服务对象信息需求	社会公共需求	公共法律信息服务机制	公共法律服务结构	社会效益
社会公共需求	0. 2468	0. 6877	1. 9324	1. 4815	1. 0638	1. 3363	1. 0516	0. 3186	0. 6873	0. 5753	1. 0000	1. 2714	1. 4214	0. 7067
公共法律信息服务机制	0. 2621	0. 7417	2. 9577	2. 0305	1. 6194	2. 8103	1. 8293	0. 5357	1. 4836	0. 6180	0. 7865	1. 0000	3. 3500	1. 5821
公共法律服务结构	0. 3261	0. 7891	1. 9293	1. 5733	1. 0939	2. 1016	1. 9324	0. 4615	1. 3308	0. 5656	0. 7035	0. 2985	1. 0000	1. 6843
社会效益	0. 7689	1. 1949	1. 8429	1. 2266	1. 5102	1. 5230	1. 1365	0. 7426	1. 6092	1. 2153	1. 4151	0. 6321	0. 5937	1. 0000

$$A=\begin{bmatrix}
1.0000 & 4.3000 & 4.7767 & 4.4467 & 4.7938 & 4.2200 & 4.3200 & 3.8200 & 4.4183 & 3.9917 & 4.0517 & 3.8155 & 3.0667 & 1.3006 \\
0.2326 & 1.0000 & 3.2167 & 2.4100 & 1.9089 & 2.1933 & 2.5917 & 1.9648 & 1.7617 & 1.2881 & 1.4542 & 1.3483 & 1.2673 & 0.8369 \\
0.2094 & 0.3109 & 1.0000 & 1.9250 & 1.9800 & 0.8683 & 0.8808 & 0.5980 & 0.6789 & 0.4200 & 0.5175 & 0.3381 & 0.5183 & 0.5426 \\
0.2249 & 0.4149 & 0.5195 & 1.0000 & 1.2250 & 0.7233 & 0.7883 & 0.5325 & 0.9871 & 0.5073 & 0.6750 & 0.4925 & 0.6356 & 0.8152 \\
0.2086 & 0.5239 & 0.5051 & 0.8163 & 1.0000 & 1.5167 & 2.0500 & 0.8000 & 0.6871 & 1.1958 & 0.9400 & 0.6175 & 0.9142 & 0.6621 \\
0.2370 & 0.4559 & 1.1516 & 1.3825 & 0.6593 & 1.0000 & 0.9417 & 0.5146 & 2.5517 & 0.6737 & 0.7483 & 0.3558 & 0.4758 & 0.6566 \\
0.2315 & 0.3859 & 1.1353 & 1.2685 & 0.4878 & 1.0619 & 1.0000 & 1.2069 & 1.8628 & 0.9746 & 0.9510 & 0.5467 & 0.5175 & 0.8799 \\
0.2618 & 0.5090 & 1.6723 & 1.8779 & 1.2500 & 1.9434 & 0.8285 & 1.0000 & 4.0750 & 2.7217 & 3.1383 & 1.8667 & 2.1667 & 1.3467 \\
0.2263 & 0.5676 & 1.4729 & 1.0130 & 1.4553 & 0.3919 & 0.5368 & 0.2454 & 1.0000 & 1.1592 & 1.4550 & 0.6740 & 0.7514 & 0.6214 \\
0.2505 & 0.7763 & 2.3810 & 1.9714 & 0.8362 & 1.4843 & 1.0260 & 0.3674 & 0.8627 & 1.0000 & 1.7383 & 1.6181 & 1.7681 & 0.8229 \\
0.2468 & 0.6877 & 1.9324 & 1.4815 & 1.0638 & 1.3363 & 1.0516 & 0.3186 & 0.6873 & 0.5753 & 1.0000 & 1.2714 & 1.4214 & 0.7067 \\
0.2621 & 0.7417 & 2.9577 & 2.0305 & 1.6194 & 2.8103 & 1.8293 & 0.5357 & 1.4836 & 0.6180 & 0.7865 & 1.0000 & 3.3500 & 1.5821 \\
0.3261 & 0.7891 & 1.9293 & 1.5733 & 1.0939 & 2.1016 & 1.9324 & 0.4615 & 1.3308 & 0.5656 & 0.7035 & 0.2985 & 1.0000 & 1.6843 \\
0.7689 & 1.1949 & 1.8429 & 1.2266 & 1.5102 & 1.5230 & 1.1365 & 0.7426 & 1.6092 & 1.2153 & 1.4151 & 0.6321 & 0.5937 & 1.0000
\end{bmatrix}$$

将判断矩阵 A 的列向量进行归一化处理，如公式 6-6：

$$b_{ij}=a_{ij}/\sum_{k=1}^{14}a_{ij} \qquad \text{（公式 6-6）}$$

$$B=\begin{bmatrix}
0.2134 & 0.3397 & 0.1803 & 0.1821 & 0.2295 & 0.1821 & 0.2066 & 0.2914 & 0.1841 & 0.2361 & 0.2070 & 0.2565 & 0.1662 & 0.0966 \\
0.0496 & 0.0790 & 0.1214 & 0.0987 & 0.0914 & 0.0946 & 0.1239 & 0.1499 & 0.0734 & 0.0762 & 0.0743 & 0.0906 & 0.0687 & 0.0622 \\
0.0447 & 0.0246 & 0.0377 & 0.0788 & 0.0948 & 0.0375 & 0.0421 & 0.0456 & 0.0283 & 0.0248 & 0.0264 & 0.0227 & 0.0281 & 0.0403 \\
0.0480 & 0.0328 & 0.0196 & 0.0409 & 0.0587 & 0.0312 & 0.0377 & 0.0406 & 0.0411 & 0.0300 & 0.0345 & 0.0331 & 0.0345 & 0.0606 \\
0.0445 & 0.0414 & 0.0191 & 0.0334 & 0.0479 & 0.0654 & 0.0980 & 0.0610 & 0.0286 & 0.0707 & 0.0480 & 0.0415 & 0.0496 & 0.0492 \\
0.0506 & 0.0360 & 0.0435 & 0.0566 & 0.0316 & 0.0432 & 0.0450 & 0.0393 & 0.1063 & 0.0399 & 0.0382 & 0.0239 & 0.0258 & 0.0488 \\
0.0494 & 0.0305 & 0.0429 & 0.0519 & 0.0234 & 0.0458 & 0.0478 & 0.0921 & 0.0776 & 0.0577 & 0.0486 & 0.0368 & 0.0281 & 0.0654 \\
0.0559 & 0.0402 & 0.0631 & 0.0769 & 0.0599 & 0.0839 & 0.0396 & 0.0763 & 0.1698 & 0.1610 & 0.1603 & 0.1255 & 0.1175 & 0.1001 \\
0.0483 & 0.0448 & 0.0556 & 0.0415 & 0.0697 & 0.0169 & 0.0257 & 0.0187 & 0.0417 & 0.0686 & 0.0743 & 0.0453 & 0.0407 & 0.0462 \\
0.0535 & 0.0613 & 0.0899 & 0.0807 & 0.0400 & 0.0640 & 0.0491 & 0.0280 & 0.0360 & 0.0591 & 0.0888 & 0.1088 & 0.0958 & 0.0611 \\
0.0527 & 0.0543 & 0.0729 & 0.0607 & 0.0509 & 0.0577 & 0.0503 & 0.0243 & 0.0286 & 0.0340 & 0.0511 & 0.0855 & 0.0771 & 0.0525 \\
0.0559 & 0.0586 & 0.1116 & 0.0831 & 0.0775 & 0.1213 & 0.0875 & 0.0409 & 0.0618 & 0.0366 & 0.0402 & 0.0672 & 0.1816 & 0.1176 \\
0.0696 & 0.0623 & 0.0728 & 0.0644 & 0.0524 & 0.0907 & 0.0924 & 0.0352 & 0.0555 & 0.0335 & 0.0359 & 0.0201 & 0.0542 & 0.1252 \\
0.1641 & 0.0944 & 0.0696 & 0.0502 & 0.0723 & 0.0657 & 0.0543 & 0.0567 & 0.0671 & 0.0719 & 0.0723 & 0.0425 & 0.0322 & 0.0743
\end{bmatrix}$$

将归一化的矩阵 B 的行向量的元素相加，如公式 6-7：

$$M_i=\sum_{j=1}^{14}b_{ij} \qquad \text{（公式 6-7）}$$

得出 $M=[\,2.9717\ \ 1.2540\ \ 0.5765\ \ 0.5433\ \ 0.6984\ \ 0.6286$

0. 6978 1. 3298 0. 6380 0. 9162 0. 7526 1. 1414 0. 8641 0. 9875]，将向量进行归一化得到特征向量，权重 W= [0. 2123 0. 0896 0. 0412 0. 0388　0. 0499　0. 0449　0. 0498　0. 0950　0. 0456　0. 0654　0. 0538 0. 0815 0. 0617 0. 0705]。

$$A \cdot W = \begin{bmatrix} 1.0000 & 4.3000 & 4.7767 & 4.4467 & 4.7938 & 4.2200 & 4.3200 & 3.8200 & 4.4183 & 3.9917 & 4.0517 & 3.8155 & 3.0667 & 1.3006 \\ 0.2326 & 1.0000 & 3.2167 & 2.4100 & 1.9089 & 2.1933 & 2.5917 & 1.9648 & 1.7617 & 1.2881 & 1.4542 & 1.3483 & 1.2673 & 0.8369 \\ 0.2094 & 0.3109 & 1.0000 & 1.9250 & 1.9800 & 0.8683 & 0.8808 & 0.5980 & 0.6789 & 0.4200 & 0.5175 & 0.3381 & 0.5183 & 0.5426 \\ 0.2249 & 0.4149 & 0.5195 & 1.0000 & 1.2250 & 0.7233 & 0.7883 & 0.5325 & 0.9871 & 0.5073 & 0.6750 & 0.4925 & 0.6356 & 0.8152 \\ 0.2086 & 0.5239 & 0.5051 & 0.8163 & 1.0000 & 1.5167 & 2.0500 & 0.8000 & 0.6871 & 1.1958 & 0.9400 & 0.6175 & 0.9142 & 0.6621 \\ 0.2370 & 0.4559 & 1.1516 & 1.3825 & 0.6593 & 1.0000 & 0.9417 & 0.5146 & 2.5517 & 0.6737 & 0.7483 & 0.3558 & 0.4758 & 0.6566 \\ 0.2315 & 0.3859 & 1.1353 & 1.2685 & 0.4878 & 1.0619 & 1.0000 & 1.2069 & 1.8628 & 0.9746 & 0.9510 & 0.5467 & 0.5175 & 0.8799 \\ 0.2618 & 0.5090 & 1.6723 & 1.8779 & 1.2500 & 1.9434 & 0.8285 & 1.0000 & 4.0750 & 2.7217 & 3.1383 & 1.8667 & 2.1667 & 1.3467 \\ 0.2263 & 0.5676 & 1.4729 & 1.0130 & 1.4553 & 0.3919 & 0.5368 & 0.2454 & 1.0000 & 1.1592 & 1.4550 & 0.6740 & 0.7514 & 0.6214 \\ 0.2505 & 0.7763 & 2.3810 & 1.9714 & 0.8362 & 1.4843 & 1.0260 & 0.3674 & 0.8627 & 1.0000 & 1.7383 & 1.6181 & 1.7681 & 0.8229 \\ 0.2468 & 0.6877 & 1.9324 & 1.4815 & 1.0638 & 1.3363 & 1.0516 & 0.3186 & 0.6873 & 0.5753 & 1.0000 & 1.2714 & 1.4214 & 0.7067 \\ 0.2621 & 0.7417 & 2.9577 & 2.0305 & 1.6194 & 2.8103 & 1.8293 & 0.5357 & 1.4836 & 0.6180 & 0.7865 & 1.0000 & 3.3500 & 1.5821 \\ 0.3261 & 0.7891 & 1.9293 & 1.5733 & 1.0939 & 2.1016 & 1.9324 & 0.4615 & 1.3308 & 0.5656 & 0.7035 & 0.2985 & 1.0000 & 1.6843 \\ 0.7689 & 1.1949 & 1.8429 & 1.2266 & 1.5102 & 1.5230 & 1.1365 & 0.7426 & 1.6092 & 1.2153 & 1.4151 & 0.6321 & 0.5937 & 1.0000 \end{bmatrix} \cdot \begin{bmatrix} 0.2123 \\ 0.0896 \\ 0.0412 \\ 0.0388 \\ 0.0499 \\ 0.0449 \\ 0.0498 \\ 0.0950 \\ 0.0456 \\ 0.0654 \\ 0.0538 \\ 0.0815 \\ 0.0617 \\ 0.0705 \end{bmatrix}$$

$$= [3.2460,\ 1.3643,\ 0.6107,\ 0.5799,\ 0.7533,\ 0.6712,\ 0.7546,\ 1.4423,\ 0.6840,\ 0.9889,\ 0.8107,\ 1.2218,\ 0.9098,\ 1.0523]^T$$

计算判断矩阵 S 的最大特征根得：

$$\lambda_{\max} = \frac{1}{14}\left(\begin{array}{l} \frac{2.9717}{0.2123} + \frac{1.2540}{0.0896} + \frac{0.5765}{0.0412} + \frac{0.5433}{0.0388} + \frac{0.6984}{0.0499} + \\ \frac{0.6286}{0.0449} + \frac{0.6978}{0.0498} + \frac{1.3298}{0.0950} + \frac{0.6380}{0.0456} + \frac{0.9162}{0.0654} + \\ \frac{0.7526}{0.0538} + \frac{1.1414}{0.0815} + \frac{0.8641}{0.0617} + \frac{0.9875}{0.0705} \end{array}\right) = 14.0344$$

判断矩阵的一致性检验，需计算一致性指标，如公式 6-8：

$$CI = \frac{\lambda_{\max} - n}{n - 1} = \frac{14.0344 - 14}{14 - 1} = 0.0026 \qquad (\text{公式 } 6\text{-}8)$$

平均随机一致性指标 RI=1. 58。随机一致性比率，如公式 6-9：

$$CR = \frac{CI}{RI} = \frac{0.0026}{1.59} = 0.0017 < 0.10 \qquad (\text{公式 } 6\text{-}9)$$

因此，模糊层次分析结果有较好的一致性，即权系数的分配是合理的。一级指标权重，如表 6-10 所示：

表 6-10　公共法律信息服务绩效评价一级指标权重

一级指标	权　重
服务主体能力与态度	0.2123
服务对象素养与意愿	0.0896
法律信息属性	0.0412
基本型服务属性	0.0388
发展型服务属性	0.0499
信息支撑技术	0.0449
信息功能技术	0.0498
体制机制建设	0.0950
社会信息化水平	0.0456
服务对象信息需求	0.0654
社会公共需求	0.0538
公共法律信息服务机制	0.0815
公共法律服务结构	0.0617
社会效益	0.0705

使用相同的方法计算每个层面的指标权重，计算出各层次相对于系统总目标的合成权重，最终确定各评价指标权重，如表 6-11 所示：

表 6-11　信息生态视角下公共法律信息服务绩效评价指标权重

一级指标	权　重	二级指标	权　重	综合权重
服务主体能力与态度	0.2123	专业性	0.4833	0.1026
		协调性	0.1597	0.0339
		服务认知度	0.1221	0.0259
		主观能动性	0.1211	0.0257
		服务信用度	0.1138	0.0242
服务对象素养与意愿	0.0896	信息意识	0.417	0.0374
		信息能力	0.3701	0.0332
		主动性	0.1089	0.0098
		依赖性	0.104	0.0093
法律信息属性	0.0412	信息内容时效性	0.167	0.0069
		信息内容权威性	0.2398	0.0099
		信息内容实用性	0.1883	0.0078
		信息内容可回溯性	0.0418	0.0017
		信息内容种类完备性	0.0768	0.0032
		信息内容专业性	0.1258	0.0052
		信息内容融合性	0.0588	0.0024
		信息内容开放共享性	0.0591	0.0024
		信息内容形式规范性	0.0426	0.0018
基本型服务属性	0.0388	服务影响力	0.2261	0.0088
		服务即时性	0.2197	0.0085
		服务方式创新性	0.0999	0.0039
		服务常态化	0.0947	0.0037
		服务互动性	0.0903	0.0035
		服务开放性	0.0676	0.0026
		服务权威性	0.0853	0.0033
		服务实用性	0.1165	0.0045

续表

一级指标	权　重	二级指标	权　重	综合权重
发展型服务属性	0.0499	服务安全性	0.2154	0.0107
		服务专业性	0.2997	0.0150
		服务智慧化	0.1661	0.0083
		服务标准化	0.0894	0.0045
		服务经济性	0.0857	0.0043
		服务个性化	0.0784	0.0039
		服务增益性	0.0653	0.0033
信息支撑技术	0.0449	稳定性	0.355	0.0159
		安全性	0.3604	0.0162
		存储传递能力	0.1391	0.0062
		导航检索能力	0.1454	0.0065
信息功能技术	0.0498	易用性	0.4612	0.0230
		多样性	0.1294	0.0064
		友好性	0.1296	0.0065
		适配性	0.2798	0.0139
体制机制建设	0.095	信息基础设施建设程度	0.2999	0.0285
		人、资金、物、技术等条件的投入与支持	0.3216	0.0306
		法律信息服务制度建设程度	0.3785	0.0360
社会信息化水平	0.0456	法律法规政策健全程度	0.4715	0.0215
		社会信息化利用率	0.3747	0.0171
		信息技术发展程度	0.1538	0.0070
服务对象信息需求	0.0654	满意度	0.6022	0.0394
		信任度	0.2409	0.0158
		获益度	0.1569	0.0103

续表

一级指标	权　重	二级指标	权　重	综合权重
社会公共需求	0.0538	犯罪率	0.2882	0.0155
		普法率	0.3543	0.0191
		诉讼率	0.121	0.0065
		纠纷化解率	0.2366	0.0127
公共法律信息服务机制	0.0815	长效性	0.2867	0.0234
		科学性	0.4479	0.0365
		有效性	0.2653	0.0216
公共法律服务结构	0.0617	完善性	0.5241	0.0323
		适应性	0.242	0.0149
		均等普惠性	0.2339	0.0144
社会效益	0.0705	法治化程度	0.6283	0.0443
		公共利益最大化	0.2579	0.0182
		社会关注度	0.1138	0.0080

在基于信息生态因子的公共法律信息服务绩效评价指标体系中，权重最大的是服务主体能力与态度，依次为体制机制建设、服务对象素养与意愿、公共法律信息服务机制、社会效益、服务对象信息需求、公共法律服务结构、社会公共需求、发展型服务属性、信息功能技术、社会信息化水平、信息支撑技术、法律信息属性、基本型服务属性。这充分体现公共法律信息服务对信息人主体的关注，宏观信息环境对公共法律信息服务影响十分显著，社会公众更多需要发展型公共法律信息服务供给。

第七章 公共法律信息服务绩效评价体系应用

第一节　公共法律信息服务绩效评价对象

实践中面向社会公众提供公共法律信息服务的平台主要包括中国法律服务网（12348 中国法网）、司法部官网、中国法律应用数字网络服务平台（法信）、中国普法网（智慧普法平台）、中国裁判文书网等。

一、典型公共法律信息服务平台

（一）12348 中国法网

12348 中国法网（http://www.12348.gov.cn/）是司法部建设的面向社会公众提供公共法律信息服务的统一服务平台，由司法部信息中心提供运营保障。该平台于 2018 年 5 月 20 日正式上线运行，整合了 38 万多家法律服务机构、139 万多名法律服务人员数据，提供法律信息咨询、法律服务指引、法律法规与案例查询、法律信息普及教育等多种公共法律信息服务。

（二）司法部官网

司法部官网（http://www.moj.gov.cn/）是司法部面向社会公众提供公共法律信息服务的官方服务平台，由司法部信息中心运营保障。该平台以综合性法治工作和普法宣传为主，关联链接12348中国法网与中国普法网，提供行政法规规章查询、司法行政案例查询、律师信息查询、法考信息查询、法律信息咨询与法律信息普及服务。

（三）法信

法信（http://www.faxin.cn）是首个法律知识和案例大数据融合服务平台，于2016年3月31日正式上线，由最高人民法院立项、人民法院出版集团建设运营。该平台为法律人提供一站式专业知识解决方案、类案剖析、同案智推服务，并向社会公众提供法律规范和裁判规则查询、法律信息咨询服务。

（四）中国普法网

中国普法网（http://legalinfo.moj.gov.cn/pub/sfbzhfx/index.html）是面向社会公众提供法治宣传教育的官方服务平台，于2001年6月27日正式上线，由全国普法办公室主办。该平台关联链接12348中国法网，主要提供法律法规查询、法律信息普及、法律信息教育、法律信息咨询等服务。

（五）中国裁判文书网

中国裁判文书网（https://wenshu.court.gov.cn/website/wenshu/181029CR4M5A62CH/index.html）是面向社会公众依法公布各级人民法院生效裁判文书的官方服务平台，于2013年7月1日正式上线，由最高人民法院运营保障。该平台主要提供法律文书查询与下载、法院信息导航服务。

二、评价体系应用对象的确定

以上五种公共法律信息服务平台提供法律信息服务的特点，如表7-1所示：

表 7-1 各公共法律信息服务平台特点

服务平台	服务资源	主要服务模块	服务内容
12348 中国法网	法律法规信息、司法行政案例信息、判例信息、法律文书信息、法治宣传教育类等法律信息资源	“问、办、查、学、看、评”	法律信息普及 法律信息教育 法律信息咨询 学术研究支持
司法部官网	行政法规规章信息、司法行政案例信息、法治宣传教育类法律信息资源	政务信息公开、政务服务、行政法规库、新闻政策解读、链接 12348 中国法网、链接中国普法网、专题专栏、互动交流	法律信息普及 法律信息教育 法律信息咨询
法信	法律法规信息、最高人民法院司法信息、立法行政司法信息、司法行政案例信息等法律信息资源	法律信息检索、案例检索、智能问答、同案智推、学术观点、专题专栏	法律信息咨询 学术研究支持
中国普法网	法律法规信息、司法行政案例信息、法治宣传教育信息等法律信息资源	法治资讯与文化、普法动态、在线学法、普法产品库、链接 12348 中国法网、专题专栏、互动交流	法律信息普及 法律信息教育 法律信息咨询
中国裁判文书网	司法行政案例信息、法律文书信息等法律信息资源	法律信息检索、案例关联推荐、法院导航、交流互动	法律信息普及 学术研究支持

由表7-1对比分析可见，12348中国法网、司法部官网、法信、中国普法网、中国裁判文书网在实践中面向社会公众提供公共法律信息服务的资源、模块与内容具有鲜明一致性、趋同性，在服务主体、客体、对象、内容方面具有较强相似性。其中，12348中国法网相对其他服务平台在服务资源、服务对象与服务内容上的完整性、系统性更加完备、丰富、多样。同时，司法部官网与中国普法网还通过链接到12348中国法网提供法律信息服务。因此，12348中国法网在多种公共法律信息服务平台中具有显著的典型性、代表性。

基于“演绎—归纳”研究方法，选择具有显著代表性的12348中国法网作为评价体系应用对象，对以12348中国法网为代表的公共法律信息服务绩效进行评价。评价结果表明所构建的基于信息生态因子的公共法律信息服务绩效评价体系是可以适用于各服务平台服务绩效评价的，该评价体系具备有效性。未来研究将对该评价体系进一步优化完善，应用于基于不同服务平台提供公共法律信息服务绩效评价中，对该评价体系可靠性与有效性进一步检验与完善。

第二节　公共法律信息服务绩效评价实施

一、评价人员与规则

（一）评价专家组成员选择

考虑到评价学理性与实践性的统一与兼顾，本书选择前述参与评价指标体系调研的5位一线司法工作者（法院、检察院、公安、律师事务所工作人员）、3位信息检索技术人员、5位图书情报领域专家学者以及7位法学领域专家学者共20人作为评价专家组成员。

（二）评价计分规则确定

根据指标体系，由所选择确定的评价专家组成员分别对评价对象对应的每项二级指标进行打分。每一个指标设定五个级别评价即很好、较好、一般、较差、很差，并对应赋值为5、4、3、2、1，详见附录5。

二、评价过程

本书主要采用模糊综合评价方法进行公共法律信息服务绩效评价。在收集评价专家组成员打分信息的基础上，通过模糊综合评价方法对专家打分结果进行统计计算，进而评价公共法律信息服务绩效。

首先，确定每个被评价对象从 U 到 V 的模糊关系 R：

$$R=\begin{pmatrix} r_{11} & r_{12} & \cdots & r_{1m} \\ r_{21} & r_{22} & \cdots & r_{2m} \\ \cdots & \cdots & \cdots & \cdots \\ r_{n1} & r_{n2} & r_{n3} & r_{nm} \end{pmatrix},\ 0 \leq r_{ij} \leq 1$$

其中，r_{ij}表示第 i 个因素 u_i 在第 j 个评语 v_j 上的频率分布，即 U 中因素 u_i 对于 V 中等级 v_j 的隶属关系，通常使之满足$\sum_{r_{ij}}=1$。

然后，结合指标权重值 W 及模糊关系矩阵 R，确定指标的总体评判向量。

$$B=W\times R=(w_1,\ w_2,\ \cdots,\ w_n)\times\begin{pmatrix} r_{11} & r_{12} & \cdots & r_{1m} \\ r_{21} & r_{22} & \cdots & r_{2m} \\ \cdots & \cdots & \cdots & \cdots \\ r_{n1} & r_{n2} & r_{n3} & r_{nm} \end{pmatrix}$$

本书对于每一个指标设定五个评价级别，即 $V=$［$V1$，$V2$，

V3，V4，V5］=［很好，较好，一般，较差，很差］，并且赋值为 V=［5，4，3，2，1］，由所选择确定的20位专家单独对二级指标层的每个指标进行等级打分。综合每位专家对该指标的打分数，得出该指标评价等级隶属度，取多位赞同该指标的评价等级的比重为隶属度，建立单因素模糊综合评判矩阵，计算结果如下：

服务主体能力与态度 B_1 对应模糊关系矩阵：

$$R_{11}=\begin{bmatrix}0.4000 & 0.4500 & 0.1500 & 0.0000 & 0.0000\\ 0.0000 & 0.1000 & 0.4000 & 0.5000 & 0.0000\\ 0.0000 & 0.0500 & 0.8500 & 0.1000 & 0.0000\\ 0.0500 & 0.1000 & 0.7500 & 0.1000 & 0.0000\\ 0.7000 & 0.3000 & 0.0000 & 0.0000 & 0.0000\end{bmatrix}$$

服务主体能力与态度 B_1 指标对应的权重是：

$$W_{11}=[\ 0.48330.1597\ 0.1221\ 0.1211\ 0.1138]$$

服务主体能力与态度 B_1 的评价向量为 $B_1=W_{11}*R_{11}$：

$$B_1=\begin{pmatrix}0.4833, 0.1597, 0.1221,\\ 0.1211, 0.1138\end{pmatrix}\circ\begin{bmatrix}0.4000 & 0.4500 & 0.1500 & 0.0000 & 0.0000\\ 0.0000 & 0.1000 & 0.4000 & 0.5000 & 0.0000\\ 0.0000 & 0.0500 & 0.8500 & 0.1000 & 0.0000\\ 0.0500 & 0.1000 & 0.7500 & 0.1000 & 0.0000\\ 0.7000 & 0.3000 & 0.0000 & 0.0000 & 0.0000\end{bmatrix}$$

$$=(0.2790, 0.2858, 0.3310, 0.1042, 0.0000)$$

同理可得：

服务对象素养与意愿 B_2 的评价向量为：

$$B_2=\begin{pmatrix}0.4170, 0.3701, 0.1089,\\ 0.1040\end{pmatrix}\circ\begin{bmatrix}0.0000 & 0.0000 & 0.2000 & 0.5500 & 0.2500\\ 0.0000 & 0.0000 & 0.0000 & 0.4500 & 0.5500\\ 0.0000 & 0.0000 & 0.1000 & 0.4000 & 0.5000\\ 0.0000 & 0.0000 & 0.0500 & 0.3000 & 0.6500\end{bmatrix}$$

$$=(0.0000, 0.0000, 0.0995, 0.4707, 0.4299)$$

法律信息属性 B_3 的评价向量为：

$$B_3 = \begin{pmatrix} 0.1670, 0.2398, 0.1883, 0.0418, \\ 0.0768, 0.1258, 0.0588, 0.0591, \\ 0.0426 \end{pmatrix} \circ \begin{bmatrix} 0.7000 & 0.3000 & 0.0000 & 0.0000 & 0.0000 \\ 1.0000 & 0.0000 & 0.0000 & 0.0000 & 0.0000 \\ 0.0000 & 0.7000 & 0.3000 & 0.0000 & 0.0000 \\ 0.4500 & 0.4500 & 0.1000 & 0.0000 & 0.0000 \\ 0.6000 & 0.4000 & 0.0000 & 0.0000 & 0.0000 \\ 0.8000 & 0.2000 & 0.0000 & 0.0000 & 0.0000 \\ 0.0500 & 0.5000 & 0.4500 & 0.0000 & 0.0000 \\ 0.0500 & 0.4000 & 0.5500 & 0.0000 & 0.0000 \\ 0.3000 & 0.7000 & 0.0000 & 0.0000 & 0.0000 \end{bmatrix}$$

$$= (0.5409, 0.3395, 0.1196, 0.0000, 0.0000)$$

基本型服务属性 B_4 的评价向量为：

$$B_4 = \begin{pmatrix} 0.2261, 0.2197, 0.0999, \\ 0.0947, 0.0903, 0.0676, \\ 0.0853, 0.1165 \end{pmatrix} \circ \begin{bmatrix} 0.1000 & 0.1000 & 0.4000 & 0.2500 & 0.1500 \\ 0.0500 & 0.3500 & 0.5500 & 0.0500 & 0.0000 \\ 0.0000 & 0.0000 & 0.8500 & 0.1500 & 0.0000 \\ 0.0000 & 0.2500 & 0.7500 & 0.0000 & 0.0000 \\ 0.0000 & 0.1000 & 0.8500 & 0.0500 & 0.0000 \\ 0.3500 & 0.5500 & 0.1000 & 0.0000 & 0.0000 \\ 1.0000 & 0.0000 & 0.0000 & 0.0000 & 0.0000 \\ 0.0000 & 0.5000 & 0.5000 & 0.0000 & 0.0000 \end{bmatrix}$$

$$= (0.1426, 0.2276, 0.5090, 0.0870, 0.0339)$$

发展型服务属性 B_5 的评价向量为：

$$B_5 = \begin{pmatrix} 0.2154, 0.2997, 0.1661, 0.0894, \\ 0.0857, 0.0784, 0.0653 \end{pmatrix} \circ \begin{bmatrix} 0.7500 & 0.2500 & 0.0000 & 0.0000 & 0.0000 \\ 0.4500 & 0.5500 & 0.0000 & 0.0000 & 0.0000 \\ 0.0000 & 0.1500 & 0.7000 & 0.1500 & 0.0000 \\ 0.0000 & 0.5500 & 0.4500 & 0.0000 & 0.0000 \\ 0.2000 & 0.4000 & 0.4000 & 0.0000 & 0.0000 \\ 0.0000 & 0.2000 & 0.8000 & 0.0000 & 0.0000 \\ 0.0000 & 0.4000 & 0.6000 & 0.0000 & 0.0000 \end{bmatrix}$$

$$= (0.3136, 0.3689, 0.2927, 0.0249, 0.0000)$$

信息支撑技术 B_6 的评价向量为：

$$B_6=(0.3550,0.3604,0.1391,0.1454)\circ\begin{bmatrix}0.0000&0.7000&0.3000&0.0000&0.0000\\0.7000&0.2000&0.1000&0.0000&0.0000\\0.2000&0.7500&0.0500&0.0000&0.0000\\0.0500&0.5500&0.4000&0.0000&0.0000\end{bmatrix}$$

$$=(0.2874,0.5049,0.2077,0.0000,0.0000)$$

信息功能技术 B_7 的评价向量为：

$$B_7=(0.4612,0.1294,0.1296,0.2798)\circ\begin{bmatrix}0.0000&0.3500&0.6500&0.0000&0.0000\\0.0000&0.0500&0.7000&0.2500&0.0000\\0.0500&0.3500&0.6000&0.0000&0.0000\\0.0000&0.0000&0.6000&0.4000&0.0000\end{bmatrix}$$

$$=(0.0065,0.2133,0.6360,0.1443,0.0000)$$

体制机制建设 B_8 的评价向量为：

$$B_8=(0.2999,0.3216,0.3785)\circ\begin{bmatrix}0.0000&0.6000&0.4000&0.0000&0.0000\\0.0000&0.0500&0.9500&0.0000&0.0000\\0.1000&0.7500&0.1500&0.0000&0.0000\end{bmatrix}$$

$$=(0.0379,0.4799,0.4823,0.0000,0.0000)$$

社会信息化水平 B_9 的评价向量为：

$$B_9=(0.4715,0.3747,0.1538)\circ\begin{bmatrix}0.0500&0.7500&0.2000&0.0000&0.0000\\0.0000&0.0000&0.7000&0.3000&0.0000\\0.0000&0.0000&0.0500&0.9500&0.0000\end{bmatrix}$$

$$=(0.0236,0.3536,0.3643,0.2585,0.0000)$$

服务对象信息需求 B_{10} 的评价向量为：

$$B_{10}=(0.6022,0.2409,0.1569)\circ\begin{bmatrix}0.0000&0.2500&0.7500&0.0000&0.0000\\0.1000&0.5500&0.3500&0.0000&0.0000\\0.0000&0.2000&0.8000&0.0000&0.0000\end{bmatrix}$$

$$=(0.0241,0.3144,0.6615,0.0000,0.0000)$$

社会公共需求 B_{11} 的评价向量为：

$$B_{11}=(0.2882,0.3543,0.1210,0.2366)\circ\begin{bmatrix}0.3500&0.5500&0.1000&0.0000&0.0000\\0.0000&0.4000&0.6000&0.0000&0.0000\\0.0000&0.1500&0.8500&0.0000&0.0000\\0.0000&0.1500&0.8500&0.0000&0.0000\end{bmatrix}$$

$$=(0.1009,0.3539,0.5454,0.0000,0.0000)$$

公共法律信息服务机制 B_{12} 的评价向量为：

$$B_{12} = (0.2867, 0.4479, 0.2653) \circ \begin{bmatrix} 0.0500 & 0.3500 & 0.6000 & 0.0000 & 0.0000 \\ 0.2000 & 0.7000 & 0.1000 & 0.0000 & 0.0000 \\ 0.0000 & 0.3500 & 0.6500 & 0.0000 & 0.0000 \end{bmatrix}$$

$$= (0.1039, 0.5067, 0.3893, 0.0000, 0.0000)$$

公共法律服务结构 B_{13} 的评价向量为：

$$B_{13} = (0.5241, 0.2420, 0.2339) \circ \begin{bmatrix} 0.0000 & 0.5500 & 0.4500 & 0.0000 & 0.0000 \\ 0.0000 & 0.0000 & 1.0000 & 0.0000 & 0.0000 \\ 0.0000 & 0.2000 & 0.8000 & 0.0000 & 0.0000 \end{bmatrix}$$

$$= (0.0000, 0.3350, 0.6650, 0.0000, 0.0000)$$

社会效益 B_{14} 的评价向量为：

$$B_{14} = (0.6283, 0.2579, 0.1138) \circ \begin{bmatrix} 0.1500 & 0.8500 & 0.0000 & 0.0000 & 0.0000 \\ 0.6000 & 0.3500 & 0.0500 & 0.0000 & 0.0000 \\ 0.0500 & 0.1000 & 0.8500 & 0.0000 & 0.0000 \end{bmatrix}$$

$$= (0.2547, 0.6357, 0.1096, 0.0000, 0.0000)$$

整体评价向量为：

$$B = \begin{pmatrix} 0.2123, 0.0896, 0.0412, \\ 0.0388, 0.0499, 0.0449, \\ 0.0498, 0.0950, 0.0456, \\ 0.0654, 0.0538, 0.0815, \\ 0.0617, 0.0705 \end{pmatrix} \circ \begin{bmatrix} 0.2790 & 0.2858 & 0.3310 & 0.1042 & 0.0000 \\ 0.0000 & 0.0000 & 0.0995 & 0.4707 & 0.4299 \\ 0.5409 & 0.3395 & 0.1196 & 0.0000 & 0.0000 \\ 0.1426 & 0.2276 & 0.5090 & 0.0870 & 0.0339 \\ 0.3136 & 0.3689 & 0.2927 & 0.0249 & 0.0000 \\ 0.2874 & 0.5049 & 0.2077 & 0.0000 & 0.0000 \\ 0.0065 & 0.2133 & 0.6360 & 0.1443 & 0.0000 \\ 0.0379 & 0.4799 & 0.4823 & 0.0000 & 0.0000 \\ 0.0236 & 0.3536 & 0.3643 & 0.2585 & 0.0000 \\ 0.0241 & 0.3144 & 0.6615 & 0.0000 & 0.0000 \\ 0.1009 & 0.3539 & 0.5454 & 0.0000 & 0.0000 \\ 0.1039 & 0.5067 & 0.3893 & 0.0000 & 0.0000 \\ 0.0000 & 0.3350 & 0.6650 & 0.0000 & 0.0000 \\ 0.2547 & 0.6357 & 0.1096 & 0.0000 & 0.0000 \end{bmatrix}$$

$$= (0.1540, 0.3433, 0.3750, 0.0879, 0.0398)$$

整体评分值为 3.4838：

$$F = VB^T = [5\quad 4\quad 3\quad 2\quad 1]\begin{bmatrix}0.1540\\0.3433\\0.3750\\0.0879\\0.0398\end{bmatrix} = 3.4838$$

根据评价等级与分数之间的对应关系，即“很好=5、较好=4、一般=3、较差=2、很差=1”，3<3.4838<4，即整体评分介于一般与较好之间。同理计算出每个指标的评分值，如表 7-2 所示：

表 7-2　以中国法律服务网为代表的线上线下混合式服务绩效评价得分

一级指标	得　分	二级指标	评　分
服务主体能力与态度	3.7397	专业性	4.2500
		协调性	2.6000
		服务认知度	2.9500
		主观能动性	3.1000
		服务信用度	4.7000
服务对象素养与意愿	1.6696	信息意识	1.9500
		信息能力	1.4500
		主动性	1.6000
		依赖性	1.4000
法律信息属性	4.4213	信息内容时效性	4.7000
		信息内容权威性	5.0000
		信息内容实用性	3.7000
		信息内容可回溯性	4.3500

续表

一级指标	得　分	二级指标	评　分
法律信息属性	4. 4213	信息内容种类完备性	4. 6000
		信息内容专业性	4. 8000
		信息内容融合性	3. 6000
		信息内容开放共享性	3. 5000
		信息内容形式规范性	4. 3000
基本型服务属性	3. 3582	服务影响力	2. 7500
		服务即时性	3. 4000
		服务方式创新性	2. 8500
		服务常态化	3. 2500
		服务互动性	3. 0500
		服务开放性	4. 2500
		服务权威性	5. 0000
		服务实用性	3. 5000
发展型服务属性	3. 9710	服务安全性	4. 7500
		服务专业性	4. 4500
		服务智慧化	3. 0000
		服务标准化	3. 5500
		服务经济性	3. 8000
		服务个性化	3. 2000
		服务增益性	3. 4000
信息支撑技术	4. 0793	稳定性	3. 7000
		安全性	4. 6000
		存储传递能力	4. 1500

续表

一级指标	得　分	二级指标	评　分
		导航检索能力	3.6500
信息功能技术	3.0819	易用性	3.3500
		多样性	2.8000
		友好性	3.4500
		适配性	2.6000
体制机制建设	3.5556	信息基础设施建设程度	3.6000
		人、资金、物、技术等条件的投入与支持	3.0500
		法律信息服务制度建设程度	3.9500
社会信息化水平	3.1423	法律法规政策健全程度	3.8500
		社会信息化利用率	2.7000
		信息技术发展程度	2.0500
服务对象信息需求	3.3626	满意度	3.2500
		信任度	3.7500
		获益度	3.2000
社会公共需求	3.5559	犯罪率	4.2500
		普法率	3.4000
		诉讼率	3.1500
		纠纷化解率	3.1500
公共法律信息服务机制	3.7143	长效性	3.4500
		科学性	4.1000
		有效性	3.3500
公共法律服务结构	3.3350	完善性	3.5500
		适应性	3.0000

续表

一级指标	得　分	二级指标	评　分
		均等普惠性	3.2000
社会效益	4.1450	法治化程度	4.1500
		公共利益最大化	4.5500
		社会关注度	3.2000

第三节　公共法律信息服务绩效评价结果

一、用户池视角评价结果

用户池视角评价结果主要基于服务对象素养与意愿评价维度。

首先，在所有一级评价指标中服务对象素养与意愿评分最低，表明在公共法律信息服务过程中社会公众法律信息素养相对较弱，使用服务意愿相对较小。

其次，从该指标二级评价指标得分来看，造成社会公众法律信息素养与意愿较弱的重要因素是社会公众信息能力欠缺与对公共法律信息服务依赖性较差，导致社会公众使用公共法律信息服务主动性相对较小，但评分结果同时表明社会公众的法律信息意识相对较强。

用户池视角评价结果显示当前公共法律信息普及服务效果相对较好，在一定程度上提升了社会公众法律信息意识。但公共法律信息教育服务效果相对较差，对社会公众法律信息能力培养尚有较大努力空间。与此同时，公共法律信息服务对社会公众粘性相对较小，社会公众对公共法律信息服务依赖性还有待进一步提高。总的来看，用户池视角公共法律信息服务绩效评价结果表现欠佳，提升空间较大。

二、资源池视角评价结果

资源池视角评价结果主要基于法律信息属性、服务主体能力与态度两个评价维度。

首先，在所有一级评价指标中法律信息属性评分最高，超过了 4 分，介于较好与很好之间。

其次，该指标下所有二级指标得分普遍相对较高，其中信息内容权威性得分为满分；信息内容专业性、信息内容时效性、信息内容种类完备性得分均超过了 4.5 分；信息内容可回溯性、信息内容形式规范性得分超过 4 分；信息内容实用性、信息内容融合性以及信息内容开放共享性得分均在 3 分以上。由此可见，法律信息资源生产主体权威性和生产程序法治化使公共法律信息服务过程中所依据的法律信息资源属性较好，尤其是法律信息内容权威性、专业性、时效性与种类完备性。但公共法律信息服务过程中所提供法律信息内容实用性、融合性、开放共享性相对较弱，说明当前公共法律信息服务对社会公众法律信息需求满足程度还有待提升，法律信息资源之间相互引证融合程度尚不够，法律信息公开程度还有待延展。这在一定程度上反映了社会公众对公共法律信息服务期望越来越高。另外，服务主体能力与态度评分为 3.7397，介于一般与较好之间，在所有 14 个一级评价指标中排名第 5 位，表现良好。该指标下二级指标得分相对有差距，服务信用度得分在 4.5 分以上，专业性得分在 4 分以上，而主观能动性、服务认知度与协调性得分均在 2.5 分至 3.1 分之间，与服务信用度和专业性得分相差较明显。

由此可见，在公共法律信息服务过程中社会公众对服务主体信用比较认可，服务主体能够提供专业性较好的服务，但服务主体综合运用各种法律信息资源提供服务能力、有效分析把握服务对象（用户）法律信息需求和偏好能力以及主动提供服务能力还有待进一步提升。这充分表明了公共法律信息服务以用户需求为核心导向的价值取向。总的来看，资源池视角公共法律信息服务绩效评价结果表现较好，提升空间集中于服务主体服务能力上。

三、服务池视角评价结果

服务池视角评价结果主要基于信息服务、信息技术、信息环境评价维度。

首先，信息服务评价包括基本型与发展型服务属性。基本型服务属性得分在3分至3.5分之间，在所有14个一级评价指标中排名第10位，表现为一般较偏后；由该指标二级指标得分来看，当前在公共法律信息服务过程中面向社会公众提供基本型服务权威性、开放性、实用性、即时性相对较好，而服务常态化、互动性、方式创新性、影响力相对欠佳。在对中国法律服务网（12348中国法网）进行调研时发现，部分省市12348法网平台存在间歇性无法打开网页情况，服务稳定性与常态化欠佳。同时，大部分省市12348法网提供公共法律信息服务的方式较单一，多样化、个性化程度还有待进一步提高，与服务对象（用户）之间互动多表现为留言与回复，互动主动性与生动性还有待提升创新。发展型服务属性得分在3.5分至4分之间，在所有14个一级评价指标中排名第4位，表现为一般偏较好。由该指标二级指标得分来看，社会公众对于发展型服务安全性、专业性、经济性、标准化较认可，但发展型服务增益性、个性化与智慧化水平离社会公众需求还有一段距离。实践中，调研中国法律服务网

（12348 中国法网）发现大部分省市 12348 法网平台提供智能服务方式多为智能机器人自动列表提问或者问卷填写，智慧化与个性化程度仍需进一步提升。由此可见，当前公共法律信息服务在发展型服务方面取得了十分显著进步，但如何提升基本型服务影响力与创新性还需要更多努力。

其次，信息技术评价包括信息支撑技术与信息功能技术。信息支撑技术得分超过 4 分，在所有 14 个一级评价指标中排名第 3 位，表现较好。由该指标二级指标得分来看，信息技术安全性与存储传递能力较好，稳定性与导航检索能力相对较一般。信息功能技术得分为 3.0819，在所有 14 个一级评价指标中排名第 13 位，表现为一般靠后。由该指标二级指标得分来看，信息技术在实现服务平台友好性、易用性、多样性与适配性方面表现相对欠佳。由此可见，信息技术基本功能能够较好满足公共法律信息服务基础技术需求，尤其是信息服务安全性、存储传递性与检索支持性。但公共法律信息服务平台友好性、易用性、多样性与适配性功能的实现仍然需要信息技术进一步优化。

最后，信息环境评价包括微观信息环境体制机制建设、宏观信息环境社会信息化水平与公共法律信息服务机制。体制机制建设得分在 3.5 分至 4 分之间，在所有 14 个一级评价指标中排名第 8 位，表现为一般。由该指标二级指标得分来看，在公共法律信息服务内部体制机制建设方面，法律信息服务制度建设程度较好，信息基础设施建设程度与人、资金、物、技术等条件的投入与支持方面体制机制建设相对有待加强。社会信息化水平得分为 3.1423，在所有 14 个一级评价指标中排名第 12 位，表现为一般靠后。由该指标二级指标得分来看，造成社会信息化水平偏低主要因素是社会信息化利用率不高，信息技术发展程度与技术需求还存在差距，但公共法律信息服务相关法律法规政策健全程度相对较好。实践中，社会公众信息能力普遍较弱，运用互联网信息技术解决问题能力普遍较低，社会信息化水平还有待通过全民信息素养教育得以有效提升。同时，在公共法律信息服务过程中要注重现代信息技术与法律信息服务之间相互融合，信息技术的发展要有效满足公共法律信息服务目标实现的技术需求。公共法律信息服务机制得分在 3.5 分至 4 分之间，在所有 14 个一级评价指标中排名第 6 位，表现为一般偏较好。由该指标二级指标得分来看，公共法律信息服务机制科学性、长效性与有效性表现均较好，这为公共法律信息服务有效推进提供了较好的宏观信息环境保障。

总的来看，服务池视角公共法律信息服务绩效评价结果总体上表现较好，尤其是发展型服务进步明显，公共法律信息服务的信息支撑技术水平较好，提升空间集中于基本型服务、信息功能技术、社会信息化水平等方面。

四、评价池视角评价结果

评价池视角评价结果主要基于服务对象信息需求、社会公共需求、公共法律服务结构以及社会效益评价维度。

首先，服务对象信息需求得分在 3 分至 3.5 分之间，在所有 14 个一级评价指标中排名第 9 位，表现为一般。从该指标二级指标得分来看，信任度得分 3.75 分，说明社会公众对公共法律信息服务信任程度一般偏向较好；满意度得分 3.25 分，说明社会公众对公共法律信息服务满意程度一般；获益度得分 3.2 分，说明社会公众从公共法律信息服务过程中实际获益感知较一般。由此可见，公共法律信息服务社会公信度较好，说明社会公众与政府公共服务之间互相信任。但公共法律信息服务对社会公众法律信息需求满足程度还有待提升，需要针对社会公众具体法律信息需求提升服务精准性与增益性，使社会公众从公共法律信息服务之中能够实际获益。

其次，社会公共需求得分在 3.5 分至 4 分之间，在所有 14 个一级评价指标中排名第 7 位，表现为一般偏较好。由该指标二级指标得分来看，公共法律信息服务对犯罪率、普法率、诉讼率、纠纷化解率控制作用较好，表明公共法律信息服务在有效促进社会治理方面所发挥作用越来越显著。

再次，公共法律服务结构得分在 3 分至 3.5 分之间，在所有 14 个一级评价指标中排名第 11 位，表现为一般靠后。由该指标二级指标得分来看，导致公共法律服务结构尚欠佳主要因素为公共法律服务对信息服务适应程度较低，信息服务对公共法律服务支撑作用还有待进一步增强，以促进公共法律服务结构完善与优化。

最后，社会效益得分超过了 4 分，在所有 14 个一级评价指标中排名第 2 位，表现较好。由此可见，当前公共法律信息服务社会效益实现程度较好，得到了社会公众认可。社会公众对公共法律信息服务关注程度越来越高，主要表现为通过面向社会公众提供公共法律信息服务有效地实现了社会法治公共利益最大化，促进社会法治化发展。

总的来看，评价池视角公共法律信息服务绩效评价结果表现较好，提升空间集中于公共法律信息服务对社会个体法律权益维护保障和对公共法律服务结构优化两个方面。

综上所述，以中国法律服务网（12348 中国法网）为典型代表的线上线下混合式服务绩效评价结果，如图 7-1 所示：

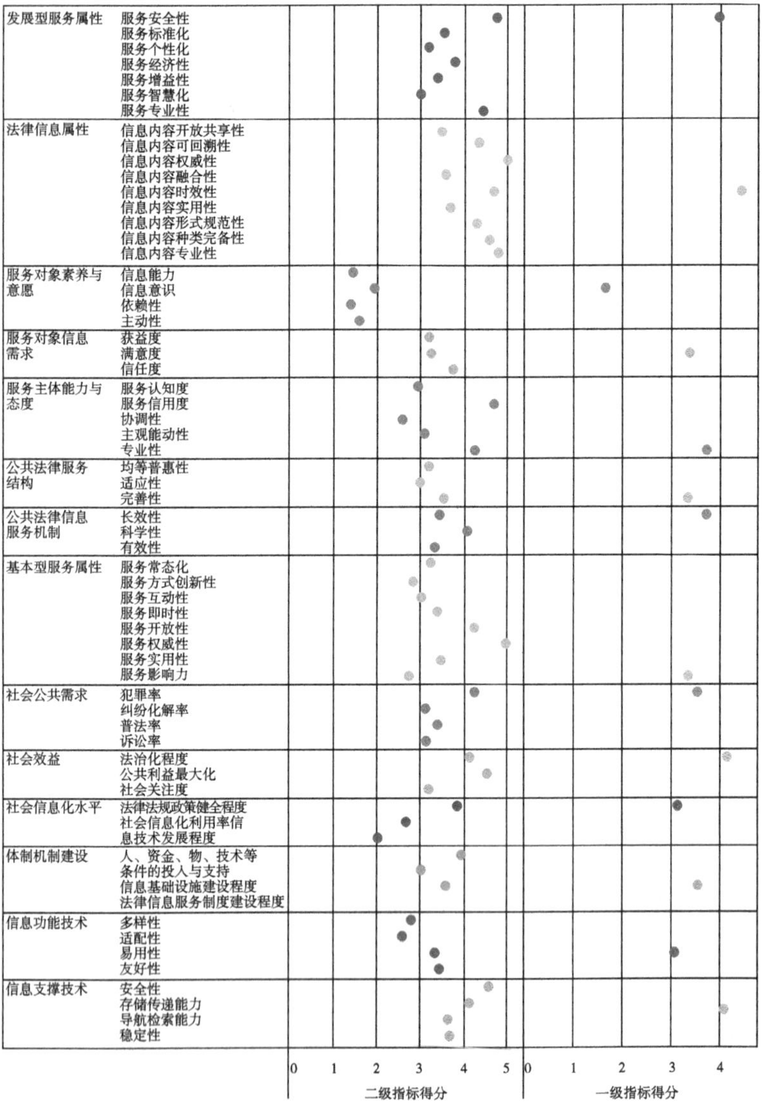

发展型服务属性	服务安全性 服务标准化 服务个性化 服务经济性 服务增益性 服务智慧化 服务专业性
法律信息属性	信息内容开放共享性 信息内容可回溯性 信息内容权威性 信息内容融合性 信息内容时效性 信息内容实用性 信息内容形式规范性 信息内容种类完备性 信息内容专业性
服务对象素养与意愿	信息能力 信息意识 依赖性 主动性
服务对象信息需求	获益度 满意度 信任度
服务主体能力与态度	服务认知度 服务信用度 协调性 主观能动性 专业性
公共法律服务结构	均等普惠性 适应性 完善性
公共法律信息服务机制	长效性 科学性 有效性
基本型服务属性	服务常态化 服务方式创新性 服务互动性 服务即时性 服务开放性 服务权威性 服务实用性 服务影响力
社会公共需求	犯罪率 纠纷化解率 普法率 诉讼率
社会效益	法治化程度 公共利益最大化 社会关注度
社会信息化水平	法律法规政策健全程度 社会信息化利用率信 息技术发展程度
体制机制建设	人、资金、物、技术等 条件的投入与支持 信息基础设施建设程度 法律信息服务制度建设程度
信息功能技术	多样性 适配性 易用性 友好性
信息支撑技术	安全性 存储传递能力 导航检索能力 稳定性

0 1 2 3 4 5
二级指标得分

0 1 2 3 4
一级指标得分

图 7-1 以中国法律服务网为代表的线上线下混合式服务绩效评价结果

第八章 公共法律信息服务优化策略

公共法律信息服务绩效评价结果客观体现了我国公共法律信息服务不断推进所取得的一系列重要成就，包括在信息公开制度下实现了法律信息公开，较好完成了法律信息资源开发、利用与整合，实现法律信息资源的权威性、专业性、时效性与种类完备性。同时，在现代信息技术融入与支持下公共法律信息服务层次与深度得以不断延展，面向社会公众提供越来越多的发展型公共法律信息服务。当前我国公共法律信息服务机制正在不断健全完善，公共法律信息服务对公共法律服务体系构建与完善的重要贡献在于客观上促进了社会法治化进程，实现了法治公共利益的最大化，唤起了社会公众对于公共法律服务的信任。诚然，公共法律信息服务绩效评价结果也凸显了当前我国公共法律信息服务过程中的短板，这些困境因素包括法律信息素养、使用服务意愿、服务多样化、社会信息化水平、公共法律服务结构优化等。针对这些短板与困境，基于信息生态因子视角，公共法律信息服务应当持续完善信息环境，进一步强化、引领公共法律信息服务法治化；充分关注信息资源的本体属性，进一步提升、优化公共法律信息服务整合性；合理运用信息技术特点，激发信息人主观能动性，拓展、延伸公共法律信息服务智慧性。

第一节　强化引领公共法律信息服务法治化

一、制度建设方面

公共法律信息服务制度的健全与完善客观上引导协调公共法律信息服务协同推进。

首先，明确公共法律信息制度价值原则是以实现多元、公平、持续、效率服务为目标，在此目标指引下健全与完善公共法律信息服务制度。

其次，构建体系化服务制度架构，增强相关制度之间衔接配置与兼容性。公共法律信息服务制度体系应当包括公共法律信息服务资源整合制度、服务主体配置制度、服务行为协同制度、服务绩效评价制度等：①公共法律信息服务资源整合制度着重解决公共法律信息服务过程中法律信息资源供给保障问题，尤其是法律信息资源开放共享、资源融合、形式规范、内容实用问题；②公共法律信息服务主体配置制度要合理配置政府、社会、市场等各方服务供给主体权利义务关系，确立公共法律信息服务在政府行为序列中位置，明确政府、社会、市场供给主体信息生态位；③公共法律信息服务行为协同制度在于明确不同内容与类型公共法律信息服务目标定位、服务标准与规范以及各类服务之间关联性，包括法律信息普及、法律信息教育、法律信息咨询、学术研究支持服务之间整合与协同，降低、消除公共法律信息服务碎片化程度与重复性状态，增强各类服务之间有效合力；④公共法律信息服务绩效评价制度要充分体现以社会公众或者服务对象（用户）为核心导向评价原则，突出社会公众或者服务对象（用户）对公共法律信息服务满意度、信任度与获益度评价；同时要激活评价体系反馈机制，形成评价与反馈良性循环。

二、保障实施方面

保障实施是制度建设转化为服务行为的重要支撑因素。通过保障实施可以有效促进服务行为对制度建设的常态化践行。公共法律信息服务法治化保障实施健全客观上支撑公共法律信息服务持续推进。

首先，健全与完善公共法律信息服务过程中社会公众或者服务对象（用户）互动机制，充分保障社会公众信息权利的实现，强化公共法律信息服务法治化。社会公众或者服务对象（用户）互动机制关键在于公共法律信息服务过程中社会公众或者服务对象（用户）法律信息需求表达机制与法律信息需求获取机制健全与完善。法律信息需求是公共法律信息服务核心要素之一，客观上影响公共法律信息服务效果。通过构建法律信息需求表达机制积极引导、规范社会公众或者服务对象（用户）有效表达法律信息需求；同时通过构建法律信息需求获取机制明确强化服务主体受理、采集显性法律信息需求，分析、挖掘隐性法律信息需求职能。

其次，健全与完善公共法律信息服务过程中合法审查机制，切实保障公共法律信息服务对社会公共法治利益与个体法律权益的维护。合法审查主要针对服务内容与方式展开，涉及服务对相关信息人信息隐私的保护以及对社会公众或者服务对象（用户）服务需求反应的合法性。其中，相关信息人信息隐私的保护主要基于个人信息保护法规定与指引；社会公众或者服务对象（用户）服务需求反应的合法性主要基于服务主体行为标准与规范客观要求，比如对服务需求延迟或拒绝的合法性依据审查。

最后，健全与完善服务责任机制，明确公共法律信息服务各方主体权利义务，防止因权责不清晰所造成的服务终止。在公共法律信息服务过程中，各信息人占据各自信息功能生态位，据此履行信息服务行为，这是明确各方主体权利义务的重要参考依据。

第二节 提升优化公共法律信息服务整合性

一、资源整合方面

法律信息公开是法律信息资源得以有效整合的基本前提，要进一步规范法律信息公开，包括法律信息公开资源范围、资源级别、主体义务等。优化统一的法律信息公开标准，避免信息孤岛，解决公共法律信息服务过程中法律信息内容重复、格式不一等问题，提升法律信息资源利用率。基于法律信息资源之间客观存在的引证关联实现法律信息资源有效整合，增强法律信息资源的形式规范性、种类完备性、开放共享性、融合性和实用性。

首先，注重对不同类型法律信息资源有效整合。在进行法律信息资源整合过程中要注重成文法与非成文法信息资源、国内法与国际法信息资源、实体法与程序法信息资源、一般法与特别法信息资源、法律与法规信息资源引证关联整合；要实现法律图书、法律期刊、法律报纸、专利文献、技术标准、会议文献、学位论文、政府出版物等不同载体形式法律信息资源关联整合。

其次，强化对不同开发层次法律信息资源有效整合。在进行法律信息资源整合过程中要注重不同开发层次法律信息资源之间引证关联，包括法律法规信息资源、法学论文、法学专著、法学会议文献、专利说明书、法学研究报告等一次法律信息资源整合；法学期刊、法学学术专论、法律解释、立法史信息、法律书目、法律索引、法律文摘等二次法律信息资源整合；法律综述、法律评论、法律年鉴、法律指南、法律百科全书、法律词典等三次法律信息资源整合。

最后，增强对不同内容法律信息资源有效整合。在进行法律信息资源整合过程中要基于法律信息资源之间引证关联关系实现不同内容的法律信息资源有效整合，包括法律法规信息、司法判例信息、法律案例信息、法治宣传信息、法学评论信息等法律信息资源整合。

二、服务整合方面

整合不同内容、不同形式、不同类型公共法律信息服务重在提升公共法律信息服务方式创新性、服务影响力、服务互动性、服务智慧化、服务个性化以及服务增益性。

首先，充分保障服务易用性、多样性、友好性与适配性。这为公共法律信息服务整合提供了基本平台保障，体现了服务整合功能需求。

其次，注重整合法律信息普及、法律信息教育、法律信息咨询、学术研究支持等不同类型与内容的公共法律信息服务。通过对法律信息需求获取与挖掘，准确定位服务内容与类型，构建全方位、立体化、多元化服务体系，促进不同类型与内容服务协同整合与功能互补，从服务内容、流程、方式、监管等方面构建标准化体系，减少服务碎片化。

最后，注重各类型与内容公共法律信息服务不同服务方式的整合，以增强协同服务能力。尤其是法律信息咨询不同服务方式整合，包括线上线下法律信息咨询整合、线上各种形式法律信息咨询整合，比如留言咨询、在线实时咨询、热线咨询、语音咨询、视频咨询、智能咨询等。同时，法律信息普及与法律信息教育不同服务方式整合关键在于对社会公众服务使用偏好的满足及服务使用可及性的实现；学术研究支持不同服务方式整合主要在于对服务对象（用户）精准性、个性化信息需求的关注。

三、主体整合方面

公共法律信息服务主体整合目标是实现公共法律信息服务供给主体多元协同。通过整合公共法律信息服务供给主体资源，不断增强公共法律信息服务主体专业性、协调性、主观能动性，推动多元主体在信息共享基础上运用现代信息技术实现集成式公共法律信息服务。

首先，通过服务主体整合不断推进公共法律信息服务由单一供给向多元供给转化，各服务主体通过有效整合实现公共法律信息服务行为协调互促，即公共法律信息服务过程中政府主体、社会主体、市场主体之间权利义务合理配置。

其次，注重公共法律信息服务多元主体专业分工与合作。根据各类服务主体自身所具备不同专长，合理配置相关服务主体信息功能生态位，实现服务效率最大化。其中，政府主体专业分工主要在于承担法律信息资源生产与供给，主要发挥引导与监管作用；市场主体专业分工主要在于承担法律信息资源组织与传播，主要发挥挖掘开发作用；社会主体专业分工主要在于承担公共法律信息服务实施，主要发挥组织与实施作用。

最后，注重发挥各类图书馆与学术机构主体在公共法律信息服务供给过程中的积极作用。各类图书馆与学术机构主体在提供法律信息普及、法律信息教育、学术研究支持方面具备较好资源优势，可以将此类服务主体链接到公共法律信息服务统一平台上以拓展公共法律信息服务供给主体资源。

第三节　拓展延伸公共法律信息服务智慧性

一、信息素养与信息需求方面

公共法律信息服务智慧性在一定程度上受制于相关信息人法律信息素养与法律信息需求属性。相关信息人法律信息素养越好，法律信息需求表达也越有效，服务主体获取法律信息需求程度相应越好，法律信息服务对法律信息需求智慧性满足程度越高。

首先，要更多关注与普及法律信息教育，将法律信息教育纳入公民基本教育范畴内，构建开放型法律信息素养培训机制。

其次，创新法律信息教育方式，以社会公众或者服务对象（用户）容易接受、理解的方式提供兼具自主性、灵活性、生动性、专业性的法律信息素养教育，有效增强社会公众或者服务对象（用户）接受法律信息素养教育兴趣和意愿。比如，利用短视频、微课、慕课、游戏等载体面向社会公众或者服务对象（用户）提供法律信息素养教育。

最后，通过法律信息素养提升更好地促进社会公众或者服务对象（用户）法律信息需求有效表达与获取，增强法律信息需求表达与获取之间匹配关联度，提升公共法律信息服务对社会公众或者服务对象（用户）法律信息需求满足程度。

二、信息服务层次深度方面

公共法律信息服务层次深度客观上影响着公共法律信息服务智慧性效果。在公共法律信息服务过程中，优先保障基本型公共法律信息服务，不断拓展发展型公共法律信息服务，提升公共法律信息服务层次与深度。

首先，保障基本型服务关键在于创新基本型服务方式，增强服务互动性，保证服务常态化推进，注重服务即时性，扩大基本型服务影响力。基本型服务更多体现在法律信息普及、法律信息教育中，要充分保障法律信息普及与法律信息教育的有效推进。

其次，拓展发展型服务关键在于充分保障服务安全性与经济性，强化服务专业性、智慧化与增益性，提升服务个性化与标准化水平。发展型服务主要蕴含于法律信息咨询、学术研究支持中，要充分运用现代信息技术有力支撑提升法律信息咨询与学术研究支持的智慧化水平。

最后，要充分结合地域特色凝练特色化服务以增强公共法律信息服务社会效益，提升服务对地方决策参考支持力，增强服务社会影响力与关注度，实现公共法律信息服务智慧性拓展与延伸。

三、信息技术对信息服务支撑方面

充分发挥现代信息技术的优势以对公共法律信息服务领域提供科技创新支撑。

首先，注重法律信息普及精准与法律信息咨询智慧保障、律师执业保障与执业监管、线上公证、社会矛盾纠纷排查与预警等关键技术的突破，深化区块链技术在公共法律信息服务领域的应用，提高在线服务能力水平，推进服务向移动服务、随身服务方向发展。

其次，加强法律服务网建设，持续推进“互联网+公共法律服务”，建立统一用户认证、统一服务流程、统一受理指派、业务协同办理、服务全程监督、绩效科学评价、智能大数据分析研判公共法律信息服务平台。以信息技术支撑提升用户体验，提高自助下单、智能文本客服、智能语音等智慧化应用水平，提高在线咨询服务质量与效率；强化信息查询功能，提供及时、高效、权威司法行政法律法规规范性文件查询、法律服务机构人员信息查询、参照案例查询、司法行政和公共法律服务办事指引服务。

最后，发挥信息技术优势实现服务信息有效归集，强化服务数据分析结果运用。

结语与反思

本书基于信息生态视角对公共法律信息服务模式与绩效展开了理论与实践相结合的研究，是一种跨学科研究的尝试。

一、研究总结

本书围绕公共法律信息服务模式与绩效主题，基于信息生态视角，运用理论与实证相结合的方法，针对公共法律信息服务内涵、公共法律信息服务基本要素与结构、公共法律信息服务模式、公共法律信息服务绩效影响因素以及公共法律信息服务绩效评价展开研究。

（一）公共法律信息服务内涵阐释

基于概念、特点、种类阐释公共法律信息内涵。公共法律信息服务是在政府主导，社会与市场主体共同参与下，以实现法律信息需求为目标，面向社会公众提供的涉及法律问题的信息服务。其具有公益性、时效性、权威性等显著特点，是公共信息服务的重要组成部分，是公共信息服务在法律服务领域的具体表现；是公共法律服务的重要组成部分，为公共法律服务提供充分、有效的法律信息资源保障。

根据不同标准，公共法律信息服务的种类划分也不同：

依据服务深度与层次划分为基本型公共法律信息服务与发展

型公共法律信息服务：基本型公共法律信息服务是面向社会公众提供原始法律信息资源以满足基本法律信息需求的公共法律信息服务，主要包括法律信息公开、法律信息资源开放获取；发展型公共法律信息服务旨在满足个性化法律信息需求，是在对法律信息资源进行价值挖掘的基础上提供法律信息服务以支撑决策参考的公共法律信息服务，包括定制类服务、整合分析类服务、专业咨询类服务等。

依据服务具体内容划分为法律信息普及、法律信息教育、法律信息咨询、学术研究支持服务：法律信息普及是面向不特定社会公众提供法律信息资源宣传、学习等服务；法律信息教育是面向不特定的社会公众或特定的服务对象（用户）提供法律信息素养教育与法律信息资源教育服务；法律信息咨询是面向特定的服务对象（用户）提供有关具体法律事务问题的解释、说明、建议或解决方案的服务；学术研究支持是面向不特定的社会公众或特定的服务对象（用户）提供法律信息资源服务以支持相关学术研究的服务。

（二）公共法律信息服务基本要素与结构解析

首先，基于信息生态因子的公共法律信息服务基本要素包括服务主体、对象、客体、内容。①服务主体是提供公共法律信息服务的信息人主体即服务供给主体。从信息人维度来看，服务主体服务能力、服务意愿以及服务主体间权利义务关系的合理配置客观上影响公共法律信息服务的有效供给；②服务对象是接受、使用公共法律信息服务的信息人主体即服务供给对象。包括不特定的社会公众与特定的服务对象（用户），其法律信息素养、法律信息需求以及对法律信息服务的信任客观上影响公共法律信息服务效果；③服务客体是公共法律信息服务行为承载的权利义务所指向的客观利益存在，是凝聚在法律信息资源之中通过服务行为所要实现与保护的价值目标，具体体现为社会公共法治利益与社会个体法律权益；④服务内容涉及公共法律信息服务内容的内在逻辑与外在场景。内容逻辑包括法律信息传播、法律信息交互、法律信息增值之间的关联；内容场景是公共法律信息服务对信息技术与信息环境融入的反映。

其次，基于信息生态的公共法律信息服务基本结构是指在特定社会时空里，以用户为核心，以法律信息需求为驱动，由信息人、信息资源、信息技术、信息环境相互作用组成的，基于服务主体、对象、客体、内容基本要素形成的有机整体。强调人、行为、技术、价值在信息环境里相互融合作用的关系，是基本要素之间能动关联的动态呈现状态。信息人主体群是基本结构中心位，内部信息环境群是基本结构基础位，外部信息环境即基本结构保障位。根据 SNA 方法与信息生态链节点间关系，基于信息生态因子的公共法律信息服务基本结构关联多为无向关系链，呈现多元网络型关联，可以借鉴 SNA 方法中点度中心度、接近中心度、中间中心度来衡量各信息生态因子在公共法律信息服务中的影响作用。基本结构配置是指参与公共法律信息服务的信息人在由其他信息生态因子共同构成的基本结构中所占据的特定位置，涉及法律信息资源、法律信息服务行为、法律信息服务时空环境配置。可以借鉴信息功能生态位宽度、信息功能生态位重叠度、信息生态位适宜度衡量基本结构配置。较好的配置有助于在信息人之间合理分配法律信息资源，协调服务行为进而优化服务模式，提升服务绩效。

（三）公共法律信息服务模式构建

首先，通过对比现有典型公共法律信息服务模式，提炼在信息生态视角下优化公共法律信息服务模式重在解决的关键问题，为构建基于信息生态的公共法律信息服务模式提供问题导向，即公共法律信息服务中政府、社会、市场主体之间权利义务关系优化配置；信息服务对象法律信息需求表达与信息服务主体法律信息需求获取之间逻辑关联；多源异构法律信息资源的有效整合共享与融合协同；公共法律信息服务过程中相关信息技术的合理融入与支撑；科学合理的公共法律信息服务绩效评价体系的建构。

其次，基于信息生态视角，遵循多元系统性、独立协同性、动态开放性、均等公益性原则，构建以信息人为核心导向、以信息资源服务为特色、以信息技术为支撑、以信息环境为保障的生态支配型公共法律信息服务模式（PSTE 模式）。PSTE 模式更有利于促进法律信息资源的共享与交互，增强法律信息服务的融合与协同，实现法律信息服务的智慧与增益。①PSTE 模式基本框架由信息池与信息生态因子构成。信息池是与信息人主体、信息资源本体、信息服务行为等要素有关的、标识其基本属性状态的信息服务资源集合，包括用户池、资源池、服务池与评价池。用户池模块是核心导向，资源池模块是基础保障，服务池模块是关键路径，评价池模块是必要枢纽。用户池是有关服务对象（用户）基本属性特征的信息集合，涉及服务对象（用户）类型信息与属性信息（法律信息需求、法律信息素养、服务信任度）；资源池是有关公共法律信息服务主体与法律信息资源基本属性特征（服务主体关系配置、服务能力水平、服务意愿态度、法律信息资源内容与形式特征）的信息集合；服务池是有关公共法律信息服务具体内容与类型的属性特征的信息集合，涉及根据不同法律信息需求与服务目标所提供的不同类型与内容的信息服务，供服务对象（用户）在自主选择；评价池是有关信息人主体对公共法律信息服务过程与结果进行有效评价的信息集合，通常表现为满意度与信任度。②PSTE 模式内容主要围绕以上四个信息池模块展开。四个模块相互独立、互相支撑，在信息生态因子的能动关联作用下提供主动型或被动型协同式服务。构建资源池优化配置各类服务主体权利义务关系，整合共享多源异构法律信息资源。以相关服务主体信息功能生态位宽度、信息功能生态位重叠度、信息生态位适宜度为依据配置服务主体资源关系。运用现代信息技术基于法律信息资源引证关联整合服务资源；构建用户池处理法律信息需求表达与法律信息需求获取之间逻辑关系。用户池在解析服务对象属性过程中前置其法律信息需求表达，促成法律信息需求主动表达取代法律信息需求被动表达，有效获取与挖掘显性与隐性法律信息需求；构建服务池实现个性化、精准化法律信息服务。运用信息技术对法律信息资源专业性进行适当降维，增强法律信息资源易理解性；构建评价池增强对公共法律信息服务过程与结果的监督，重点在于精细化服务评价。

最后，基于信息生态的公共法律信息服务模式运作机制包括动力驱动机制、协调共享机制、评价监督机制。动力驱动机制以信息人为核心，是公共法律信息服务模式运作的活力；协调共享机制以信息技术为支撑，是公共法律信息服务模式运作的保障；评价监督机制以信息环境为依托，是公共法律信息服务模式运作的回应。

（四）公共法律信息服务绩效影响因素论证

从信息人、信息本体与信息服务、信息技术以及信息环境维度，借鉴服务质量差距模型，对公共法律信息服务绩效影响因素进行论证。信息技术软硬件性能越好、信息技术保障信息融合、稳定与安全功能越强；内部信息环境越成熟完善、外部信息环境引导、激励与关注越强；服务主体知识技术水平、用户需求与偏好分析能力、规范协同能力越好，服务意愿越强，服务信用越好；服务对象法律信息能力越好，使用法律信息服务意愿越强烈，对服务效果感知越满意；不同类型服务中法律信息资源所呈现出来的资源状态属性越好，对相应类型服务实施支撑性越好；不同类型服务中信息服务行为过程与结果表现出来功能属性越好，对相应类型服务实施完成度越好，服务对象（用户）对服务实际感知与其对服务期望之间差距就越小，公共法律信息服务绩效就越好。基于信息生态因子的公共法律信息服务绩效影响因素模型客观上为在信息生态视角下构建公共法律信息服务绩效评价体系提供了基础支撑。

（五）公共法律信息服务绩效评价体系建构

首先，公共法律信息服务绩效评价是运用科学原则与方法，对服务所实现和达到的预期目标与效果进行综合性动态评价，包括服务过程、服务结果、持续影响评价，涉及服务对象（用户）信息需求、服务主体信息服务能力、服务目标与标准、服务方式等。信息生态因子多样性赋予服务绩效评价全面性，信息生态因子逻辑性赋予服务绩效评价关联性，信息生态因子变化性赋予服务绩效评价动态性。基于信息生态的公共法律信息服务绩效评价应该遵循以科学可行为基础，坚持需求导向，注重融合多元、公平精准的持续动态评价原则。

其次，借鉴现有公共信息服务绩效评价、网络法律信息资源质量评价指标研究成果与相关政策文本中涉及公共法律信息服务价值目标，基于公共法律信息服务绩效影响因素模型，通过问卷调查，结合司法、舆情、法学领域相关专家的观点建议，运用项目分析和因子分析方法，确定以服务过程、服务结果、持续影响为评价目标层，以信息人、信息服务、信息技术、信息环境为评价基准层的，包括 14 个一级评价指标、63 个二级评价指标的公共法律信息服务绩效评价体系，运用模糊层次分析法确定各级指标权重，构建基于信息生态的公共法律信息服务绩效评价体系。①在该服务绩效评价指标体系中，权重最大的是服务主体能力与态度，依次为体制机制建设、服务对象素养与意愿、公共法律信息服务机制、社会效益、服务对象信息需求、公共法律服务结构、社会公共需求、发展型服务属性、信息功能技术、社会信息化水平、信息支撑技术、法律信息属性、基本型服务属性。这充分体现公共法律信息服务对信息人主体的关注，宏观信息环境对公共法律信息服务的显著影响，社会公众更多需要发展型公共法律信息服务供给。②对以中国法律服务网（12348 中国法网）为典型代表的线上线下混合式公共法律信息服务绩效进行评价应用。根据评价结果，基于信息生态因子视角提出公共法律信息服务优化建议，即持续完善信息环境，进一步强化引领公共法律信息服务法治化；充分关注信息资源本体的属性，进一步提升优化公共法律信息服务整合性；合理运用信息技术的特点，激发信息人主观能动性，进一步拓展延伸公共法律信息服务智慧性。

二、研究反思

本书的主要目的是探究公共法律信息服务保障能力即公共法律信息服务模式与绩效问题。由于主客观原因，本书仍存在一些不足之处，有待于在后续的研究中进一步完善与充实。

首先，本书在模式构建过程中基于信息生态理论对公共法律信息服务的主体、客体、对象与内容进行了相互关联融合，还需要进一步构建量化模型对该模式中各信息生态因子之间的关系效应进行量化测度。

其次，本书在借鉴信息生态理论讨论公共法律信息服务基本结构时分析了公共法律信息服务基本结构的关联与配置，还需要进一步深入分析公共法律信息服务基本结构的演化机理。

最后，本书主要完成了公共法律信息服务绩效评价体系的构建，还有待于进一步完善对应评价等级内容的标准，进一步增强客观性评价的内容，公共法律信息服务绩效评价体系也还有待于进一步拓展。

三、研究展望

首先，智慧型公共法律信息服务模式的构建与优化。未来研究需要充分关注社会对公共法律信息服务的需求。在现代信息技术高度发展的背景下，充分运用高科技信息技术对公共法律信息服务的融入支撑，不断拓展公共法律信息服务的层次、深度与特色，优化以用户为中心的智慧型公共法律信息服务模式。

其次，公共法律信息服务保障体系的构建与完善。未来研究将融合公共信息服务、公共法律服务、情报学理论等相关内容，探索公共法律信息服务保障体系的构建与完善。

最后，公共法律信息服务法治化的引导与提升。未来研究将通过构建与完善公共法律信息服务模式，进一步健全、完善与公共法律信息服务相关的法律法规，为公共法律信息服务提供更加良好的法治化环境。

参考文献

一、中文著作

1. 靖继鹏、张向先主编：《信息生态理论与应用》，科学出版社 2017 年版。
2. [美] 珍妮特 · V. 登哈特、罗伯特 · B. 登哈特：《新公共服务：服务，而不是掌舵》，丁煌译，中国人民大学出版社 2014 年版。

二、中文论文

1. 鲍传丽、薛竑：《美国知名大学法律图书馆的使命》，载《四川图书馆学报》2011 年第 5 期。
2. 毕德强、吴德志、董颖：《公共信息服务的法治保障》，载《高校图书馆工作》2020 年第 1 期。
3. 白文琳、黄林杰：《我国公共信息服务标准体系框架构建研究》，载《情报科学》2020 年第 12 期。
4. 蔡金燕：《对美国法律资源开放存取的调查及分析》，载《图书馆建设》2013 年第 5 期。
5. 陈传夫、冉从敬：《法律信息增值利用的制度需求与对策建议》，载《图书与情报》2010 年第 6 期。
6. 陈婧：《基于信息援助的弱势群体公共信息服务的模式设计》，载《情报资料工作》2016 年第 5 期。
7. 陈曙：《信息生态研究》，载《图书与情报》1996 年第 2 期。

8. 陈文娟:《信息生态位宽度测度模型及实证研究》,载《情报理论与实践》2019年第12期。

9. 陈雅芝:《政府信息资源市场化开发利用研究》,载《情报资料工作》2009年第3期。

10. 程雪艳:《两大法律数据库专业文献内容与检索方式的比较》,载《情报探索》2008年第5期。

11. 崔伟、徐恺英、盛盼盼:《我国图书馆移动信息服务模式构建研究——以法律图书馆为例》,载《情报科学》2017年第1期。

12. 戴艳清:《基于不同服务主体的公共信息资源服务模式初探》,载《情报资料工作》2010年第6期。

13. 丁利:《基于需求导向的旅游政务微博公共信息服务质量优化研究——以山东旅游政务微博为例》,载《现代情报》2018年第1期。

14. 董宇、安小米:《政府信息服务评价体系的可持续性研究》,载《图书情报工作》2018年第20期。

15. 窦悦:《信息生态视角下"3×3"应急情报体系构建研究》,载《图书情报工作》2020年第15期。

16. 范晓春:《电子政务信息生态系统的构建模式及实证研究》,载《情报科学》2014年第10期。

17. 冯惠玲、周毅:《论公共信息服务体系的构建》,载《情报理论与实践》2010年第7期。

18. 冯秀珍、张建坤:《信息服务平台的信息生态位演化机理研究》,载《情报科学》2010年第8期。

19. 傅荣贤:《信息生态学研究的两个基本路径及其反思》,载《图书与情报》2010年第4期。

20. 宫平:《我国旅游信息服务研究脉络与热点分析——基于多学科视角的文献计量与可视化》,载《图书馆》2019年第9期。

21. 韩秋明:《基于信息生态理论的个人数据保护策略研究——由英国下议院〈网络安全:个人在线数据保护〉报告说开去》,载《图书情报知识》2017年第2期。

22. 胡昌平、王宁:《基于客户关系管理的潜在信息需求的显化与互动式信息服务的推进》，载《图书情报工作》2005 年第 12 期。
23. 胡昌平、辛春华、张立：《信息服务的社会监督——信息服务的技术质量监督》，载《情报学报》2001 年第 1 期。
24. 胡吉明、李雨薇、谭必勇：《政务信息发布服务质量评价模型与实证研究》，载《现代情报》2019 年第 10 期。
25. 贺延辉：《图书馆特色服务可持续发展——俄罗斯国家图书馆法律信息服务的经验与启示》，载《图书馆理论与实践》2018 年第 5 期。
26. 黄梦萦：《面向大学生创业的高校图书馆法律信息服务策略研究》，载《创新创业理论研究与实践》2020 年第 15 期。
27. 贾鸿雁：《智慧旅游背景下的公共信息服务战略研究》，载《情报科学》2015 年第 7 期。
28. 江友霞、赵文升、涂晓静：《高校图书馆关于开展法律信息服务的探索研究》，载《四川图书馆学报》2014 年第 5 期。
29. 蒋知义等：《信息生态视角下智慧城市公共信息服务质量影响因素识别研究》，载《情报科学》2020 年第 3 期。
30. 焦玉英、雷雪：《基于用户满意度的网络信息服务质量评价模型及调查分析》，载《图书情报工作》2008 年第 2 期。
31. 靖继鹏、张向先、王晰巍：《信息生态学的研究进展》，载《情报学进展》2016 年第 11 卷。
32. 经渊、郑建明：《协同理念下的城镇信息无障碍服务模式研究》，载《图书馆杂志》2017 年第 5 期。
33. 经渊、郑建明：《新型城镇化进程中公共信息一体化服务模式研究》，载《图书馆建设》2017 年第 5 期。
34. 李菲：《法律人工智能的接近正义面向——以本体方法智能化法律信息供给》，载《理论与现代化》2020 年第 1 期。
35. 李霞：《北方民族地区加快公共法律服务体系建设的当代阐释》，载《黑龙江民族丛刊》2018 年第 5 期。
36. 李秀超：《城区公共图书馆法律文献信息服务》，载《图书馆工作与研究》1996 年第 2 期。
37. 李燕燕、洪秋兰：《美国法律图书馆员教育项目研究》，载《图书馆学研究》2020 年第 8 期。
38. 李缨:《法律援助:从“可见”的制度到“可靠”的救济——法律传播视野下的一种解读》,载《西南民族大学学报(人文社科版)》2009 年第 2 期。
39. 李友芝、谭貌:《政府信息服务绩效评估指标体系的构建》,载《情报科学》2013 年第 12 期。
40. 刘兵、曾星月:《基层公共法律服务多元合作制度的张力及其完善》,载《昆明理工大学学报(社会科学版)》2020 年第 6 期。
41. 刘冰雪:《法律信息视域下的图书馆员素质培养研究》,载《大学图书情报学刊》2014 年第 5 期。
42. 刘国斌、毛晓军:《我国新型城镇化进程中的公共信息服务保障问题研究》,载《情报科学》2017 年第 1 期。
43. 刘建准、姜波:《现代信息服务业区域发展集成一体化模式研究——基于信息生态理论视角》,载《现代情报》2016 年第 12 期。
44. 娄策群、杨瑶:《基于信息生态位理论的信息服务机构组织管理》,载《情报科学》2011 年第 12 期。
45. 陆浩东:《价值链视域下的公共信息资源服务模式创新路径思考》,载《四川图书馆学报》2014 年第 5 期。
46. 卢明纯:《基于 OWL 本体的法律知识库原型系统的设计和实现》,载《现代情报》2010 年第 7 期。
47. 罗博、张晋朝:《网络公共信息服务社会信任的影响因素研究》,载《中国图书馆学报》2017 年第 5 期。
48. 罗震宇:《公共法律服务数据信息案例库构建的探索与实践》,载《中国司法》2019 年第 6 期。
49. 沙振江:《试述网络法律信息的检索》,载《现代情报》2005 年第 5 期。
50. 沙振江、柳翔:《网络法律信息资源评价指标体系的研究》,载《情报杂志》2005 年第 3 期。
51. 宋民萍:《关于建立公共法律图书馆的思考》,载《图书馆工作与研究》2015 年第 6 期。
52. 孙红蕾、郑建明:《新市民社区信息服务创新与思考》,载《图书情报知识》2015 年第 5 期。
53. 孙斌等:《众创空间信息生态系统模型构建研究》,载《图书情报研究》2020 年第 3 期。
54. 孙建军:《网络公共信息资源利用效率影响因素实证分析》,载《图书情报工作》2012 年第 10 期。
55. 孙悦、张向先、郭顺利:《基于信息生态链理论的网店信息传递效率评价研究》,载《情报科学》2017 年第 5 期。
56. 唐伟明:《网上法律信息的获取与利用策略》,载《现代情报》2003 年第 4 期。
57. 唐义:《公共数字文化信息生态系统主体及其因子分析》,载《图书与情报》2014 年第 1 期。
58. 陶敏等:《公共图书馆健康信息服务质量关键影响因素识别研究》,载《图书馆学研究》2020 年第 13 期。
59. 涂文波:《国外法律信息资源检索策略的制定方法》,载《图书馆学研究》2007 年第 1 期。
60. 庹继光:《人工智能传播法律调控创新探析》,载《新媒体与社会》2020 年第 1 期。
61. 王建亚、卢小宾:《政务信息生态链模型构建》,载《情报科学》2016 年第 3 期。
62. 王磊、卢海燕:《新信息生态环境下的图书馆参考咨询服务策略》,载《新世纪图书馆》2017 年第 8 期。
63. 王丽华、刘圣婴:《法律规约下的公共图书馆转型与服务——美国纳什维尔公共图书馆的启示》,载《图书馆论坛》2019 年第 5 期。
64. 王培三:《公共信息公平及政府的主要职责》,载《图书馆》2013 年第 1 期。
65. 王少辉:《论我国信息弱势群体电子化公共服务供给机制的构建》,载《电子政务》2010 年第 10 期。
66. 王印红:《公共信息服务的创新模式研究》,载《中国管理信息化》2011 年第 1 期。
67. 王臻、贺小培、张楠:《大数据背景下公共信息服务供给与运营机制的困局与对策——“智慧朝阳服务网”案例分析》，载《电子政务》2014年第2期。

68. 魏蕊、孙一钢、刘云漫：《美国国会图书馆立法决策智库服务策略及启示研究》，载《图书馆杂志》2020年第12期。

69. 吴杰：《智慧司法背景下的法律文书制度改革》，载《南海法学》2020年第3期。

70. 吴艺娟、林美珍：《旅游公共信息服务网站信息服务质量优化研究——基于网络旅游信息需求》，载《现代情报》2016年第4期。

71. 吴丽娟：《公共图书馆的法律文献信息服务——以深圳图书馆为例》，载《农业图书情报学刊》2013年第9期。

72. 吴志鸿：《美国法律信息资源发展现状与启示》，载《现代情报》2009年第9期。

73. 吴志鸿：《关于我国法律图书馆核心竞争力问题的思考》，载《图书情报工作》2010年第S2期。

74. 夏立新、翟姗姗、李冠楠：《面向用户需求的个性化政务信息服务模式》，载《图书情报工作》2010年第8期。

75. 向尚等：《智慧城市信息生态链的系统动力学仿真分析》，载《情报杂志》2017年第3期。

76. 肖卫兵：《从信息流角度审视重点领域信息公开对促进政府依法行政的作用》，载《中国行政管理》2016年第4期。

77. 谢德智、陈淼欲：《我国法律法规信息服务系统建设的研究与实践》，载《硅谷》2015年第2期。

78. 邢启迪等：《法律文献资源关联模型设计与应用研究》，载《图书情报工作》2017年第10期。

79. 徐娟：《数据化时代构建共享型公共法律服务平台的实践与探索——以四川为实证样本》，载《中国司法》2020年第10期。

80. 许淑萍：《论我国基本公共服务绩效评估的价值取向》，载《理论探讨》2013年第6期。

81. 徐晓锋、王娟娟：《基于信息生态理论的大数据治理建模及西部区域治理路径设计》，载《现代情报》2019年第5期。

82. 颜海、汪婷:《欧美国家公共信息服务均等化的经验及启示》,载《信息资源管理学报》2014 年第 4 期。
83. 严昕、孙红蕾、郑建明:《新型城镇化背景下区县图书馆公共信息服务实践与思考》,载《新世纪图书馆》2017 年第 7 期。
84. 杨诚:《农村基本公共信息服务均等化标准化研究》,载《图书馆理论与实践》2015 年第 9 期。
85. 杨兰蓉、邓如梦、郜颖颖:《基于信息生态理论的政法事件微博舆情传播规律研究》,载《现代情报》2018 年第 8 期。
86. 杨玫:《高校图书馆社会化信息服务模式探索与实践——以广州大学图书馆为例》,载《图书馆杂志》2011 年第 3 期。
87. 殷伟燕:《试论公共图书馆的电子政务信息服务》,载《新世纪图书馆》2013 年第 9 期。
88. 于芳:《信息生态视角下图书馆联盟协同创新模式研究》,载《图书馆研究》2017 年第 1 期。
89. 于丽英、官海彪:《法律信息资源的建设与整合》,载《图书馆建设》2004 年第 6 期。
90. 袁晔:《中美原始法律文献公开获取比较研究》,载《图书馆建设》2011 年第 11 期。
91. 张发亮、胡媛、朱益平:《区域科技创新信息服务平台建设与服务模式研究》,载《图书馆学研究》2016 年第 24 期。
92. 张红芹、庞文兰:《基于生态位视角的高校图书馆技术创新服务研究》,载《现代情报》2015 年第 1 期。
93. 张建彬:《面向用户的公共信息服务集成研究》,载《图书与情报》2012 年第 1 期。
94. 张婕:《基于分众模式的公共图书馆法律文献信息服务》,载《图书馆学刊》2015 年第 10 期。
95. 张敏、邓胜利:《面向协同创新的公共信息服务平台构建》,载《情报理论与实践》2008 年第 3 期。
96. 张妮、杨遂全、蒲亦非:《我国法律本体检索模型的研究》,载《法律方法》2015 年第 2 期。

97. 赵国忠:《甘肃民族地区公共信息服务的瓶颈及发展路向》,载《新世纪图书馆》2013 年第 12 期。

98. 赵国忠:《甘肃民族地区政府网站公共信息服务发展研究》,载《情报探索》2015 年第 4 期。

99. 赵庆菊:《法律院校图书馆信息服务功能拓展研究——以西北政法大学图书馆为例》,载《农业图书情报学刊》2010 年第 1 期。

100. 赵生辉、胡莹:《多语言数字图书馆信息生态链的结构、类型及启示》,载《图书馆理论与实践》2020 年第 3 期。

101. 赵小海、何远琼、郭叶:《论法律信息公开与法律网站》,载《法律文献信息与研究》2013 年第 1 期。

102. 周承聪、娄策群:《信息服务生态系统中信息流转效率的影响因素及提高措施》,载《情报科学》2016 年第 2 期。

103. 周毅:《公共信息服务制度的定位及其核心问题分析》,载《情报资料工作》2014 年第 4 期。

104. 周毅:《公共信息服务质量问题研究——基于建立政府与公民信任关系的目标》,载《情报理论与实践》2014 年第 1 期。

105. 周毅:《论公共信息服务的法治化》,载《中国图书馆学报》2016 年第 4 期。

106. 周毅:《社会共治模式下公共信息服务的绩效评估》,载《情报资料工作》2017 年第 3 期。

107. 周毅:《公共信息服务社会共治的风险及其控制》,载《情报资料工作》2020 年第 1 期。

108. 周毅、王杰:《公共信息服务社会共治内涵与运行机理分析》,载《情报理论与实践》2018 年第 3 期。

109. 周伟、叶常林、韩家勤:《政府信息服务绩效评估指标体系的科学构建》,载《图书情报工作》2009 年第 13 期。

110. 周毅、袁成成:《论新情境下公共信息服务发展问题的出场及其内在逻辑》,载《情报理论与实践》2020 年第 5 期。

111. 祝玲:《美国法律图书馆的发展及演变述略》,载《晋图学刊》2019 年第 5 期。

112. 朱如龙、沈烈：《信息生态因子视角下图书馆舆情信息服务质量影响因素分析》，载《图书馆工作与研究》2020 年第 6 期。
113. 朱晓峰、叶许婷、张琳：《“三微一端”政务信息服务的动态激励机制研究——基于声誉效应》，载《现代情报》2019 年第 1 期。

三、学位论文

1. 陈世银：《产学研协同创新中的信息保障研究》，武汉大学 2013 年博士学位论文。
2. 程万高：《基于公共物品理论的政府信息资源增值服务供给机制研究》，武汉大学 2010 年博士学位论文。
3. 董海欣：《电子政务环境下政府信息资源共享模式与运行机制研究》，吉林大学 2008 年博士学位论文。
4. 高学敏：《中国公民普法教育演进研究》，复旦大学 2014 年博士学位论文。
5. 韩宏伟：《法律传播中的“知沟”现象研究》，南京大学 2016 年博士学位论文。
6. 胡漠：《智慧政府信息协同的满意度感知与网络结构模型构建》，吉林大学 2020 年博士学位论文。
7. 李巍：《城市圈创新发展中的信息保障研究》，武汉大学 2011 年博士学位论文。
8. 邵艳丽：《危机情境下政府公共信息服务质量控制研究》，南京大学 2014 年博士学位论文。
9. 王雅薇：《公共信息服务机构信息生态治理、IT 应用能力与服务创新绩效关系的研究》，吉林大学 2017 年博士学位论文。
10. 张长亮：《信息生态视角下网络社群用户信息共享行为影响因素及效果评价研究》，吉林大学 2019 年博士学位论文。
11. 张建光：《智慧政务信息生态协同演化机制研究》，中央财经大学 2016 年博士学位论文。
12. 张旭：《高校图书馆智库型服务体系构建及能力评价研究》，吉林大学 2019 年博士学位论文。

13. 赵云合:《政务信息生态系统理论及其应用研究》,华中师范大学 2011 年博士学位论文。
14. 赵忠君:《土地法律本体构建及其推理机制研究》,武汉大学 2011 年博士学位论文。
15. 周昕:《信息生态视角下网络平台构建机理及运行效率评价研究》,吉林大学 2016 年博士学位论文。

四、报纸

1. 丁国锋、罗莎莎:《南京探索构建智慧法律服务生态圈》,载《法治日报》2021 年 7 月 8 日,第 6 版。

五、外文著作

1. Barolli, Leonard, K. F. Li, T. Enokido, et al., *Advances in Networked-Based Information Systems: The 24rd International Conference on Network-Based Information Systems (NBiS-2021)*, Princeton: Springer Nature Press, 2021.
2. Gottschalk, Petter, ed., *E-government Interoperability and Information Resource Integration: Frameworks for Aligned Development: Frameworks for Aligned Development*, Princeton: IGI Global Press, 2009.
3. Pakalna D., *Public Libraries in the Information Ecology System of the Local Community (Focus Group Interviews with the Information Ecology Mapping-Approbation of the Method and the First Results)*, Theory and Applications, 2010.
4. Saias J., Quaresma P., *A Methodology to Create Legal Ontologies in a Logic Programming Information Retrieval System*, in Benjamins, V. R., et al. eds., *Law and the Semantic Web*, Springer, Berlin, Heidelberg, 2005.
5. Snijkers, *The Information Ecology of E-government: E-government as Institutional and Technological Innovation in Public Administration*, IOS press, 2005.
6. Stenley W., Katheinef, *Social Network Analysis: Method and Application*, Renmin University of China Press, 2011.
7. T. H. Davenport, L. Prusak, *Information Ecology*, Oxtord University Press, 1997.

六、外文论文

1. Albrechtsen H. , Jacob E. K. , "Classification Systems as Boundary Objects in Diverse Information Ecologies", *Advances in Classification Research Online*, 8 (1997).

2. Aman H. , "The Legal Information Landscape: Change is the New Normal", *Legal Information Management*, 19 (2019).

3. Andreeva O. A. , Mordovtsev A. Y. , Shtompel O. M. , et al. , "Legal Culture, Legal Worldview, and Legal Awareness of Subjects in Philosophical and Culturological Discourse", *Journal of Politics and Law*, 12 (2019).

4. Anonymous, "Lawyers to Go-Cellular One Introduces Legal Information-Service by Car Phone-Coverage of Biotechnology Law not Known", *Biotechnology Law Report*, 12 (1993).

5. Walton S. Bittner, "Public Discussion and Information Service of University Extension", *Elementary School Journal*, 21 (1921).

6. Antonczak L. , Burger-Helmchen T. , "Being Mobile: A Call for Collaborative Innovation Practices?", *Information and Learning Sciences*, 122 (2021).

7. Aryan P. R. , Ekaputra F. J. , Sunindyo W. D. , et al. , "Fostering Government Transparency and Public Participation Through Linked Open Government Data: Case Study: Indonesian Public Information Service", *IEEE*, 2014.

8. Benetoli A. , Chen T. F. , Spagnardi S. , et al. , "Provision of a Medicines Information Service to Consumers on Facebook: An Australian Case Study", *Journal of Medical Internet Research*, 17 (2015).

9. Berger, C. , et al. , "Kano's Methods for Understanding Customer-Defined Quality", *Center for Quality Management Journal*, 2 (1993).

10. Berring R. C. , "Legal Information and the Search for Cognitive Authority", *Calif. L. Rev.* , 88 (2000).

11. Bhardwaj R. K. , Margam M. , "Metadata Framework for Online Legal Information System in Indian Environment", *Library Review*, 66 (2017).

12. Bhardwaj R. K. , "Development of Online Legal Information System: Lawyers' Perceptions", *Desidoc Journal of Library & Information Technology*, 39 (2019).

13. Bhardwaj R. K. , "Gender Perception in the Development of Online Legal Information System for the Indian Environment", *The Bottom Line*, 30 (2017).

14. Bing J. , "User-Constructed Legal Information Systems: Subscription to and Use of Legal Information Services from the Perspective of the End User", *Social Science Information Studies*, 4 (1984).

15. Boella G. , Di Caro L. , Humphreys L. , et al. , "Eunomos, a Legal Document and Knowledge Management System for the Web to Provide Relevant, Reliable and Up-to-date Information on the Law", *Artificial Intelligence and Law*, 24 (2016).

16. Brito J. F. , Martinez-Avila D. , Vechiato F. L. , et al. , "The Museum of Sexual Diversity as a Complex Information Ecology: A Study of its Findability and Pervasive Information Architecture", *Revista Ibero-Americana de Ciência da Informação*, 24 (2020).

17. Cano Viktorsson C. , "From Maps to Apps: Tracing the Organizational Responsiveness of an Early Multi-Modal Travel Planning Service", *Journal of Urban Technology*, 22 (2015).

18. Capurro, R. , "Towards Information Ecology", *Taylor Graham*, 1990.

19. Carvalho A. C. , Erlano S. , "Sources of legal information", *Encontros Bibli-Revista Eletronica De Biblioteconomia E Ciencia Da Informacao*, 22 (2017).

20. Chen C. C. , Lee G. G. , Chou T. C. , "A Process Model for Bricolage-based Resource Co-management for a Resource-constrained Government IT Project: Lessons Learned from Taiwan's DOC Project", *Information Technology & People*, 29 (2016).

21. Chen H. W. , Yu R. F. , Liaw S. L. , et al. , "Information Policy and Management Framework for Environmental Protection Organization with Ecosystem Conception", *International Journal of Environmental Science & Technology*, 7 (2010).

22. Cifuentes-Silva F. , Gayo J. E. L. , "Legislative Document Content Extraction Based on Semantic Web Technologies", *Springer*, *Cham*, 2019.

23. Corrall S. , O'Brien J. , "Developing the Legal Information Professional: A Study of Competency, Education and Training Needs", *Aslib Proceedings*, 63 (2011).

24. Cross F. , "Covid - 19 and a Change in the Legal Information Landscape", *Legal Information Management*, 20 (2020).

25. Crowe J. , Field R. M. , Toohey L. , et al. , "Understanding the Legal Information Experience of Non-Lawyers: Lessons from the Family Law Context", *Journal of Judicial Administration*, 27 (2018).

26. Crowe J. , Field R. , Toohey L. , et al. , " 'I' ll just Google that!' Online Searches and the Post-Separation Family Law Information Experience", *Alternative Law Journal*, 44 (2019).

27. Davies L. , "Law PORT: An Online Training Initiative to Improve the Legal Information Skills of Postgraduate Researchers", *Legal information management*, 17 (2017).

28. Detlor B. , "Facilitating Organizational Information Access in Global Network Environments: Towards a New Framework for Intranet Design", *Proceedings of the ASIST Annual Meeting*, 35 (1998).

29. Detlor B. , "The Corporate Portal as Information Infrastructure: Towards a Framework for Portal Design", *International Journal of Information Management*, 20 (2000).

30. Dewdney P. , Coghlan S. , Sue-Chan C. , et al. , "Legal Information Services in Ontario Public Libraries", *Canadian library journal*, 45 (1988).

31. Dinh D. T. , "Economic Valuation of Agricultural Producers' WTP for the Weather Information Service - A Case Study in Central Vietnam", *EDP Sciences*, 203 (2020).

32. Farkas K. , Nagy A. Z. , Tomás T. , et al. , "Participatory Sensing Based Real-time Public Transport Information Service", *IEEE*, 2014.

33. Farrugia A. , Seear K. , Fraser S. , "Authentic Advice for Authentic Problems? Legal Information in Australian Classroom Drug Education", *Addiction Research & Theory*, 26 (2018).

34. García-Marco F. J. , "Libraries in the Digital Ecology: Reflections and Trends", *The Electronic Library*, 29 (2011).

35. Geraldo G. , Pinto M. D. S. , "Study of Users of Legal Information: Librarian and Quality Criteria for Information", *Perspectivas em Ciência da Informação*, 24 (2019).

36. Getman A. , Karasiuk V. , Hetman Y. , "Ontologies as a Set to Describe Legal Information", *Colins*, 2020.

37. C. M. Gettys, "Bulletin of the Public Affairs Information Service", *Journal of Political Economy*, 26 (1918).

38. Giampreti A. , Eleftheriou G. , Gallo M. , et al. , "Medications Prescriptions in COVID-19 Pregnant and Lactating Women: the Bergamo Teratology Information Service Experience during COVID-19 Outbreak in Italy", *Journal of Perinatal Medicine*, 48 (2020).

39. Gracy II D. B. , "A Cowman's-Eye View of the Information Ecology of the Texas Cattle Industry from the Civil War to World War I", *Information & Culture*, 51 (2016).

40. Grafton C. , "Book Review: the Information Ecology of E-Government", *Social Science Computer Review*, 24 (2006).

41. Green D. A. , "Brexit and Access to Legal Information", *Legal Information Management*, 17 (2017).

42. Greenleaf G. , Mowbray A. , Chung P. , "Legal Information Institutes and AI: free Access Legal Expertise", *Front. Artif. Intell. Appl*, 317 (2019).

43. Gvozdev, V. E. , Chemyakhovskaya, L. R. , Nasyrova, R. A. , "Analysis of the Reliability of Information Services, Taking into Account their Objective Characteristics and Subjective Assessments of Users", *Programmnaya Inzheneriya*, 10 (2019).

44. Hajj N. , McEwan P. J. , Turkington R. , "Women, Information Ecology, and Political Protest in the Middle East", *Mediterranean Politics*, 24 (2019).

45. Robert P. Haro, "Information Service in Public Libraries: TWO Studies (Book Review) ", *College & Research Libraries*, 33 (1972).

46. Haruna H. , Mtoroki M. , Gerendasy D. D. , et al. , "Health Libraries and Information Services in Tanzania: A Strategic Assessment", *Annals of Global Health*, 82 (2016).

47. Holborn G. , "The Emergence of Professional Law Librarianship and the Professional Law Librarian: the History of BIALL in Context", *Legal Information Management*, 19 (2019).

48. Horjak M. , Kovačič A. , "Pre-Commercial Procurement as a Key Development Source of it Services in the Public Sector-The Case of Slovenia", *Tehnički vjesnik*, 25 (2018).

49. Horton, F. W. , "Information Ecology", *Journal of Systems Management*, 9 (1978).

50. Huh J. D. , Joo E. K. , "An Analysis of Multiple 28. 8 Kbps call Control in Pstn-Psdn Communication Processing System", *IEEE*, 1998.

51. Janecek V. , "Personalised Dissemination of Legal Information", *Knowledge of the Law in the Big Data Age*, 317 (2019).

52. Jo H. W. , Kim S. W. , "A Service Quality Model for the Public Information Service", in Tai-Hoon Kim, et al. , *U-and E-Service, Science and Technology*, UNESST, 2011.

53. Jung H. M. , Lee Y. , Kim W. , "Legal Information Retrieval System Relevant to R&D Projects Based on Word-Embedding of Core Terms", *Proceedings of the International Conference on Electronic Commerce*. 2017.

54. Kanapala A. , Jannu S. , Pamula R. , "Passage-Based Text Summarization for Legal Information Retrieval", *Arabian Journal for Science and Engineering*, 44 (2019).

55. Katuščáková M. , Katuščák M. , "Recommendations for Scientific Collaboratories: Application of KM Findings to a Scientific Collaboratory", *Proceedings of the European Conference on Knowledge Management*, 1 (2012).

56. Keiber J. , "Surveillance Hegemony", *Surveillance & Society*, 13 (2015).

57. Kim M. Y. , Xu Y. , Goebel R. , "Applying a Convolutional Neural Network to Legal Question Answering", *Springer, Cham*, 2015.

58. Kim Y. H. , "Application of Text Mining for Legal Information System: Focusing on Defamation Precedent", *Journal of the Korean Society for Library and Information Science*, 54 (2020).

59. Kirwan S. , "The UK Citizens Advice Service and the Plurality of Actors and Practices that Shape 'Legal Consciousness' ", *The Journal of Legal Pluralism and Unofficial Law*, 48 (2016).

60. Koniaris M. , Anagnostopoulos I. , Vassiliou Y. , "Evaluation of Diversification Techniques for Legal Information Retrieval", *Algorithms*, 10 (2017).

61. Koniaris M. , Anagnostopoulos I. , Vassiliou Y. , "Network Analysis in the Legal Domain: A Complex Model for European Union Legal Sources", *Journal of Complex Networks*, 6 (2018).

62. Kuhmonen A. , Seppälä H. , Anttila A. , et al. , "Motivating Students to Learn Law Through Co-creation and Participation in Game Designing and Gameplay", *Academic Conferences and Publishing International Limited*, 2019.

63. Kwak S. J. , Noh Y. , "A Study on User Needs for Public Access to the Supreme Court Library of Korea", *Journal of the Korean Society for Library and Information Science*, 52 (2018).

64. Larrouquere L. , Gabin M. , Poingt E. , et al. , "Genesis of an Emergency Public Drug Information Website by the French Society of Pharmacology and Therapeutics During the COVID-19 Pandemic", *Fundamental & Clinical Pharmacology*, 34 (2020).

65. Lee H. W. , "The Legal Aspect of Supreme Court Cases on the Unlicensed Medical Practice of Korean Medicine", *Journal of Society of Preventive Korean Medicine*, 23 (2019).

66. Lee J. W. , Jang J. , Ko K. K. , et al. , "Economic Valuation of a New Meteorological Information Service: Conjoint Analysis for a Pollen Forecast System", *Weather, Climate, and Society*, 6 (2014).

67. Lee Mordecai, "Clara M. Edmunds and the Library of the United States Information Service, 1934-1948", *Libraries & the Cultural Record*, 42 (2007).

68. Lee Mordecai, "The First Federal Public Information Service, 1920-1933: At

the US Bureau of Efficiency!", *Public Relations Review*, 29 (2003).

69. Liew C. L., "Towards Dynamic and Evolving Digital Libraries", *The Electronic Library*, 32 (2014).

70. Liu Y., "Research on Community Public Service Information Collaborative Governance Based on Deep Learning Model", *Journal of Mathematics*, 2021 (2021).

71. Luo L., Park V. T., "Preparing Public Librarians for Consumer Health Information Service: A Nationwide Study", *Library & Information Science Research*, 35 (2013).

72. Ma Y., "Understanding Information: Adding a Non-Individualistic Lens", *Journal of the Association for Information Science and Technology*, 72 (2021).

73. Mabon L., "Making Climate Information Services Accessible to Communities: What can we Learn from Environmental Risk Communication Research?", *Urban Climate*, 31 (2020).

74. Mack C., "Legal Knowledge and Information at the Foreign and Commonwealth Office", *Legal Information Management*, 18 (2018).

75. Magrath P., "Law Reporting and Public Access in the Courts: Is too much a Good Thing?: Part 1: The English Experience", *Legal Information Management*, 19 (2019).

76. Makarova N. A., "The Essence and Meaning of the Categories 'Law Function Implementation' and 'Forms of Law Function Implementation' ", *Tomsk State University Journal*, 413 (2016).

77. McConnell B. W., "New Wine in Old Wineskins: US Government Information in a Networked World", *Journal of Government Information*, 23 (1996).

78. McKeon M., "Harnessing the Information Ecosystem with Wiki-Based Visualization Dashboards", *IEEE Transactions on Visualization and Computer Graphics*, 15 (2009).

79. Metallidou C. K., Psannis K. E., Alexandropoulou-Egyptiadou E., "Survey on the Patent Law Awareness and the Entrepreneurial Trend of Greece's Graduates of Technology Institutes", *IEEE Access*, 8 (2020).

80. Milkaite I. , Lievens E. , "Child-friendly Transparency of Data Processing in the EU: from Legal Requirements to Platform Policies", *Journal of Children and Media*, 14 (2020).

81. Minbo L. , Zhu Z. , Guangyu C. , "Information Service System of Agriculture IoT", *Automatika*, 54 (2013).

82. Mol M. , De Groot R. , Hoogenhout E. , et al. , "An Evaluation of the Use of a Website and Telephonic Information Service as Public Education About Forgetfulness", *Telemedicine and E-Health*, 13 (2007).

83. Mordachev V. , "Environmental Safety of Cellular Networks Taking into Consideration Electromagnetic Background Produced by Systems of Public Information Service", *IEEE*, 2007.

84. Morgan A. U. , Dupuis R. , D'Alonzo B. , et al. , "Beyond Books: Public Libraries as Partners for Population Health", *Health Affairs*, 35 (2016).

85. Mowbray A. , Chung P. , Greenleaf G. , "Utilising AI in the legal Assistance Sector—Testing a Role for Legal Information Institutes", *Computer Law & Security Review*, 38 (2020).

86. Nesheim I. , Barkved L. , Bharti N. , "What is the Role of Agro-Met Information Services in Farmer Decision-Making? Uptake and Decision-Making Context Among Farmers Within Three Case Study Villages in Maharashtra, India", *Agriculture*, 7 (2017).

87. Newman D. R. , Doherty U. , "Making the Law Accessible to Non-Lawyers: Effects of Different Kinds of Expertise on Perceived Usability of Online Legal Information Services", *Behaviour & Information Technology*, 27 (2008).

88. Noh Y. , Ahn I. J. , Choi M. H. , et al. , "A Study on the Inducing the Core Values of the Constitutional Court Library for the Public Service", *Journal of the Korean Society for Library and Information Science*, 52 (2018).

89. Noh Y. , "A Study Comparing Public and Medical Librarians' Perceptions of the Role and Duties of Health Information-providing Librarians", *Health Information & Libraries Journal*, 32 (2015).

90. Nykolaychuk L. , Chehodar O. , "Problems in Creation of Information Systems

of Legal Knowledge and Estimation of Entropy of Legal Information", *IEEE*, 2006.

91. Ortiz-Crespo B., Steinke J., Quirós C. F., et al., "User-centred Design of a Digital Advisory Service: Enhancing Public Agricultural Extension for Sustainable Intensification in Tanzania", *International Journal of Agricultural Sustainability*, 2020.
92. Osiejewicz J., "Transnational Legal Communication: Towards Comprehensible and Consistent Law", *Foundations of Science*, 25 (2020).
93. Owen T., " Manifesto for a Wired Society", *Online Information* 97 (*London*, 9-11 *December* 1997), 1997.
94. Parmar A., Patel K., "Critical Study and Analysis of Cyber Law Awareness Among the Netizens", *Springer*, *Singapore*, 409 (2016).
95. Passamano J. A., Sufian B., Sopchak A. L., "CF Legal Information Hotline: Continuing the CF Community's Access to Reliable Legal Information", *NJ USA*: *Wiley*, 55 (2020).
96. Pekkarinen S., Hasu M., Melkas H., et al., "Information Ecology in Digitalising Welfare Services: A Multi-level Analysis", *Information Technology & People*, 12 (2020).
97. Peruginelli G., Conti S., Fioravanti C., "COVID-19 and Digital Library Services: an Overview on Legal Information", *Digital Library Perspectives*, 37 (2021).
98. Pickens J., Gricks T. C., Bye A., "Break up the family: Protocols for Efficient Recall-Oriented Retrieval Under Legally-Necessitated Dual Constraints", *IEEE*, 2018.
99. Poínhos R., Oliveira B. M. P. M., Van Der Lans I. A., et al., "Providing Personalised Nutrition: Consumers' Trust and Preferences Regarding Sources of Information, Service Providers and Regulators, and Communication Channels", *Public Health genomics*, 20 (2017).
100. Pudaruth S., Soyjaudah K. M. S., Gunputh R. P., "An Innovative Multi-Segment Strategy for the Classification of Legal Judgments Using the K-nearest

Neighbour Classifier", *Complex & Intelligent Systems*, 4 (2018).

101. Quint B., "The Last Librarians-end of a Millennium", *Canadian Journal of Information Science - Revue Canadienne Des Sciences Del Information*, 17 (1992).

102. Rattle I., Middlemiss L., Van Alstine J., "Google Fracking: The Online Information Ecology of the English Shale Gas Debate", *Energy Research & Social Science*, 64 (2020).

103. Rejekiningsih T., "Law Awareness Forming Strategies to Reinforce the Principles of Social Function of Land Rights within the Moral Dimension of Citizenship", *Procedia-Social and Behavioral Sciences*, 211 (2015).

104. Riyanto D. E., Wirawan P. W., Kurniawan K., "E-Government Interoperability: Architecture Model for Public Information Services of Sub-District Governments", *EDP Sciences*, 218 (2018).

105. Saveliev D. A., "On Creating and Using Text of the Russian Federation Corpus of Legal Acts as an Open Dataset", *Law: J. Higher Sch. Econ.*, 1 (2018).

106. Šavelka J., Ashley K. D., "Legal Information Retrieval for Understanding Statutory Terms", *Artificial Intelligence and Law*, 2021.

107. Seizov O., Wulf A. J., "Communicating Legal Information to Online Customers Transparently: A Multidisciplinary Multistakeholderist Perspective", *Journal of International Consumer Marketing*, 33 (2021).

108. Shuler J. A., "Policy Implications of a Model Public Information Service: the DOSFAN Experience", *Government Information Quarterly*, 17 (2000).

109. Sims R. L., Munoz R., "The Long Tail of Legal Information: Legal Reference Service in the Age of the Content Farm", *Law Libr. J.*, 104 (2012).

110. Sladić G., Gostojić S., Milosavljević B., et al., "Computer Aided Anonymization and Redaction of Judicial Documents", *Computer Science and Information Systems*, 13 (2016).

111. Smith J. E., Brandenburg M. D., Conte M. L., et al., "Innovative Information Service Development: Meeting the Information Needs of an Interdisciplinary, Cross-sector Research Complex", *Journal of the Medical Library Association*:

JMLA, 102 (2014).

112. Steinerovά J., Hrčková A., "Information Support of Research Information Interactions of PhD. Students in Slovakia", *Grey Journal* (*TGJ*), 10 (2014).

113. Steinerovά J., "Ecological Dimensions of Information Literacy", *Information Research*: *An International Electronic Journal*, 15 (2010).

114. Stoppe, Sebastian, "Streaming for Researchers Desiderata from the Perspective of the Specialised Information Service for Communication, Media and Film Studies", *Bibliothek Forschung Und Praxis*, 44 (2020).

115. Straub-Cook P., "Source, Please? A Content Analysis of Links Posted in Discussions of Public Affairs on Reddit", *Digital Journalism*, 6 (2018).

116. Sullivan H. W., Finney Rutten L. J., Waters E. A., "Requests for Cancer Prevention Information: the Cancer Information Service (2002-2006)", *Journal of Cancer Education*, 25 (2010).

117. Taduri S., Lau G. T., Law K. H., et al., "Retrieval of Patent Documents from Heterogeneous Sources Using Ontologies and Similarity Analysis", *IEEE*, 2011.

118. T'Jampens B., "Flemish Multichannel Contact Center: A Success Story for More Fhan 10 Years", *Proceedings of the* 10*th European Conference on E-Government*, 2010.

119. Tjoetra A., Sudarman M., "Increasing Compliance of Public Institutions Within Implementation-the Constituent of Public Information Transparency in West Aceh", *Atlantis Press*, 2016.

120. Tobi S. N. M., Masrom M., Kassim E. S., et al., "Psychological Influence Towards Health Consumers Intention to use a Malaysia National Web Based Health Information Service", *Environment-Behaviour Proceedings Journal*, 3 (2018).

121. Tverdokhlib O. S., "Information Ecology as one of Priorities in the Modern State Information Policy", *Marketing and Management of Innovations*, 1 (2018).

122. Van Opijnen M., Santos C., "On the Concept of Relevance in Legal Information Retrieval", *Artificial Intelligence and Law*, 25 (2017).

123. Vanderpool R. C., Huang G. C., Mollica M., et al., "Cancer Information-

Seeking in an Age of COVID-19: Findings from the National Cancer Institute's Cancer Information Service", *Health Communication*, 36 (2021).

124. Wagh R. S., Anand D., "Legal Document Similarity: A Multi - Criteria Decision-Making Perspective", *PeerJ Computer Science*, 6 (2020).

125. Wang P., "Connecting the Parts with the Whole: Toward an Information Ecology Theory of Digital Innovation Ecosystems", *Mis Quarterly*, 45 (2021).

126. Wasitarini D. E., Tritawirasta W., "Assessing Users' Acceptance Toward a Closed Access Library Service System Using the UTAUT Model: A Case Study at the National Library of Indonesia", *IEEE*, 2015.

127. Weseni T. A., Watson R. T., Anteneh S., "A Review of Soft Factors for Adapting Public-private Partnerships to Deliver Public Information Services in Ethiopia: A Conceptual Framework", *IEEE*, 2015.

128. Wiggers G., Lamers W., "Shepard's Citations Revisited-Citation Metrics for Dutch Legal Information Retrieval", *ISSI*, 2019.

129. Wiggins S., "Reflections on Current Trends and Predictions for Commercial Law Libraries", *Legal Information Management*, 19 (2019).

130. Yeboah G., Cottrill C. D., Nelson J. D., et al., "Understanding Factors Influencing Public Transport Passengers' Pre-travel Information-seeking Behaviour", *Public Transport*, 11 (2019).

131. Yoon K., Park G., Lee M., "How Should the Social Service Quality Evaluation in South Korea be Verified? Focusing on Community Care Services", *Multidisciplinary Digital Publishing Institute*, 8 (2020).

132. Yoon K., Park S., Choi S., et al., "A Proposal for Public Health Information System-Based Health Promotion Services", *Processes*, 8 (2020).

133. Yoshioka M., "Analysis of COLIEE Information Retrieval Task Data", *Springer, Cham*, 2017.

134. Zirkel P. A., "Legal Information in Special Education: Accuracy with Transparency", *Exceptionality*, 28 (2020).

附　录

附录 1　美国法律信息资源（部分）

提供服务主体类型	法律信息资源	服务内容
政　府	国会众议院美国法典在线 http://uscode.house.gov/	基于美国一般和永久法律的主题合并编纂，提供法律信息资源的原文检索与下载。
	国会法律图书馆 http://www.loc.gov/law/	基于馆藏 290 多万美国与其他国家法律信息资源，面向国会、最高法院、其他政府部门、社会公众及全球法律人士，提供权威的法律研究、法律参考、法律分析、全球法律监测等服务。
	国会立法信息网 http://thomas.loc.gov/home/Thomas.php	提供议案决议的检索，涉及立法过程中相关议事记录、提案提名与条约等立法信息。
	美国政府出版署（GPO）政府资讯 https://www.govinfo.gov/	基于国会、白宫和联邦机构的官方出版物信息资源，面向社会公众免费提供政府信息，提供法律法规、立法信息、国会议案与报告的法律信息资源的原文检索、下载。
	……	……

续表

提供服务主体类型	法律信息资源	服务内容
社会组织	康奈尔大学的法律信息研究中心 http://www. law. cornell. edu/	提供在线免费出版法律信息，支持开放存取法律信息资源原文；帮助法律专业以外的用户更容易地检索和利用法律信息；实施信息互助计划，促进用户参与法律信息资源的建设与维护。
	斯坦福大学图书馆 https://fairuse. stanford. edu/	面向社会公众提供美国宪法、法典法规、行政法规、知识产权案例以及国际条约和公约等法律信息资源的原文检索与下载。
	耶鲁大学法学院图书馆法学研究指南 http://library. law. yale. edu/research-guides	提供美国法律、外国与国际法律信息资源的原文检索与下载，提供法律历史研究信息资源服务。
	世界法律信息研究所 http://www. worldlii. org/	通过 14 个法律信息机构、1834 个数据库，面向社会公众提供免费全球法律信息资源，包括判例法、立法、条约、法律改革报告、法律期刊和其他法律信息资源的原文检索与下载，涵盖数据库、目录和网络搜索三个主要设施。
	法规监管有效性中心 https://www. thecre. com/about. html	面对社会公众提供用于制定联邦法规的数据和信息；为国会提供相关法规分析；提供基于消费者响应服务、电子监管论坛、交互式公案等形式交流互动服务。
	弗吉尼亚州切萨皮克市数字化保存小组法律信息档案 http://www. legalinfoarchive. org	基于政府政策、各州法律图书馆和高校法律图书馆的法律信息资源，面向社会大众提供法律信息资源的原文检索与下载。

续表

提供服务主体类型	法律信息资源	服务内容
社会组织	大学法律评论计划 http://www.lawreview.org/	面向社会公众、律师、专业的法律社区提供免费的法律新闻、法律信息资源，包括来自各州和联邦法院的判例法以及各州的法规信息资源；同时提供在线律师目录与免费的初步律师咨询；提供美国法律文书模板的下载与个性化运用。
	……	……
商业机构	WestLaw 数据库	法律出版集团 Thomson Legal and Regulator's 于 1975 年开发的，为国际法律专业人员提供的互联网的搜索工具；面向社会公众与法律研究、从业人士提供法律案例、法令法规、法律表格及条约等法律信息资源的检索，包括美国、英国、欧盟、加拿大、中国香港地区法律信息资源，法学期刊、法学教育资源等；付费订购获得法律信息服务。
	LexisNexis 数据库	隶属于全球第二大出版集团 Relx Group，提供美国联邦与州政府的案例、美国最高法院案例与最高法院上诉案例、地方法院及州法院的案例及判决书、所有联邦律法及规则与各州法规、法律评论、欧洲联邦律法、专利数据库、英联邦国家法律法规和案例、WTO 相关案例和条文、其他律法主题等法律信息资源；付费订购获得法律信息服务。

续表

提供服务主体类型	法律信息资源	服务内容
商业机构	HeinOnline 法学期刊全文数据库	由 William S. Hein & Co. , Inc. 公司出品，属于法律期刊提供商、订购商和法律图书馆界服务商；提供近 1700 种法学期刊，675 卷国际法领域权威巨著，100 000 多个案例，1400 多部精品法学学术专著等法律信息资源检索与下载；付费订购获得法律信息服务。
	……	……

附录 2　公共法律信息服务绩效影响因素调查问卷

公共法律信息服务绩效影响因素调查问卷

尊敬的朋友：

您好！

由于研究需要，特邀请您填写此份问卷。

本调查旨在了解对公共法律信息服务绩效产生作用的影响因素。

本次问卷调查采用匿名方式，所有数据只用于学术研究中统计分析。对您提供的信息，将作保密处理，请您放心填写。

真诚感谢您的支持与参与！

备注：可以体验、参考的公共法律信息服务平台通常有中国法律服务网（12348 中国法网）、各省份 12348 法律服务网、法信网、司法部官网、中国裁判文书网、各公共图书馆法律信息服务等。

武汉大学信息管理学院

信息资源研究中心

第一部分　请填写您的基本信息部分

1. 您的性别：[单选题]*

○男　　　○女

2. 您的年龄段 [单选题]*

○18~22 岁　　○23~26 岁　　○27~35 岁

○36~45 岁　　○45 岁以上

3. 您的受教育程度 [单选题]*

○高中及以下

○大专

○大学本科

○硕士研究生

○博士研究生

4. 您的职业［单选题］*

○政府或事业单位工作人员

○企业职员

○自由职业者

○学生

○其他

5. 您的月收入［单选题］*

○<3000 元

○3000~5000 元

○5001~8000 元

○>8000 元

第二部分　请根据实际认知与体验回答

对于以下的描述，1 表示“完全不同意”，4 表示“中立”，7 表示“完全同意”，数值越小表示越不同意，数值越大表示越同意。

请根据实际认知与体验，选择相应的数字（单选）。

6. 支撑公共法律信息服务的信息技术具备友好的易用性［单选题］*

完全不同意　○1　○2　○3　○4　○5　○6　○7　完全同意

7. 支撑公共法律信息服务的信息技术通过集成整合实现信息资源服务的融合，有效地完成信息资源服务与信息需求的适配

[单选题]*

8. 支撑公共法律信息服务的信息技术具备安全稳定性，持续充分保障信息资源的存储与传递、导航指引与检索，保护信息资源的完整以及相关信息隐私的能力[单选题]*

9. 注重并实现对公共法律信息服务所需的人、资金、物、技术等条件的投入与支持[单选题]*

完全不同意 ○1 ○2 ○3 ○4 ○5 ○6 ○7 完全同意

10. 公共法律信息服务具备所需硬件平台环境的有效稳定性特征[单选题]*

完全不同意 ○1 ○2 ○3 ○4 ○5 ○6 ○7 完全同意

11. 公共法律信息服务的内部管理体制机制成熟、完善[单选题]*

完全不同意 ○1 ○2 ○3 ○4 ○5 ○6 ○7 完全同意

12. 与公共法律信息服务相关的法律、法规、政策、制度、标准、规范成熟、完善[单选题]*

完全不同意 ○1 ○2 ○3 ○4 ○5 ○6 ○7 完全同意

13. 社会公众整体信息化利用能力水平高，公共法律信息服务的社会关注程度高[单选题]*

完全不同意　○1　○2　○3　○4　○5　○6　○7　完全同意

14. 社会公众基于对公共法律信息服务的认知与认可，有效改善了社会生活行为习惯方式［单选题］*

完全不同意　○1　○2　○3　○4　○5　○6　○7　完全同意

15. 公共法律信息服务主体具备提供公共法律信息服务所必需的系统、深厚的专业知识与娴熟、规范的技术能力，服务行为符合专业知识与技术规范要求［单选题］*

完全不同意　○1　○2　○3　○4　○5　○6　○7　完全同意

16. 公共法律信息服务主体在提供服务过程中能够有效协调各服务平台资源，具备良好的服务协同能力［单选题］*

完全不同意　○1　○2　○3　○4　○5　○6　○7　完全同意

17. 公共法律信息服务主体经过有效沟通，能够对服务对象（用户）的法律信息需求、偏好进行客观地分析与熟练地把握［单选题］*

完全不同意　○1　○2　○3　○4　○5　○6　○7　完全同意

18. 公共法律信息服务主体具有强烈的服务意愿，能够发挥公共信息服务主观能动性，积极主动地提供公共法律信息服务［单选题］*

完全不同意　○1　○2　○3　○4　○5　○6　○7　完全同意

19. 公共法律信息服务主体能够热情、耐心、细致、周到地

提供服务［单选题］*

完全不同意 ○1 ○2 ○3 ○4 ○5 ○6 ○7 完全同意

20. 公共法律信息服务主体在提供服务时能够体现“以人为本”的服务理念，不断创新服务方式与手段［单选题］*

完全不同意 ○1 ○2 ○3 ○4 ○5 ○6 ○7 完全同意

21. 公共法律信息服务主体在提供服务时具备强烈的责任意识，切实做到“首问负责”［单选题］*

完全不同意 ○1 ○2 ○3 ○4 ○5 ○6 ○7 完全同意

22. 公共法律信息服务主体的工作业绩评价上体现的个人信誉良好，服务中无不诚信、恶意损害他人合法信息权利的行为记录［单选题］*

完全不同意 ○1 ○2 ○3 ○4 ○5 ○6 ○7 完全同意

23. 公共法律信息服务主体在提供服务过程中能够始终遵守信息管理相关的法律法规，尊重信息伦理［单选题］*

完全不同意 ○1 ○2 ○3 ○4 ○5 ○6 ○7 完全同意

24. 公共法律信息服务对象（用户）自身具备较好的信息意识，有较强的信息感受力，明确自己的信息需求内容与范围［单选题］*

完全不同意 ○1 ○2 ○3 ○4 ○5 ○6 ○7 完全同意

25. 公共法律信息服务对象（用户）自身具备充分获取信

息、客观评价信息、有效利用信息的能力［单选题］*

完全不同意	○1	○2	○3	○4	○5	○6	○7	完全同意

26. 公共法律信息服务对象（用户）自身具备开展法学与信息科学学科交叉研究的能力［单选题］*

完全不同意	○1	○2	○3	○4	○5	○6	○7	完全同意

27. 公共法律信息服务对象（用户）使用公共法律信息服务的意愿强烈，能够积极主动地使用公共法律信息服务［单选题］*

完全不同意	○1	○2	○3	○4	○5	○6	○7	完全同意

28. 公共法律信息服务对象（用户）对公共法律信息服务的使用依赖程度高，养成了使用习惯［单选题］*

完全不同意	○1	○2	○3	○4	○5	○6	○7	完全同意

29. 公共法律信息服务对象（用户）积极向他人推荐使用公共法律信息服务的频率较高［单选题］*

完全不同意	○1	○2	○3	○4	○5	○6	○7	完全同意

30. 公共法律信息服务对象（用户）在使用服务过程中没有信息隐私忧虑［单选题］*

完全不同意	○1	○2	○3	○4	○5	○6	○7	完全同意

31. 公共法律信息服务对象（用户）使用服务后自身法律信息需求得到有效满足，个人生活、研究或工作绩效提升程度高［单选题］*

完全不同意 ○1 ○2 ○3 ○4 ○5 ○6 ○7 完全同意

32. 公共法律信息服务对象（用户）对服务过程与效果的接受与认可度高，对服务评价好［单选题］*

完全不同意 ○1 ○2 ○3 ○4 ○5 ○6 ○7 完全同意

33. 在法律信息普及服务时及时提供与更新法律信息资源［单选题］*

完全不同意 ○1 ○2 ○3 ○4 ○5 ○6 ○7 完全同意

34. 在法律信息普及服务中依法由相关主体提供内容真实、准确、权威的法律信息资源［单选题］*

完全不同意 ○1 ○2 ○3 ○4 ○5 ○6 ○7 完全同意

35. 在法律信息普及服务中以用户能够理解的语言与形式，规范地表达法律信息资源的内容［单选题］*

完全不同意 ○1 ○2 ○3 ○4 ○5 ○6 ○7 完全同意

36. 在法律信息教育服务中提供的法律信息资源种类与内容构成科学的体系［单选题］*

完全不同意 ○1 ○2 ○3 ○4 ○5 ○6 ○7 完全同意

37. 在法律信息教育服务中持续性地提供相关法律信息资源，法律信息资源的回溯性较好，具备资源连续性［单选题］*

完全不同意 ○1 ○2 ○3 ○4 ○5 ○6 ○7 完全同意

38. 在法律信息教育服务中提供的法律信息资源的结构分布符合法学学科科学体系的逻辑性［单选题］*

完全不同意	○1	○2	○3	○4	○5	○6	○7	完全同意

39. 在法律信息咨询服务中提供的法律信息资源种类齐全，内容全面、丰富、充分［单选题］*

完全不同意	○1	○2	○3	○4	○5	○6	○7	完全同意

40. 在法律信息咨询服务时能够及时提供与更新相关法律信息资源［单选题］*

完全不同意	○1	○2	○3	○4	○5	○6	○7	完全同意

41. 法律信息咨询服务提供的相关法律信息资源与建议结论依法具备内容真实有效、准确权威性［单选题］*

完全不同意	○1	○2	○3	○4	○5	○6	○7	完全同意

42. 在法律信息咨询服务中提供的法律信息资源准确、有效、易用，增益性强，能够针对性地解决相应法律信息需求［单选题］*

完全不同意	○1	○2	○3	○4	○5	○6	○7	完全同意

43. 在法律信息咨询服务中能够自由、便捷地获取、利用相关的法律信息资源［单选题］*

完全不同意	○1	○2	○3	○4	○5	○6	○7	完全同意

44. 在学术研究支持服务中及时提供与更新的法律信息资源

能够很好地反映法学学科前沿发展研究主题、热点与方向［单选题］*

完全不同意 ○1 ○2 ○3 ○4 ○5 ○6 ○7 完全同意

45. 在学术研究支持服务中实现了对提供的法律信息资源依法开放存取与共享［单选题］*

完全不同意 ○1 ○2 ○3 ○4 ○5 ○6 ○7 完全同意

46. 在学术研究支持服务中提供的法律信息资源的内容与结构分布符合法学学科专业科学体系的逻辑性、合理性，体现法学学科专业特点［单选题］*

完全不同意 ○1 ○2 ○3 ○4 ○5 ○6 ○7 完全同意

47. 在学术研究支持服务中灵活地整合了所提供的不同类型、不同内容的法律信息资源，法律信息资源的内在逻辑关联和引证关系科学而严谨［单选题］*

完全不同意 ○1 ○2 ○3 ○4 ○5 ○6 ○7 完全同意

48. 在学术研究支持服务中持续性地提供法律信息资源，法律信息资源的回溯性较好，具备资源连续性［单选题］*

完全不同意 ○1 ○2 ○3 ○4 ○5 ○6 ○7 完全同意

49. 社会公众对于法律信息普及服务的知晓程度高，社交媒体对法律信息普及服务的宣传与关注引起的社会共鸣影响好［单选题］*

完全不同意 ○1 ○2 ○3 ○4 ○5 ○6 ○7 完全同意

50. 提供法律信息普及服务的主体资格、内容、程序符合相关法律法规规定，依法具备权威性［单选题］*

完全不同意　○1　○2　○3　○4　○5　○6　○7　完全同意

51. 根据社会生活需求与国家政策法律法规导向，及时地提供法律信息普及服务［单选题］*

完全不同意　○1　○2　○3　○4　○5　○6　○7　完全同意

52. 充分利用现代信息技术创新法律信息普及服务的方式与手段，提升法律信息普及服务的吸引力与参与性［单选题］*

完全不同意　○1　○2　○3　○4　○5　○6　○7　完全同意

53. 能够在时间上持续性、规律性地提供法律信息普及服务［单选题］*

完全不同意　○1　○2　○3　○4　○5　○6　○7　完全同意

54. 提供法律信息普及服务覆盖面最大化，针对不同地区与对象提供法律信息普及服务的时间、内容与质量均公平无差别［单选题］*

完全不同意　○1　○2　○3　○4　○5　○6　○7　完全同意

55. 在法律信息教育服务中能够及时响应服务对象的需求，积极主动地采取多样化方式进行沟通交流［单选题］*

完全不同意　○1　○2　○3　○4　○5　○6　○7　完全同意

56. 提供的法律信息教育服务遵循法学学科发展规律，符合

公共信息服务的科学性、专业化、规范化要求[单选题]*

完全不同意 ○1 ○2 ○3 ○4 ○5 ○6 ○7 完全同意

57. 能够开放性地提供法律信息教育服务，社会公众能够自由共享法律信息教育服务[单选题]*

完全不同意 ○1 ○2 ○3 ○4 ○5 ○6 ○7 完全同意

58. 充分利用现代信息技术创新法律信息教育服务的方式与手段，发展线上线下融合式教育，激励法律信息素养学习的主观能动性[单选题]*

完全不同意 ○1 ○2 ○3 ○4 ○5 ○6 ○7 完全同意

59. 能够在时间上持续性、规律性、阶段性地提供法律信息教育服务[单选题]*

完全不同意 ○1 ○2 ○3 ○4 ○5 ○6 ○7 完全同意

60. 提供法律信息教育服务的方式与手段富有多样化、个性化的人文情怀关怀[单选题]*

完全不同意 ○1 ○2 ○3 ○4 ○5 ○6 ○7 完全同意

61. 提供法律信息教育服务覆盖面最大化，针对不同地区与对象提供法律信息教育服务的内容与质量均公平无差别[单选题]*

完全不同意 ○1 ○2 ○3 ○4 ○5 ○6 ○7 完全同意

62. 在法律信息咨询服务中能够及时回应服务对象的法律信

息需求，积极主动地采取多样化方式与之进行沟通交流，发掘其需要解决的问题［单选题］*

完全不同意 ○1 ○2 ○3 ○4 ○5 ○6 ○7 完全同意

63. 在法律信息咨询服务中能够有效地保护服务对象的个人信息隐私安全，防止病毒与黑客等恶意攻击［单选题］*

完全不同意 ○1 ○2 ○3 ○4 ○5 ○6 ○7 完全同意

64. 提供的法律信息咨询服务具备法律服务专业特征，给出的建议与结论可信、可靠、专业［单选题］*

完全不同意 ○1 ○2 ○3 ○4 ○5 ○6 ○7 完全同意

65. 提供法律信息咨询服务时能够融合各种法律信息资源与服务平台，依据服务对象的不同特点，智能地、精准地适配法律信息需求，提供精确的、针对性强的服务，具备公共信息服务的协同性与智慧性［单选题］*

完全不同意 ○1 ○2 ○3 ○4 ○5 ○6 ○7 完全同意

66. 在法律信息咨询服务中提供的法律信息资源具备统一、规范化的形式、结构化的内容，服务方式简便、程序明晰便捷［单选题］*

完全不同意 ○1 ○2 ○3 ○4 ○5 ○6 ○7 完全同意

67. 提供法律信息咨询服务时以公益性原则为指导，注重尽可能地节约服务对象所付出的时间、精力、经济成本［单选题］*

完全不同意 ○1 ○2 ○3 ○4 ○5 ○6 ○7 完全同意

68. 提供法律信息咨询服务的获益覆盖面最大化，针对不同地区与对象提供法律信息咨询服务质量均公平无差别［单选题］*

完全不同意 ○1 ○2 ○3 ○4 ○5 ○6 ○7 完全同意

69. 能够开放性地提供学术研究支持服务，社会公众能够自由平等地共享法律学术研究支持服务［单选题］*

完全不同意 ○1 ○2 ○3 ○4 ○5 ○6 ○7 完全同意

70. 在提供学术研究支持服务时能够根据服务对象不同的需求与偏好提供个性化服务［单选题］*

完全不同意 ○1 ○2 ○3 ○4 ○5 ○6 ○7 完全同意

71. 提供学术研究支持服务时能够积极借鉴智慧信息服务的理念与技术手段，针对性地提供精确的服务，比如定题跟踪、科研嵌入式服务等智慧性法律信息服务［单选题］*

完全不同意 ○1 ○2 ○3 ○4 ○5 ○6 ○7 完全同意

72. 公共法律信息服务主体对所提供的服务过程与服务效果的认知符合客观规律与标准要求［单选题］*

完全不同意 ○1 ○2 ○3 ○4 ○5 ○6 ○7 完全同意

73. 公共法律信息服务过程中服务主体与服务对象之间沟通的结果符合服务过程中体现出来的状态［单选题］*

完全不同意 ○1 ○2 ○3 ○4 ○5 ○6 ○7 完全同意

74. 公共法律信息服务对象对公共法律信息服务过程与结果

的感知符合自身对服务的心理预期［单选题］*

完全不同意	○1	○2	○3	○4	○5	○6	○7	完全同意

75. 公共法律信息服务对象获取与使用服务的切身体验较好，法律信息需求的实现方式舒适便捷［单选题］*

完全不同意	○1	○2	○3	○4	○5	○6	○7	完全同意

76. 公共法律信息服务主体和服务对象均从提供与使用服务中获得有效的收益与帮助［单选题］*

完全不同意	○1	○2	○3	○4	○5	○6	○7	完全同意

77. 公共法律信息服务能够促进公共法律服务体制机制的完善，对公共信息服务产业结构的调整产生有利的影响［单选题］*

完全不同意	○1	○2	○3	○4	○5	○6	○7	完全同意

78. 您认为公共法律信息服务绩效的影响因素还包括哪些？［填空题］

____

附录3　公共法律信息服务绩效评价指标调查问卷

公共法律信息服务绩效评价指标调查

尊敬的朋友：

您好！

由于研究需要，特邀请您填写此份问卷。

本调查旨在了解公共法律信息服务绩效评价的指标因素。

本次问卷调查采用匿名方式，所有数据只用于学术研究中统计分析。对您提供的信息，将作保密处理，请您放心填写。

真诚感谢您的支持与参与！

备注：可以体验、参考的公共法律信息服务平台通常有中国法律服务网（12348中国法网）、各省份12348法律服务网、法信网、司法部官网、中国裁判文书网、各公共图书馆法律信息服务等。

武汉大学信息管理学院

信息资源研究中心

第一部分　请填写您的基本信息部分

1. 您的性别［单选题］*

○男　　　○女

2. 您的年龄段［单选题］*

○18～22岁　　○23～26岁　　○27～35岁

○36～45岁　　○45岁以上

3. 您的受教育程度［单选题］*

○高中及以下

○大专

〇大学本科
〇硕士研究生
〇博士研究生

4. 您的职业［单选题］*

〇政府或事业单位工作人员
〇企业职员
〇自由职业者
〇学生
〇其他

5. 您的知识背景或兴趣［单选题］*

〇法律类及相关
〇公共管理类及相关
〇信息管理类及相关
〇其他

第二部分 请根据实际认知与体验回答

以下描述反映了各个指标因素对于公共法律信息服务绩效评价的影响作用。

对于以下的描述，1表示“完全不同意”，4表示“中立”，7表示“完全同意”，数值越小表示越不同意，数值越大表示越同意。

请根据实际认知与体验，选择相应的数字（单选）。

6. 公共法律信息服务提供者的服务行为符合专业标准、技术规范［单选题］*

完全不同意	〇1	〇2	〇3	〇4	〇5	〇6	〇7	完全同意

7. 公共法律信息服务提供者善于综合运用各种法律信息资

源，具备良好的服务协同能力［单选题］*

完全不同意 ○1 ○2 ○3 ○4 ○5 ○6 ○7 完全同意

8. 公共法律信息服务提供者能够对服务对象（用户）的法律信息需求和偏好进行客观、有效地分析把握［单选题］*

完全不同意 ○1 ○2 ○3 ○4 ○5 ○6 ○7 完全同意

9. 公共法律信息服务提供者能够积极主动、热情耐心地提供服务，具备强烈的责任意识，切实做到“首问负责”［单选题］*

完全不同意 ○1 ○2 ○3 ○4 ○5 ○6 ○7 完全同意

10. 公共法律信息服务提供者服务时能够做到诚实守信，切实履行服务合同［单选题］*

完全不同意 ○1 ○2 ○3 ○4 ○5 ○6 ○7 完全同意

11. 公共法律信息服务对象（用户）具备良好的法律信息意识，明确自己信息需求内容与范围［单选题］*

完全不同意 ○1 ○2 ○3 ○4 ○5 ○6 ○7 完全同意

12. 公共法律信息服务对象（用户）具备检索信息、甄别信息、利用信息的能力［单选题］*

完全不同意 ○1 ○2 ○3 ○4 ○5 ○6 ○7 完全同意

13. 公共法律信息服务对象（用户）积极主动地使用公共法律信息服务来解决问题［单选题］*

完全不同意 ○1 ○2 ○3 ○4 ○5 ○6 ○7 完全同意

14. 公共法律信息服务对象（用户）习惯性通过使用公共法律信息服务解决、处理问题［单选题］*

完全不同意　○1　○2　○3　○4　○5　○6　○7　完全同意

15. 公共法律信息服务中提供的法律信息内容更新及时且稳定、有效［单选题］*

完全不同意　○1　○2　○3　○4　○5　○6　○7　完全同意

16. 公共法律信息服务中提供的法律信息内容真实、准确、权威［单选题］*

完全不同意　○1　○2　○3　○4　○5　○6　○7　完全同意

17. 公共法律信息服务中提供的法律信息能够针对性地解决相应法律信息需求［单选题］*

完全不同意　○1　○2　○3　○4　○5　○6　○7　完全同意

18. 公共法律信息服务中提供的各种法律信息内容相关性强、层次清晰［单选题］*

完全不同意　○1　○2　○3　○4　○5　○6　○7　完全同意

19. 公共法律信息服务中提供的法律信息内容具备连续性［单选题］*

完全不同意　○1　○2　○3　○4　○5　○6　○7　完全同意

20. 公共法律信息服务中以公众能够理解的语言与形式规范

地表达法律信息内容，且容易获取、下载、保存［单选题］*

21. 公共法律信息服务中提供的法律信息种类齐全，内容全面、丰富、充分［单选题］*

完全不同意 ○1 ○2 ○3 ○4 ○5 ○6 ○7 完全同意

22. 公共法律信息服务中提供的法律信息能够反映法学学科前沿发展研究主题、热点与方向［单选题］*

完全不同意 ○1 ○2 ○3 ○4 ○5 ○6 ○7 完全同意

23. 公共法律信息服务中提供的法律信息具备法律专业知识性，体现法学学科专业特点［单选题］*

完全不同意 ○1 ○2 ○3 ○4 ○5 ○6 ○7 完全同意

24. 公共法律信息服务中提供的法律信息之间具备科学、严谨的内在逻辑关联和引证关系［单选题］*

完全不同意 ○1 ○2 ○3 ○4 ○5 ○6 ○7 完全同意

25. 公共法律信息服务中提供的法律信息可依法转发、收藏、分享、传播，实现开放存取共享［单选题］*

完全不同意 ○1 ○2 ○3 ○4 ○5 ○6 ○7 完全同意

26. 公共法律信息服务中提供的法律信息内容与形式规范、标准［单选题］*

完全不同意	○1	○2	○3	○4	○5	○6	○7	完全同意

27. 公众对公共法律信息服务的知晓度高，社交媒体的宣传与关注引起的社会共鸣影响好［单选题］*

完全不同意	○1	○2	○3	○4	○5	○6	○7	完全同意

28. 根据社会生活需求与国家政策法律法规导向及时地提供公共法律信息服务［单选题］*

完全不同意	○1	○2	○3	○4	○5	○6	○7	完全同意

29. 公共法律信息服务中充分利用现代信息技术创新服务方式，可视化服务水平高［单选题］*

完全不同意	○1	○2	○3	○4	○5	○6	○7	完全同意

30. 在时间上持续性或规律性地提供公共法律信息服务［单选题］*

完全不同意	○1	○2	○3	○4	○5	○6	○7	完全同意

31. 在公共法律信息服务中及时响应服务对象（用户）的信息需求，反馈咨询与建议，积极主动地采取多样化方式进行平等、友好、便捷、实时、有效地沟通交流［单选题］*

完全不同意	○1	○2	○3	○4	○5	○6	○7	完全同意

32. 向公众提供开放性的公共法律信息服务，公众能够自由地共享服务［单选题］*

完全不同意	○1	○2	○3	○4	○5	○6	○7	完全同意

33. 公共法律信息服务能够为公众提供舒适、周到、无障碍的服务［单选题］*

完全不同意　○1　○2　○3　○4　○5　○6　○7　完全同意

34. 公共法律信息服务提供者的服务资格、内容、程序符合相关法律法规规定，依法具备权威性［单选题］*

完全不同意　○1　○2　○3　○4　○5　○6　○7　完全同意

35. 公共法律信息服务能够有效满足服务对象（用户）法律信息需求，解决相应问题［单选题］*

完全不同意　○1　○2　○3　○4　○5　○6　○7　完全同意

36. 公共法律信息服务中能够有效地保护服务对象（用户）的个人信息隐私安全，防止病毒与黑客等恶意攻击信息服务［单选题］*

完全不同意　○1　○2　○3　○4　○5　○6　○7　完全同意

37. 提供的公共法律信息服务具备法律服务专业特征，给出的建议与结论可信、可靠、专业［单选题］*

完全不同意　○1　○2　○3　○4　○5　○6　○7　完全同意

38. 公共法律信息服务时能够根据服务对象（用户）的描述，准确分析显性和隐性信息需求，给出针对性强的决策参考建议与预测结论，提供精准的服务［单选题］*

完全不同意　○1　○2　○3　○4　○5　○6　○7　完全同意

39. 提供的公共法律信息服务程序合理、明晰，服务方式简便、规范［单选题］*

完全不同意 ○1 ○2 ○3 ○4 ○5 ○6 ○7 完全同意

40. 公共法律信息服务对象（用户）在使用服务时所花费的时间短、费用少、效率高［单选题］*

完全不同意 ○1 ○2 ○3 ○4 ○5 ○6 ○7 完全同意

41. 公共法律信息服务中根据服务对象（用户）的需求偏好、获取信息方式的习惯差异，提供多样化、定制化、个性化服务［单选题］*

完全不同意 ○1 ○2 ○3 ○4 ○5 ○6 ○7 完全同意

42. 公共法律信息服务中提供的结论能够不断减少服务对象（用户）的信息不确定性，提升解决问题的能力［单选题］*

完全不同意 ○1 ○2 ○3 ○4 ○5 ○6 ○7 完全同意

43. 公共法律信息服务平台运行稳定、流畅［单选题］*

完全不同意 ○1 ○2 ○3 ○4 ○5 ○6 ○7 完全同意

44. 公共法律信息服务平台能够维持信息资源完整、准确，保护信息资源知识产权［单选题］*

完全不同意 ○1 ○2 ○3 ○4 ○5 ○6 ○7 完全同意

45. 公共法律信息服务平台能够提供持续、充分的资源存储，实现顺畅、高效的资源传递［单选题］*

完全不同意 ○1 ○2 ○3 ○4 ○5 ○6 ○7 完全同意

46. 公共法律信息服务平台导航设置直观、易用、准确，检索功能简单，具备自动超链接功能［单选题］*

完全不同意 ○1 ○2 ○3 ○4 ○5 ○6 ○7 完全同意

47. 公共法律信息服务平台提供各种工具、资源便捷地下载、检索、利用［单选题］*

完全不同意 ○1 ○2 ○3 ○4 ○5 ○6 ○7 完全同意

48. 公共法律信息服务平台提供多样、兼容的工具和服务资源，各系统、工具、技术相互融合支持［单选题］*

完全不同意 ○1 ○2 ○3 ○4 ○5 ○6 ○7 完全同意

49. 公共法律信息服务平台界面设计色彩音效搭配美观，页面布局合理、简洁、清晰［单选题］*

完全不同意 ○1 ○2 ○3 ○4 ○5 ○6 ○7 完全同意

50. 公共法律信息服务平台设计符合公众使用习惯，提供与用户偏好和需求相适配契合的功能设计［单选题］*

完全不同意 ○1 ○2 ○3 ○4 ○5 ○6 ○7 完全同意

51. 提供公共法律信息服务的设施、设备和平台健全，通信基站覆盖面广，信息传输质量好［单选题］*

完全不同意 ○1 ○2 ○3 ○4 ○5 ○6 ○7 完全同意

52. 国家对公共法律信息服务资源保障进行持续性的人、资金、物以及技术等方面的投入[单选题]*

完全不同意	○1	○2	○3	○4	○5	○6	○7	完全同意

53. 与公共法律信息服务相关的信息管理、信息共享、信息监督、信息扶贫、信息援助等制度健全[单选题]*

完全不同意	○1	○2	○3	○4	○5	○6	○7	完全同意

54. 国家颁行的与公共法律信息服务相关的法律、法规、政策完善且有效[单选题]*

完全不同意	○1	○2	○3	○4	○5	○6	○7	完全同意

55. 建成集成式的公共法律信息服务平台，公众信息化利用率高[单选题]*

完全不同意	○1	○2	○3	○4	○5	○6	○7	完全同意

56. 信息技术的发展对于公共法律信息服务的融入和支撑程度高[单选题]*

完全不同意	○1	○2	○3	○4	○5	○6	○7	完全同意

57. 公共法律信息服务对象（用户）使用服务后自身对服务形式需求、实用性需求得到有效满足，服务接受度、使用率与推荐他人使用率高[单选题]*

完全不同意	○1	○2	○3	○4	○5	○6	○7	完全同意

58. 公共法律信息服务对象（用户）在使用服务过程中认为

信息与服务可靠，且没有个人信息隐私忧虑［单选题］*

完全不同意 ○1 ○2 ○3 ○4 ○5 ○6 ○7 完全同意

59. 公共法律信息服务对象（用户）通过使用服务获得实质性帮助，问题得以较好解决，自我效能感得以较大提升［单选题］*

完全不同意 ○1 ○2 ○3 ○4 ○5 ○6 ○7 完全同意

60. 通过公共法律信息服务发挥法律评价功能，在一定程度上带来了社会犯罪率的降低［单选题］*

完全不同意 ○1 ○2 ○3 ○4 ○5 ○6 ○7 完全同意

61. 通过公共法律信息服务发挥法律教育功能，在一定程度上提升了社会普法率［单选题］*

完全不同意 ○1 ○2 ○3 ○4 ○5 ○6 ○7 完全同意

62. 通过公共法律信息服务发挥法律预测功能，在一定程度上降低了诉讼率［单选题］*

完全不同意 ○1 ○2 ○3 ○4 ○5 ○6 ○7 完全同意

63. 通过公共法律信息服务发挥法律指引功能，在一定程度上提升了纠纷化解率［单选题］*

完全不同意 ○1 ○2 ○3 ○4 ○5 ○6 ○7 完全同意

64. 通过公共法律信息服务形成比较规范、稳定、配套的公共法律信息服务制度体系，且具备持续运行体制机制的动力［单

选题]*

完全不同意 ○1 ○2 ○3 ○4 ○5 ○6 ○7 完全同意

65. 通过公共法律信息服务形成科学、合理的公共法律信息服务机制[单选题]*

完全不同意 ○1 ○2 ○3 ○4 ○5 ○6 ○7 完全同意

66. 通过公共法律信息服务形成有约束力的公共法律信息服务机制，保障公共法律信息服务的有效运行[单选题]*

完全不同意 ○1 ○2 ○3 ○4 ○5 ○6 ○7 完全同意

67. 公共法律信息服务丰富、健全了现行公共法律服务结构[单选题]*

完全不同意 ○1 ○2 ○3 ○4 ○5 ○6 ○7 完全同意

68. 公共法律信息服务促使公共法律服务对信息时代的融入和适应[单选题]*

完全不同意 ○1 ○2 ○3 ○4 ○5 ○6 ○7 完全同意

69. 通过公共法律信息服务促进公共法律服务均等普惠价值取向的实现，公共法律服务资源在城乡、地区、群体之间均衡分布[单选题]*

完全不同意 ○1 ○2 ○3 ○4 ○5 ○6 ○7 完全同意

70. 通过公共法律信息服务有效提升了社会法治化水平，公众的法律意识得以强化，社会治理的法治化程度得以增强，法律

公信力得以强化［单选题］*

完全不同意 ○1 ○2 ○3 ○4 ○5 ○6 ○7 完全同意

71. 通过公共法律信息服务实现了公众使用法律信息服务利益最大化，改善了公众与公共服务之间的信任关系［单选题］*

完全不同意 ○1 ○2 ○3 ○4 ○5 ○6 ○7 完全同意

72. 社会公众持续关注公共法律信息服务，行为受到公共法律信息服务的支持与引导［单选题］*

完全不同意 ○1 ○2 ○3 ○4 ○5 ○6 ○7 完全同意

73. 您认为公共法律信息服务绩效评价指标还包括哪些？［填空题］

____

附录4　公共法律信息服务绩效评价指标重要性调查

公共法律信息服务绩效评价指标重要性调查

尊敬的专家：

您好！

鉴于您在本书相关领域的学术造诣与经验，特邀请您参与此次研究调查。您的建议和结论将是本书十分重要的参考依据。此次调查采用匿名形式，所有的调查问卷仅供本书做数据统计分析，请您放心作答。真诚感谢您接受参与本次调查！

1. 调查内容与目的

本次调查内容是公共法律信息服务绩效评价各指标的重要性。

本书从公共法律信息服务过程、服务结果、持续影响三个维度对服务绩效进行科学的评价，指标体系如下图1所示。由于本人知识受限，设计的指标体系尚有不足，敬请专家老师给予指导。

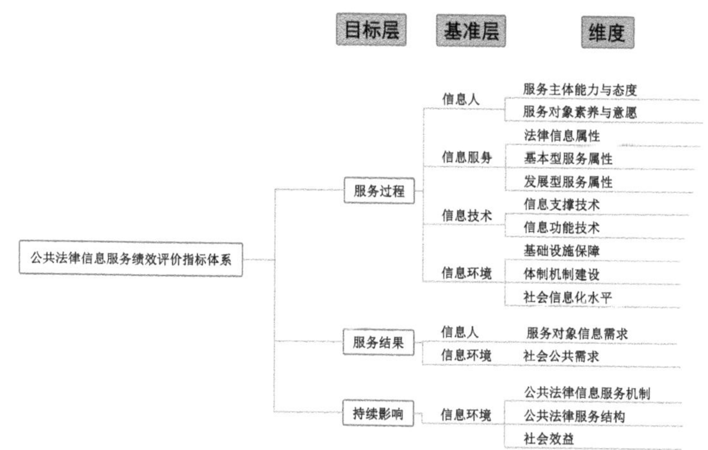

图1　公共法律信息服务绩效评价指标体系

您需要做的是比较各个指标之间的重要程度，比较采用学者 T. L. Saaty 提出的 1–9 标度方法，详见表 1：

表 1　T. L. Saaty 1–9 标度方法

标　度	解　释
1	两个指标相比，影响相同
3	两个指标相比，一个比另一个影响稍强
5	两个指标相比，一个比另一个影响强
7	两个指标相比，一个比另一个影响明显的强
9	两个指标相比，一个比另一个影响绝对的强
2，4，6，8	上述两相邻判断的中值

请根据您的认知和经验对表中的指标进行比较判断，将判断标度填入以下 16 个矩阵表中（请用行元素与列元素进行两两比较，根据 1–9 标度方法填写矩阵表无色右边空白处即可）。例如：行指标 A 比列指标 B 明显重要，则在空白处填 5；行指标 B 比列指标 A 重要性明显弱，那么在空白处填 1/5（五分之一）。

2. 调查问卷主体部分

（1）一级指标两两比较判断矩阵。

表 2　一级指标两两比较判断矩阵

	服务主体能力与态度	服务对象素养与意愿	法律信息属性	基本型服务属性	发展型服务属性	信息支撑技术	信息功能技术	体制机制建设	社会信息化水平	服务对象信息需求	社会公共需求	公共法律信息服务机制	公共法律服务结构	社会效益
服务主体能力与态度														

续表

	服务主体能力与态度	服务对象素养与意愿	法律信息属性	基本型服务属性	发展型服务属性	信息支撑技术	信息功能技术	体制机制建设	社会信息化水平	服务对象信息需求	社会公共需求	公共法律信息服务机制	公共法律服务结构	社会效益
服务对象素养与意愿														
法律信息属性														
基本型服务属性														
发展型服务属性														
信息支撑技术														
信息功能技术														
体制机制建设														
社会信息化水平														
服务对象信息需求														
社会公共需求														
公共法律信息服务机制														
公共法律服务结构														
社会效益														

（2）二级指标两两比较判断矩阵。

表 3　服务主体能力与态度指标两两比较判断矩阵

	专业性	协调性	服务认知度	主观能动性	服务信用度
专业性					
协调性					
服务认知度					
主观能动性					
服务信用度					

表 4　服务对象素养与意愿指标两两比较判断矩阵

	信息意识	信息能力	主动性	依赖性
信息意识				
信息能力				
主动性				
依赖性				

表 5　法律信息属性指标两两比较判断矩阵

	信息内容时效性	信息内容权威性	信息内容实用性	信息内容可回溯性	信息内容种类完备性	信息内容专业性	信息内容融合性	信息内容开放共享性	信息内容形式规范性
信息内容时效性									
信息内容权威性									
信息内容实用性									
信息内容可回溯性									
信息内容种类完备性									

续表

	信息内容时效性	信息内容权威性	信息内容实用性	信息内容可回溯性	信息内容种类完备性	信息内容专业性	信息内容融合性	信息内容开放共享性	信息内容形式规范性
信息内容专业性									
信息内容融合性									
信息内容开放共享性									
信息内容形式规范性									

表 6　基本型服务属性指标两两比较判断矩阵

	服务影响力	服务即时性	服务方式创新性	服务常态化	服务互动性	服务开放性	服务权威性	服务实用性
服务影响力								
服务即时性								
服务方式创新性								
服务常态化								
服务互动性								
服务开放性								
服务权威性								
服务实用性								

表 7　发展型服务属性指标两两比较判断矩阵

	服务安全性	服务专业性	服务智慧化	服务标准化	服务经济性	服务个性化	服务增益性
服务安全性							
服务专业性							

续表

	服务安全性	服务专业性	服务智慧化	服务标准化	服务经济性	服务个性化	服务增益性
服务智慧化							
服务标准化							
服务经济性							
服务个性化							
服务增益性							

表 8　信息支撑技术指标两两比较判断矩阵

	稳定性	安全性	存储传递能力	导航检索能力
稳定性				
安全性				
存储传递能力				
导航检索能力				

表 9　信息功能技术指标两两比较判断矩阵

	易用性	多样性	友好性	适配性
易用性				
多样性				
友好性				
适配性				

表 10　体制机制建设指标两两比较判断矩阵

	信息基础设施建设程度	人、资金、物、技术等条件的投入与支持	法律信息服务制度建设程度
信息基础设施建设程度			

续表

	信息基础设施建设程度	人、资金、物、技术等条件的投入与支持	法律信息服务制度建设程度
人、资金、物、技术等条件的投入与支持			
法律信息服务制度建设程度			

表 11　社会信息化水平指标两两比较判断矩阵

	法律法规政策健全程度	社会信息化利用率	信息技术发展程度
法律法规政策健全程度			
社会信息化利用率			
信息技术发展程度			

表 12　服务对象信息需求指标两两比较判断矩阵

	满意度	信任度	获益度
满意度			
信任度			
获益度			

表 13　社会公共需求指标两两比较判断矩阵

	犯罪率	普法率	诉讼率	纠纷化解率
犯罪率				
普法率				
诉讼率				
纠纷化解率				

表 14 公共法律信息服务机制指标两两比较判断矩阵

	长效性	科学性	有效性
长效性			
科学性			
有效性			

表 15 公共法律服务结构指标两两比较判断矩阵

	完善性	适应性	均等普惠性
完善性			
适应性			
均等普惠性			

表 16 社会效益指标两两比较判断矩阵

	法治化程度	公共利益最大化	社会关注度
法治化程度			
公共利益最大化			
社会关注度			

附录5　以中国法律服务网为典型代表的线上线下混合式服务绩效调查

以中国法律服务网为中心的线上线下混合式服务绩效调查

尊敬的专家：

您好！

鉴于您在本书相关领域的学术造诣与经验，特邀请您参与此次研究调查。您的建议和结论将是本书十分重要的参考依据。此次调查采用匿名形式，所有的调查问卷仅供本书做数据统计分析，请您放心作答。真诚感谢您接受参与本次调查！

本次调查内容是对以中国法律服务网为中心的线上线下混合式服务绩效进行评价。您需要做的是通过体验使用中国法律服务网（12348中国法网），对以中国法律服务网为中心的线上线下混合式服务绩效进行评价。

根据李克特五级量表得分：很差1分；较差2分；一般3分；较好4分；很好5分，对下表中的每项二级指标进行打分评价。

表 1　以中国法律服务网为中心的线上线下混合式服务绩效评价

<table>
<tr><th rowspan="2">评价维度</th><th colspan="4">评价指标</th></tr>
<tr><th colspan="2">一级指标</th><th>二级指标</th><th>得分</th></tr>
<tr><td rowspan="32">服务过程</td><td rowspan="5">信息人</td><td rowspan="5">服务主体能力与态度</td><td>专业性</td><td></td></tr>
<tr><td>协调性</td><td></td></tr>
<tr><td>服务认知度</td><td></td></tr>
<tr><td>主观能动性</td><td></td></tr>
<tr><td>服务信用度</td><td></td></tr>
<tr><td rowspan="4">信息服务</td><td rowspan="4">服务对象素养与意愿</td><td>信息意识</td><td></td></tr>
<tr><td>信息能力</td><td></td></tr>
<tr><td>主动性</td><td></td></tr>
<tr><td>依赖性</td><td></td></tr>
<tr><td rowspan="9">信息技术</td><td rowspan="9">法律信息属性</td><td>信息内容时效性</td><td></td></tr>
<tr><td>信息内容权威性</td><td></td></tr>
<tr><td>信息内容实用性</td><td></td></tr>
<tr><td>信息内容可回溯性</td><td></td></tr>
<tr><td>信息内容种类完备性</td><td></td></tr>
<tr><td>信息内容专业性</td><td></td></tr>
<tr><td>信息内容融合性</td><td></td></tr>
<tr><td>信息内容开放共享性</td><td></td></tr>
<tr><td>信息内容形式规范性</td><td></td></tr>
<tr><td rowspan="11">信息环境</td><td rowspan="8">基本型服务属性</td><td>服务影响力</td><td></td></tr>
<tr><td>服务即时性</td><td></td></tr>
<tr><td>服务方式创新性</td><td></td></tr>
<tr><td>服务常态化</td><td></td></tr>
<tr><td>服务互动性</td><td></td></tr>
<tr><td>服务开放性</td><td></td></tr>
<tr><td>服务权威性</td><td></td></tr>
<tr><td>服务实用性</td><td></td></tr>
<tr><td rowspan="3">发展型服务属性</td><td>服务安全性</td><td></td></tr>
<tr><td>服务专业性</td><td></td></tr>
<tr><td>服务智慧化</td><td></td></tr>
</table>

续表

评价维度	评价指标			
	一级指标		二级指标	得分
服务过程			服务标准化	
			服务经济性	
			服务个性化	
			服务增益性	
	信息技术	信息支撑技术	稳定性	
			安全性	
			存储传递能力	
			导航检索能力	
		信息功能技术	易用性	
			多样性	
			友好性	
			适配性	
	信息环境	体制机制建设	信息基础设施建设程度	
			人、资金、物、技术等条件的投入与支持	
			法律信息服务制度建设程度	
		社会信息化水平	法律法规政策健全程度	
			社会信息化利用率	
			信息技术发展程度	
服务结果	信息人	服务对象信息需求	满意度	
			信任度	
			获益度	
	信息环境	社会公共需求	犯罪率	
			普法率	
			诉讼率	
			纠纷化解率	

续表

评价维度	评价指标			
	一级指标		二级指标	得分
持续影响	信息环境	公共法律信息服务机制	长效性	
			科学性	
			有效性	
		公共法律服务结构	完善性	
			适应性	
			均等普惠性	
		社会效益	法治化程度	
			公共利益最大化	
			社会关注度	

后 记

本书撰写的初衷缘于我攻读博士学位求学生涯过程中的学术思考与探索，本书撰写搁笔之时在某种意义上意味着自己一种学术情结的释怀。与其说本书成稿的过程是对公共法律服务主题研究的拓展，倒不如说是对自己执着于法学情怀的一种酣畅淋漓的表达。

公共法律信息服务是公共法律服务的重要组成部分，是公共法律服务体系中不可或缺的构成要素，为公共法律服务提供基础法律信息资源保障。其重要意义在于促进法律功能的实施，向社会公众提供可允许和可实施行为样本的法律信息资源，促使社会公众根据收到的法律信息资源形成特定的动机、价值观与合法的行为取向，或者在特定的法律关系中利用法律信息资源实现自我行为的增值、获益，从而实现法律对社会行为的规范、评价与引导。在充分阐释公共法律信息服务研究学术价值的基础上，我选取公共法律信息服务模式与绩效为研究主题，基于信息生态视角，运用理论与实证相结合的方法，针对公共法律信息服务的内涵、基本要素与结构、服务模式、服务绩效影响因素以及服务绩效评价展开学科交叉研究，最终形成了十八余万言的小册子。诚然，由于我对学术顿悟尚有不足，本书写作仍不可避免有些粗辟，以期之后不断完善，烦请谅解。

行文至此，我脑海里不断呈现的是本书撰写动念、执笔、落笔、掩卷的点点滴滴。在这些点点滴滴的珍贵记忆里，我看到了那个学术懵懂却孜孜不倦求教的自己，那个在无数个深夜中读文献、写文字的自己，那个耐得住学术清冷而为自己红袖添香的自己。如今，作为一名高校思想政治理论课专任教师，读书、教书、写书，经年如一，其中不乏妙趣横生之意，即将法学学科与马克思主义中国化学科研究进行互融互嵌的尝试，本书研究结论的形成即这种学科融嵌研究的实现。

落笔之际，年逾不惑，唯愿学术路上“青衿之志，履践致远”。

黄　倩

2024 年 5 月

于宁夏银川